Noor van Haaften · Lichter in der Nacht

Noor van Haaften

Lichter in der Nacht

Wozu wir berufen sind

SCM R.Brockhaus

SCM
Stiftung Christliche Medien

Die niederländische Originalausgabe erschien
unter dem Titel *Sterren van de hemel*
bei Uitgeverij Novapres, Apeldoorn, Niederlande
© 2001 Noor van Haaften

Deutsch von Hermann J. Benning und Martina Merckel-Braun
Kap. 2-15 wurden von Hermann J. Benning übersetzt;
Vorwort, Einleitung und Kap. 1 von Martina Merckel-Braun

Überarbeitete und gekürzte Ausgabe von *Durch euch wird es heller in der Welt*,
© der deutschen Ausgabe: SCM R.Brockhaus im SCM-Verlag GmbH & Co.
KG, Witten 2002.

Die Bibelverse sind, soweit nicht anders angegeben, folgender Übersetzung entnommen:
Einheitsübersetzung der Heiligen Schrift, © Katholische Bibelanstalt, Stuttgart.
Weiter wurden folgende Übersetzungen verwendet:
Lutherbibel, revidierter Text 1984, durchgesehene Ausgabe in neuer Rechtschreibung, © 1999 Deutsche Bibelgesellschaft, Stuttgart (Luther);
Revidierte Elberfelder Bibel, © 1985/1991/2006 SCM R.Brockhaus im SCM-Verlag GmbH & Co. KG, Witten (Elberfelder).

RB*taschenbuch* Bd. 748

© 2009 SCM R.Brockhaus im SCM-Verlag GmbH & Co. KG, Witten
Umschlaggestaltung: Dietmar Reichert, Dormagen
Satz: Breklumer Print-Service, Breklum
Druck: CPI – Ebner & Spiegel, Ulm
ISBN 978-3-417-20748-4
Bestell-Nr. 220.748

Inhalt

Vorwort 7

I. Teil
Wenn Gott uns ruft 11

Einführung 12
1. Unsere vierfache Berufung 19
2. Vom Loslassen 32
3. Schwierigkeiten und Rückschläge 38
4. Unsere eigene Planung 48
5. Die Wüste des Unfriedens 59
6. Lebe vor meinem Angesicht 75
7. Sei rechtschaffen 87
8. Gott hält sein Wort 97
9. Von Menschen verlassen 109
10. Liebst du mich? 121

II. Teil
So werden wie er 131

Einführung 132
11. Jesus, der geliebte Sohn (Thema: Identität) 136
12. Jesus, vom Vater gesandt (Thema: Berufung) 145
13. Jesus, ein besonderer Mensch (Thema: Lebensstil) 165
14. Weltstar oder Stern Gottes 185
15. Ihr seid das Licht der Welt 199

Nachwort 216

Anmerkungen 217

*Meinen beiden Nichten Nadine und Eleonore –
Kindern dieser Zeit und Kindern Gottes*

Es ist dir gesagt worden, Mensch, was gut ist und was der Herr von dir erwartet: Nichts anderes als dies: Recht tun, Güte und Treue lieben, in Ehrfurcht den Weg gehen mit deinem Gott.

(Micha 6,8)

… damit ihr rein und ohne Tadel seid, Kinder Gottes ohne Makel mitten in einer verdorbenen und verwirrten Generation, unter der ihr als Lichter in der Welt leuchtet.

(Philipper 2,15)

Vorwort

Das Buch, das Sie jetzt in der Hand halten, ist eine neue, überarbeitete Ausgabe von *Durch euch wird es heller in der Welt*, das 2002 veröffentlicht wurde. Für die Veröffentlichung im Taschenbuch wurde der ursprüngliche Text gekürzt (und einiges Neue hinzugefügt).

Der Titel dieses Buches bezieht sich auf ein Pauluswort aus Philipper 2,15. Dort sagt der Apostel, dass wir Christen *Lichter in der Welt* sein sollen. In manchen Übersetzungen heißt es auch *Himmelslichter*. Ich musste an diesen Bibelvers denken, als ich mich mit dem Leben von Abraham und Sara beschäftigte und über das wunderbare Ereignis nachdachte, das in 1. Mose 15,1-5 geschildert wird. Gott offenbart sich Abram, und dieser klagt Gott seinen Kummer über seine Kinderlosigkeit. Daraufhin führt Gott ihn hinaus ins Freie, zeigt ihm den funkelnden Sternenhimmel und verspricht ihm eine große Nachkommenschaft. »Sieh doch zum Himmel hinauf«, sagt er. »Zähl die Sterne, wenn du zählen kannst. So zahlreich werden deine Nachkommen sein.«

Ich habe mich angesichts dieser beiden Bibelstellen oft gefragt, ob wir – die wir zu Abrahams (geistlicher) Nachkommenschaft gehören – so hell strahlen wie die Himmelssterne, die Gott Abram damals zeigte. Ob wir diese dunkle Erde ebenso stark erleuchten, wie die Sterne damals den dunklen Himmel erleuchteten. Denn das wünscht sich Gott: eine unzählbar große Schar von Menschen, die ihm gehören und die auf dieser dunklen Erde im Licht wandeln und seine Zeugen sind. Menschen, die »leuchten«.

Im ersten Teil dieses Buches begegnen wir Abraham und Sara. Als sie die Stimme Gottes hörten, waren sie bereits im fortgeschrittenen Alter, aber das hinderte sie nicht daran, das Ruder herumzureißen und ihm nachzufolgen. Wir beschäftigen uns mit dem Leben dieses Ehepaares – vor allem im Hinblick darauf, inwiefern sie der Stimme Gottes gehorchten und welche Folgen das für sie hatte. Es ist erstaunlich, wie mühelos wir uns mit diesen Menschen identifizieren können, die vor so langer Zeit gelebt haben. Ihre Erlebnisse sind nachvollziehbar und das, was sie daraus gelernt haben, ist äußerst aktuell und kann auf unsere heutige Situation übertragen werden. Das gilt auch für das, was Gott Abraham in 1. Mose 17,1 sagte: *Geh deinen Weg vor mir und sei rechtschaffen!* Das ist die zweifache Berufung eines jeden Christen.

Im zweiten Teil dieses Buches begegnen wir einem ganz besonderen Nachkommen Abrahams – Jesus Christus. Anhand seines Lebens auf dieser Erde suchen wir die Antwort auf die Frage, wie Nachfolger Jesu Lichter Gottes sein können in einer Welt, die praktisch nichts mehr mit Jesus anzufangen weiß. Wie Christen leben sollen in einer Kultur, in der das christliche Erbe weitgehend verloren gegangen ist und der Gott der Bibel weithin zu einem großen Unbekannten geworden ist. Wie wir leben sollen in einer Gesellschaft, die beunruhigend viele heidnische Züge trägt.

Als Jesus auf dieser Erde lebte, war er ein Mensch wie die Menschen seiner Zeit. Er sprach ihre Sprache, er kannte ihre Gefühle und trug ihre Kleidung. Und doch war er ganz anders, denn er war vor allem eins: der Sohn Gottes. Der Mensch Jesus lebte inmitten seiner Zeitgenossen ein Leben, das auf seine königliche Herkunft hinwies. Er war heilig. Er war aufgeschlossen. Authentisch. Transparent. Vertrauenswürdig. Ausgeglichen. Er war barmherzig. Er war sympathisch. Er war ein anziehender Mensch, der die Herrlichkeit Gottes widerspiegelte und seine Wahrheit und seine Liebe ausstrahlte. Er verblüffte die Menschen und sie folgten ihm nach.

Das 21. Jahrhundert braucht Menschen, die wie Lichter in dieser Welt leuchten. Menschen, die unter ihren Zeitgenossen auffallen, weil Gott in ihrem Leben das Sagen hat. Anziehende Menschen mit einem kraftvollen Leben, das neugierig macht und das Verlangen weckt, die Quelle dieser Kraft kennenzulernen. Menschen, die nicht darin aufgehen, ihre eigene kleine Welt zu bauen, sondern die radikal und kompromisslos nach den Plänen Gottes für ihr Leben fragen. Unsere Zeit braucht Königskinder – Menschen, denen der vertraute Umgang mit Gott mehr bedeutet als die Jagd nach immer mehr Geld und Genuss. Menschen, die durch das Wirken des Heiligen Geistes Jesus immer ähnlicher werden. Darum geht es in diesem Buch: um das Vorrecht, Gott kennen zu dürfen. Und darum, was es bedeutet, ihm kompromisslos nachzufolgen. Und um das Wunder, seine Kraft und sein Wirken in einem Menschenleben zu spüren.

Abraham und Sara, die Hauptpersonen der ersten zehn Kapitel, sind Menschen, mit denen ich lange Zeit in Gedanken »umhergezogen« bin und die ich lieben gelernt habe. Ihr Leben ist faszinierend und auch im Alltäglichen außergewöhnlich, weil diese Menschen mit dem Gott des Himmels und der Erde unterwegs waren. Ebenso faszinierend ist der Bogen, den die Bibel schlägt: von 1. Mose 15,5 (eine Nachkommenschaft, so zahlreich wie die Sterne) zu Philipper 2,15 (die Gläubigen als Sterne oder Lichter dieser Welt). Die Brücke ist Jesus, der leuchtende Morgenstern (vgl. Offenbarung 22,16). Er ist derjenige, der Gottes Verheißung an Abram vollkommen erfüllt, weil sich durch ihn nicht nur Juden, sondern auch Heiden zu Gottes Volk zählen dürfen. Nur durch ihn werden wir zu Kindern Gottes. Er gibt uns den Auftrag, Licht der Welt zu sein, und hilft uns, in tiefer Verbundenheit mit ihm diesen Auftrag zu erfüllen.

Soest, 2009   Noor van Haaften

I. Teil

Wenn Gott uns ruft

Einführung

Sie sind Mitte dreißig und es geht Ihnen gut. Sie haben einen Arbeitsplatz, der Ihrer Karriereplanung entspricht, eine schöne Wohnung und einen Firmenwagen. Ihre Frau hat ein eigenes Geschäft eröffnet, das offensichtlich eine Marktlücke füllt. Sie haben genau miteinander abgesprochen, wer im Haushalt was zu erledigen hat, und abgesehen davon, dass Sie ständig in Zeitnot sind, läuft alles prima. Gerade haben Sie Ihren Urlaub gebucht, und nächstes Jahr soll dann das erste Kind kommen. Kurz, alles verläuft nach Plan. Und dann ist da plötzlich die Stimme Gottes: »Wagt ihr es, das Ruder herumzureißen? Ich habe etwas Neues mit euch vor!«

Sie sind Mitte zwanzig und arbeiten als Lehrerin an einer Grundschule. Ihr Freund macht gerade ein Praktikum im Ausland. Wenn er zurückkommt, erwartet ihn eine feste Anstellung bei einer Firma. Sie haben Heiratspläne und sind auf der Suche nach einer Eigentumswohnung. Gerade hat der Makler angerufen und Ihnen eine angeboten, die Ihren Vorstellungen entsprechen könnte. Sie haben Ihrem Freund gleich in einer E-Mail davon berichtet und ihn gebeten, sich so schnell wie möglich dazu zu äußern. Und dann ist da plötzlich die Stimme Gottes: »Ich habe Pläne mit euch ... oder liegt schon alles fest?«

Sie sind Anfang fünfzig. Die Kinder sind aus dem Haus und stehen mehr oder weniger auf eigenen Beinen. Ihr Mann muss noch sechs Jahre arbeiten, dann wird er pensioniert. Sie haben das Gefühl, jetzt ist endlich Schluss damit, dass die Bedürfnisse anderer Menschen Ihr Leben regieren. Kein Kind mehr, dem Sie stundenlang bei den Hausaufgaben helfen müssen. Kein Theater mehr wegen Tonleitern, die für die nächste Klavierstunde geübt werden müssen. Keine Nachmittage mehr, die voll und ganz damit ausgefüllt sind, Ihre Kinder von A nach B zu kutschieren. Keine große

Tasche mit Schmutzwäsche mehr, die Ihr studierender Junior jeden Freitag in Ihrem Korridor abstellt. Endlich Zeit für Sie selbst! Ein neuer, wunderbarer Lebensabschnitt voll ungeahnter Möglichkeiten und Herausforderungen ist angebrochen.

Und dann … Dann kommt Ihr Mann nach Hause und verkündet freudestrahlend: »Ich kündige, Liebling. Wir ziehen um und fangen noch mal was ganz Neues an.« Sie sind wie vom Donner gerührt. Das kann doch nicht wahr sein – ausgerechnet jetzt, wo alles so gut läuft! Ehe Sie sich's recht versehen, platzen Sie los: »Sag mal, was fällt dir ein? Du kannst doch nicht all das wegwerfen, was wir jahrelang miteinander aufgebaut haben! Ausgerechnet jetzt, wo wir es endlich ein bisschen ruhiger haben und wo ich mal Zeit für mich selbst habe! Willst du auf einmal alle unsere Pläne über den Haufen werfen? Du brauchst nur noch sechs Jahre zu arbeiten – was soll denn jetzt mit deiner Rente werden? Und wieso umziehen? Wohin? Und für wie lange? Und unsere Verwandten und Freunde? Was ist denn bloß in dich gefahren?« Vor lauter Aufregung beginnen Sie, sich zu verhaspeln. Und dann, als Sie einen Moment Luft holen, kommt seine Antwort: »Gott hat zu mir gesprochen.«

Genau das ist Abram und Sarai passiert. Abram war damals 75 und Sarai 65 Jahre alt. Sie wohnten in Ur in Chaldäa, einem fruchtbaren Gebiet, das von den Strömen Euphrat und Tigris bewässert wurde. Ur war eine blühende Handelsmetropole und ein bedeutendes kulturelles Zentrum in Mesopotamien, dem heutigen Südirak. Die Großfamilie, an deren Spitze Abrams Vater Terach stand (ein Nachkomme von Noahs Sohn Sem), lebte von Rinder- und Schafzucht. Sie hatten sich außerhalb der Stadt in einem Zeltlager niedergelassen.

Dann durchbricht plötzlich die Stimme Gottes den Alltagstrott: *Der Herr sprach zu Abram: Zieh weg aus deinem Land, von deiner Verwandtschaft und aus deinem Vaterhaus in das Land, das ich dir zeigen werde* (1. Mose 12,1). Abram, kehre deiner geschützten kleinen Welt den Rücken, lass los, was vertraut und sicher ist, und folge mir nach! Hast du den Mut, mich deinen Halt und deine Sicherheit sein zu lassen? Bist du bereit, deine eigenen Vorstellungen und Ziele aufzugeben und nach meinem Plan zu leben? Abram, ich will mit dir und durch dich etwas Neues beginnen. Mach dich auf und folge mir nach: *Und ich will dich zum großen Volk machen und will dich segnen und dir einen großen Namen machen, und du sollst ein Segen sein* (1. Mose 12,2; Luther).[1]

Was Abram da erlebt hat, war keine Kleinigkeit. Er war immerhin 75. Er hatte ein langes, arbeitsreiches Leben hinter sich und er war mit seinem Metier und seinen Arbeitern bestens vertraut. Er hatte einiges aufgebaut und führte, geborgen im großen Familienverband, ein angenehmes, zufriedenes Leben. Kurz gesagt, ihm fehlte nichts zu seinem Glück.

In unserer Zeit und Kultur wäre Abram pensioniert gewesen. Er hätte vielleicht, weil es ihm Freude gemacht hätte, noch ein bisschen im Familienbetrieb mitgearbeitet und wäre Mitglied in ein paar Vereinen gewesen. Aber im Großen und Ganzen hätte er die Hände frei gehabt für »eigene Dinge« wie Hobbys, kleine Arbeiten im Umkreis seines Zeltes und Bridge-Abende in der Herrengesellschaft von Ur. Mit 75 hat man das Recht, seine wohlverdiente Ruhe zu genießen und die Früchte dessen zu ernten, was man in seinem Leben aufgebaut hat. Finden wir! Bei Abram jedoch läuft das ganz anders. Die Stimme Gottes bricht in sein Leben ein, und plötzlich ist nichts mehr so, wie es war, und ... nichts mehr ist vorhersehbar! Dieser Augenblick ist ein Wendepunkt in Abrams Leben, der Anfang eines großen Abenteuers.

Kannte Abram den Gott Israels, kannte er seine Stimme? Das erfahren wir nicht. Wir wissen aber, dass Abram in einer heidnischen Kultur lebte. Sowohl Ur als auch Haran (der spätere Wohnort Abrams) waren Zentren der Mondanbetung. Abrams Vater Terach, der nach Josua 24,12 ein Götzendiener war, verehrte wahrscheinlich den Mondgott Sin.

Als der Herr Abram ruft, verlangt er von ihm, dass er einen Schlussstrich unter sein bisheriges Leben zieht und sich auf Gottes Plan für sein Leben einlässt. Es ist ein großartiger Plan, denn Gott will mit Abram einen neuen Anfang machen. Er hat Großes mit diesem Menschen vor. Es wird jedes menschliche Vorstellungsvermögen übersteigen.

Es ist, als ob eine himmlische Hand Abram aus seiner Umgebung herausnimmt und auf einen neuen Weg bringt. In Josua 24,2-3 lesen wir: *So spricht der Herr, der Gott Israels: Jenseits des Stroms wohnten eure Väter von Urzeiten an, Terach, der Vater Abrahams und der Vater Nahors, und dienten anderen Göttern.* ***Da holte ich euren Vater Abraham*** *von jenseits des Stroms und ließ ihn durch das ganze Land Kanaan ziehen* (Hervorhebung durch die Autorin). Vergleichbare Worte lesen wir im Zusammenhang mit der Berufung Davids viele Jahre später: *So spricht der Herr der Heerscharen:* ***Ich selbst habe dich von der Weide genommen*** *hinter der Schafherde weg ...* (2. Samuel 7,8; Hervorhebung durch die Autorin; siehe auch Psalm 78,70).

Es ist bewegend, wie Gott den Einzelnen sieht und ihn beruft, ihm nachzufolgen und der Mensch zu werden, den er vor Augen hat, und die Aufgabe zu verrichten, die er für ihn vorbereitet hat. Paulus drückt das in Epheser 2,10 so aus: *Seine Geschöpfe sind wir, in Christus Jesus dazu geschaffen, in unserem Leben die guten Werke zu tun, die Gott für uns im Voraus bereitet hat.*

Es muss eine Stimme mit großer Autorität gewesen sein, die Abram da gehört hat. Eine Stimme, die anders war als alle Stimmen, die er kannte. Sonst hätte er sich sicher nicht auf den Weg gemacht. Denn es war ein ziemlicher Schritt, der von ihm verlangt wurde. Und was er Sarai erzählen musste, war auch nicht gerade eine Kleinigkeit. Sie hatte von Geburt an zu demselben großen Familienverband gehört wie er; sie war nicht nur Abrams Ehefrau, sondern auch seine Halbschwester. Sie hatten gemeinsame Wurzeln und hatten ihr ganzes Leben miteinander verbracht. Die Menschen, die sie umgaben, waren ihnen seit Langem vertraut. Aus einer so engen Bindung löst man sich nicht so plötzlich. Und erst recht nicht, wenn man nicht weiß, wohin die Reise gehen soll!

Und doch tun sie es. Abram und Sarai machen sich miteinander auf den Weg. Sie gehorchen dem Auftrag, den Gott ihnen gegeben hat: »Geht hin ...« In Hebräer 11,8 wird an ihren Glaubensschritt erinnert: *Aufgrund des Glaubens gehorchte Abraham dem Ruf, wegzuziehen in ein Land, das er zum Erbe erhalten sollte; und er zog weg, ohne zu wissen, wohin er kommen würde.*

Wenn Gott uns ruft

»Folge mir nach!« – dieser Ruf ist untrennbar mit dem Evangelium verbunden. Es sind Worte, die mit Macht in ein Menschenleben hereinbrechen und weitreichende Folgen haben. Sie sind nicht einfach so dahergesagt. Es sind Worte, die Gott selbst spricht. Man kommt nicht um sie herum. Auch nicht um die Fragen, die sie mit sich bringen: »Kannst und willst du mir die Verantwortung für dein Leben und deinen Lebensweg übergeben? Darf ich in Zukunft den Kurs bestimmen und dein Leben mit Inhalt füllen?« Darauf kann man keine halbherzige Antwort geben – es kann nur Ja oder Nein sein. Wenn uns Gott dazu einlädt, ihm unser Leben anzuvertrauen, dann müssen wir eine Entscheidung treffen. Wir stehen buchstäblich an einer Weggabelung.

Im Neuen Testament hören wir denselben Ruf aus dem Mund unseres Herrn Jesus Christus. Er ruft zwei Fischer, als sie mit ihrer normalen täglichen Arbeit vollauf beschäftigt sind. Petrus (damals noch Simon) und sein Bruder Andreas lassen ihre Netze liegen und folgen ihm nach (siehe Markus 1,18). Jakobus und Johannes passiert dasselbe. Als Jesus vorbeikommt und ihnen winkt, kehren die beiden Brüder dem Fischereibetrieb ihres Vaters den Rücken: *... sie ließen ihren Vater Zebedäus mit seinen Tagelöhnern im Boot zurück und folgten Jesus nach* (Markus 1,20).

In Apostelgeschichte 9 lesen wir von Saulus' unerwarteter Begegnung mit dem auferstandenen Herrn. Saulus befand sich ebenso wie Abraham damals in einer sicheren, gefestigten Position. Er war ein anerkannter Schriftgelehrter – ehrgeizig und erfolgreich. Als die Stimme und der Ruf Jesu in sein Leben hereinbrachen, war er gerade auf dem Weg nach Damaskus. Es traf ihn wie ein Blitz aus heiterem Himmel. Saulus wurde buchstäblich der Boden unter den Füßen weggezogen. Sein Leben und alles, woran er bis dahin geglaubt und wofür er gekämpft hatte, war innerhalb weniger Sekunden zusammengestürzt wie ein Kartenhaus. Ein paar Tage nachdem Saulus Jesus begegnet war, ließ dieser berüchtigte jüdische Christenverfolger sich taufen. Er erhielt einen neuen Namen, schlug einen völlig neuen Weg ein und kehrte nie mehr um. Vor seiner Bekehrung war er stolz auf seine Herkunft, seine Ausbildung und seinen Ruf gewesen, und seine Karriere war ihm über alles gegangen. Nun verfolgte er mit demselben Einsatz völlig neue Ziele: Er wollte Jesus Christus besser kennenlernen und seinem Ruf gehorsam sein. Alles, was ihm dabei im Weg stand, ließ er los (siehe Philipper 3,8-14).

Paulus war nicht nur bereit, alte Sicherheiten loszulassen. Er war auch dazu bereit, Unsicherheit und Risiken in Kauf zu nehmen und um seiner Liebe zu Jesus und seiner persönlichen Berufung willen Entbehrungen zu ertragen. Er, der daran gewöhnt war, seinen Mitmenschen Respekt abzunötigen, war nun dazu bereit, sich für Dinge einzusetzen, die ihm ihre Ablehnung und Verachtung eintrugen. Er verlor seine Macht, sein Ansehen und seine Autorität. Und doch spricht er in seinem Brief an die Philipper von Gewinn!

Paulus tauschte seine Religiosität ein gegen eine persönliche Beziehung zu Jesus, und das erneuerte zunächst sein Herz, dann sein ganzes Leben von Grund auf. Er wurde ein neuer Mensch mit völlig anderen Zielen und Prioritäten. Er gewann Jesus so lieb, dass alles andere bedeutungslos wurde. Paulus wurde ein hingebungsvoller Diener Christi und ein leidenschaftlicher Evangelist. »*Ich kann nicht anders*«, sagt er selbst dazu, »*die Liebe Christi drängt mich*« (bzw. *uns*, siehe 2. Korinther 5,14).

Vielleicht sind Sie ein viel beschäftigter Mensch Mitte 30, der sich mit dem Mann oder der Frau identifizieren kann, die ich zu Beginn dieser Einleitung beschrieben habe. Vielleicht sind Sie der junge Mann oder die junge Frau mit Heiratsplänen und der Aussicht auf eine gute Stelle (und eine schöne Wohnung). Vielleicht sind Sie der Mann oder die Frau in den Fünfzigern, der (die) froh ist, endlich etwas Zeit für sich selbst zu haben, oder Sie sind, so wie Abram und Sarai, schon im Rentenalter.

Wer wir auch sind – diese Frage gilt uns allen: Wer hat in unserem Leben das Sagen? Hören wir auf die Stimme unserer Kultur, unserer Generation, unserer eigenen Wünsche und Sehnsüchte oder auf die Stimme Gottes? Regiert uns der Wunsch nach Wohlstand und Bequemlichkeit oder das Verlangen, Gott zu gehorchen? Brauchen wir das Gefühl »dazuzugehören« und haben es deshalb nötig, mitzumachen bei dem, was in unserer Gesellschaft »normal« oder wünschenswert ist? Oder wollen wir zu ihm gehören? Welche Folgen hätte es, wenn wir ihm die Herrschaft über unser Leben einräumten?

Die Worte »Folge mir nach« haben nichts an Kraft und Aktualität eingebüßt. Der Gott der Bibel hat sich nicht verändert. Noch immer fordert er Menschen heraus, sich mit ihm auf den Weg zu machen. Wir brauchen nicht alle buchstäblich unsere Koffer zu packen und allem, was unser Leben ausmacht, den Rücken zu kehren. Wenn man aber beginnt, Jesus nachzufolgen, dann hat das immer ein gewisses Aufbrechen, ein Loslassen und Sich-auf-den-Weg-Machen zur Folge. Wer Ja sagt zu dem Gott der Bibel und seinem Sohn Jesus Christus, stellt ihm, was sein Leben und seine Zukunft betrifft, eine Blanko-Vollmacht aus.

1. Unsere vierfache Berufung

Was hat Gott mit uns Menschen vor? Was bedeutet es, ihm nachzufolgen, was erwartet er von uns? Nun, Abram und Sarai (und mit ihnen alle Gläubigen) haben eine vierfache Berufung: Sie werden zu *Nachfolgern* Gottes und dadurch auch zu *Fremden*, da sie anders sind als die Menschen um sie herum. Sie werden zu *Freunden* Gottes, die auf vertrautem Fuße mit ihm stehen. Und schließlich werden sie dadurch zu *Vorbildern* für Gläubige und Ungläubige.

Nicht nur Abram und Sarai, sondern alle, die dem Herrn nachfolgen wollen, müssen viel lernen (und sich vieles abgewöhnen), um ihrer Berufung gerecht zu werden. *Nachfolge* verlangt völlige Hingabe und kompromisslose Unterordnung unter Gottes Autorität. Es geht darum, dass wir unser Leben nicht nach unserem eigenen Gutdünken führen, sondern nach seinem Willen. Kurz gesagt: Es ist Gehorsam gefragt. Das *Fremdsein* erfordert ein bewusstes Abstandnehmen von allem in unserer Kultur und Umwelt, was nicht mit den Absichten Gottes übereinstimmt. Hier geht es um Anpassung – nicht an die Welt, sondern an das Reich Gottes. *Freundschaft* mit Gott bedeutet, dass wir uns nach einer persönlichen Beziehung mit ihm ausstrecken und dass wir dieser Vorrang geben gegenüber allen anderen Beziehungen, die wir haben. Worauf es ankommt, ist die bewusste Entscheidung, den Herrn mehr zu lieben als alles andere – ob es sich nun um andere Menschen oder um Dinge handelt, an denen unser Herz hängt. *Vorbild* sein schließlich erfordert ein aktives (und wiederum: gehorsames) Bleiben in Christus, damit er durch seinen Geist in unserem Leben und durch unser Leben sichtbar werden kann. Hier geht es um das Streben nach Heiligung.

Nachfolger

Wer auf Reisen geht, informiert sich vorher über sein Reiseziel, seine Reiseroute und mögliche Risiken oder Gefahren unterwegs. Bei Abram ist von alldem keine Rede – er macht sich auf den Weg, ohne irgendwelche Fragen zu stellen.

Wie konnte dieser Mann, der es zweifellos gewöhnt war, selbst die Zügel in der Hand zu halten, sich so völlig ausliefern? Dass Gott zu ihm gesprochen hatte, war Abram anscheinend genug. In Hebräer 11,6 lesen wir: ... *wer zu Gott kommen will, muss glauben, dass er ist und dass er denen, die ihn suchen, ihren Lohn geben wird.* Hier liegt das Geheimnis Abrams und vieler anderer Glaubenshelden. Sie waren überzeugt davon, dass es Gott gibt und dass er vertrauenswürdig ist. Abram brauchte keine Karte und Wegbeschreibung, denn er hatte einen Führer, der selbst mitging. Wenn er dicht bei ihm blieb und ihm vorbehaltlos folgte, würde er an seinem Bestimmungsort ankommen.

Kürzlich beobachtete ich ein etwa vierjähriges Bürschchen in der Abflughalle eines Flughafens. Seine Eltern waren vollauf mit ihrem Gepäck und einem Baby beschäftigt; der Kleine musste selbst sehen, dass er hinter ihnen herkam. Das war nicht leicht, denn er wurde durch alles Mögliche abgelenkt und drohte in dem Gedränge andauernd von seinen Eltern getrennt zu werden. Immer wieder hielt er nach ihnen Ausschau und rannte ihnen nach, sobald er sie wieder erspäht hatte. Für mich waren diese Menschen eines der vielen Ehepaare, die sich einen Weg zum Schalter bahnten. Für ihren kleinen Sohn jedoch waren sie unverwechselbar und vertraut, und er tat, was er konnte, um sie nicht zu verlieren. Seine Eltern schienen hinten Augen zu haben, denn wenn er nicht mehr in ihrer Nähe war, merkten sie das sofort. Dann blieben sie kurz stehen und hielten nach ihm Ausschau; manchmal riefen sie seinen Namen. Schließlich beschloss der Kleine, dass es ruhiger und sicherer war, wenn er dicht neben seinem Vater herlief und sich an ihm festhielt. So ging es zuerst zum Schalter, dann durch lange Gänge bis zum Flugsteig und schließlich auf seinen reservierten Platz im Flugzeug. Allmählich kam er seinem Ziel näher – nicht allein, sondern an der Hand seines Vaters.

Das ist es, was unser himmlischer Vater mit uns vorhat: Er geht voraus und wir folgen ihm. Seine Augen und sein Herz halten fortwährend nach uns Ausschau, aber auch wir müssen ihn suchen und dafür sorgen, dass wir nahe bei ihm bleiben und ihn nicht aus den Augen verlieren. *Lasst uns (...) auf Jesus blicken, den Urheber und Vollender des Glaubens*, lesen wir in Hebräer 12,2. David drückt in Psalm 25,15 das Gleiche aus: *Meine Augen schauen stets auf den Herrn*. Nur in dieser Haltung können wir uns unbesorgt auf den Weg machen; nur so werden wir das Ziel erreichen, das Gott von Anfang an kennt und das für uns erst nach und nach sichtbar wird.

Leider ist all das leichter gesagt als getan. Wir möchten am liebsten selbst bestimmen, wo es langgeht. Es ist schon ein ziemlicher Schritt, die Zügel aus der Hand zu geben und unser Leben einem anderen anzuvertrauen. Selbst wenn dieser andere Gott ist, ist es nicht leicht, ihm vorbehaltlos zu vertrauen. Ist es die Angst vor dem Unbekannten, die uns bedrückt, oder befürchten wir, dass Gott etwas von uns verlangen könnte, das schwierig ist oder uns nicht gefällt?

Unsere Lebensübergabe geht oft einher mit gewissen Vorbehalten. Wir sind bereit, Jesus nachzufolgen, solange wir bestimmte Dinge selbst in der Hand behalten können und nichts von uns verlangt wird, was zu schwierig ist. Auch Abram hatte damit zu kämpfen. Er eilte manchmal Gott voraus, statt ihm nachzufolgen, und dann bekam er Probleme. Das war kein böser Wille – es war (und ist) einfach so, dass manche Schritte so auf der Hand zu liegen scheinen, dass man sie einfach tut. Ohne vorher abzuwägen, ob dies wirklich das ist, was Gott von uns will, und ohne dafür zu beten. Abram musste lernen, dass er sich bei seinen Entscheidungen nicht länger an den kulturellen Traditionen orientieren konnte, mit denen er aufgewachsen war, und auch nicht an seinen eigenen Erfahrungen. Er musste lernen, auf Gottes Stimme zu hören – nicht auf seine eigene innere Stimme oder die seines irdischen Vaters oder wohlmeinender Freunde. Er musste lernen, die Stimme Gottes zu erkennen, eine Antenne für die Führung von oben zu entwickeln und bewusst in der Spur zu laufen, die Gott für ihn zog.

Gehorsam

Während die Bibel keinen Zweifel daran lässt, dass Gott Gehorsam von seinen Kindern fordert, zeigt sich in der Praxis, dass es eine wachsende Zahl von Christen mit diesem Gehorsam nicht mehr so genau nimmt. Viele leben nach eigenen Vorstellungen und eigenem Gutdünken, ohne bewusst und aktiv den Willen Gottes zu suchen. Anders ausgedrückt: Man lebt, als seien Christsein und Jüngerschaft zwei voneinander getrennte Dinge. Das geschieht nicht aus Böswilligkeit, es ist eher eine Frage der Gewohnheit. Auch Christen stehen unter dem Einfluss der »Ismen« unserer Gesellschaft: Individualismus, Egoismus, Materialismus, Hedonismus. Wir meinen, wir hätten das Recht, selbst über unser Leben zu bestimmen. Wir haben gelernt, dass wir unsere Unabhängigkeit bewahren und selbst das Ruder in der Hand behalten sollten. Wir glauben nicht nur, dass wir ein Recht auf Gesundheit, Glück und Wohlstand haben, sondern auch, dass wir selbst dafür sorgen müssen, dies alles zu bekommen. Bei alldem bekommt das Gefühl ein immer stärkeres Gewicht: Was sich gut anfühlt, ist gut. Fast unmerklich richten wir unser Leben so ein, wie es dem Erwartungshorizont eines Menschen im 21. Jahrhundert entspricht. Und so hetzen wir weiter, arbeiten hart ... und ziehen oft unsere eigene Spur, ohne innezuhalten und die wichtige Frage zu stellen: »Herr, was willst du, das ich tun soll?«

Wir verhalten uns im Grunde zwiespältig: Wir erkennen Jesus als Heiland an, oft aber nicht als Herrn und Meister. Wir freuen uns über die Segnungen, die ein Leben mit ihm für uns bereithält: Vergebung der Sünden und Versöhnung mit Gott, seine Nähe und Kraft, seine Heilung und Hilfe. Wir freuen uns aber weniger über den Preis, den wir dafür bezahlen müssen: Gehorsam.

Das eine geht nicht ohne das andere. Es gibt kein Christsein ohne Jüngersein. Gott nachfolgen und seinen eigenen Weg gehen, das passt nicht zusammen. Konsumieren (empfangen) allein genügt nicht, Gott verlangt auch eine Antwort (ein Opfer) von seinen Kindern: einen Wandel in kompromisslosem Gehorsam – wie Jesus ihn vorgelebt hat. Wenn wir diesen Gehorsam nicht lernen, laufen wir Gefahr, Freunde der Welt zu werden und uns innerlich von Gott zu entfernen.

Unterwegs

Ein Nachfolger ist immer auch ein Reisender oder Pilger: Ein Christ ist unterwegs, und zwar in zweierlei Hinsicht. Er ist auf dem Weg zu einem Ziel, das in der Zukunft liegt. Das macht ihn zu einem Menschen, der in *Erwartung* lebt. Aber er ist auch in dem Sinne unterwegs, dass er im Laufe seiner Lebensreise innerlich wächst und sich verändert. Er wird morgen ein anderer sein, als er heute ist. Das macht ihn zu einem Menschen, der sich in der *Entwicklung* befindet.

Voller Erwartung (Stichwort: Perspektive)

Abram musste wegen der wichtigen, einzigartigen Stellung, die er im Heilsplan Gottes einnahm, seiner Vergangenheit radikal den Rücken kehren. Nach seinem Aufbruch war er jahrelang unterwegs. Sein Endziel war das Land, in das Gott ihn bringen wollte. In Hebräer 11,10 lesen wir, dass er in einer festen Erwartung lebte: *... er erwartete die Stadt mit den festen Grundmauern, die Gott selbst geplant und gebaut hat.*

Auffallend ist, dass Abram immer Nomade geblieben ist. Er hat sein Leben lang in Zelten gewohnt. Das ist sicherlich symbolisch für seine ganze Lebenshaltung: Wenn man in einem Zelt lebt, dann bleibt man flexibel und aufgeschlossen für Neues. Man steht weniger in der Gefahr, sich irgendwo einzuwurzeln oder festzusetzen und im Alltagstrott aufzugehen. Man lebt ständig in der Bereitschaft, wieder aufzubrechen und weiterzuziehen.

Ein Zelt ist ein *bewegliches* Zuhause – es lässt sich mit Leichtigkeit zusammenrollen und einpacken. Und es ist ein *flexibles*

Zuhause – sein Umfang lässt sich ohne Schwierigkeiten verändern. Man kann die Zeltpflöcke aus dem Boden ziehen und neu einschlagen, je nachdem, ob man den Innenraum vergrößern oder verkleinern möchte. In Jesaja 54,2-3 heißt es: *Mach den Raum deines Zeltes weit, spann deine Zelttücher aus, ohne zu sparen. Mach die Stricke lang und die Pflöcke fest! Denn nach rechts und links breitest du dich aus ...*

Abrams Lebensstil spiegelt eine geistliche Realität wider: Christen haben auf Erden keine bleibende Heimat, wir wissen von einer anderen, besseren Welt. Dieses Wissen lässt uns in einer anderen Haltung leben, es gibt uns einen weiteren Blickwinkel. Wir stehen mit beiden Beinen auf der Erde, aber wir wissen gleichzeitig, dass es mehr gibt als das Hier und Jetzt. Darum hatte Abram den Mut, seine sichere kleine Welt zu verlassen und sich mit unbekanntem Ziel auf den Weg zu machen. Die Stimme Gottes war ihm zu einer neuen Realität geworden und hatte ihm den Blick für eine (noch) unsichtbare Welt geöffnet. Das hatte in ihm eine Erwartung geweckt, die fortan sein Leben und seinen Lebensstil bestimmen sollte. Aus einem Menschen mit einem festen Platz auf der Welt wurde ein Mensch auf der Durchreise. Ein Mensch, der wusste: Solange er auf dieser Erde lebte, war er noch nicht angekommen.

Auch Jesus war ein Reisender. Von seinem 30. Lebensjahr an hatte er keinen festen Wohnort, kein Dach über dem Kopf. Interessant ist, dass es in Johannes 1,14 (*Und das Wort ward Fleisch und **wohnte unter uns***; Hervorhebung durch die Autorin) wörtlich heißt: »Das Wort ... hat unter uns gezeltet.« Jesus hat sein »Zelt« unter den Menschen aufgeschlagen, aber er hat sich nirgendwo endgültig niedergelassen, er ist immer wieder weitergezogen. *Die Füchse haben ihre Höhlen und die Vögel ihre Nester; der Menschensohn aber hat keinen Ort, wo er sein Haupt hinlegen kann*, sagt er in Lukas 9,58.

Jesus folgte dem Weg, den Gott für ihn bestimmt hatte. Es fiel ihm nicht leicht, er hatte mit Widerstand und zahllosen Enttäuschungen zu kämpfen. Menschlich gesprochen hätte Jesus allen

Grund gehabt aufzugeben, und es wäre mehr als verständlich gewesen, wenn er einen leichteren Weg gewählt hätte. Er hätte ein führender Politiker werden können, mit allen dazugehörenden (und überaus attraktiven) Sicherheiten wie einem festen Einkommen, einer schönen Dienstwohnung und einer Schar von Untergebenen. Er hätte bei Freunden einziehen können – es gab sicher einige, die ihn auf Dauer bei sich hätten aufnehmen können. Aber er entschied sich dafür, ständig unterwegs zu sein. Er entschied sich für Bewegung statt Stillstand. Er ließ sich von nichts und niemandem aufhalten. Er folgte dem Weg Gottes. Dieser führte ihn nach Jerusalem, wo er zunächst festlich empfangen und dann getötet wurde. Damit hatte er seinen irdischen Wettlauf (siehe Hebräer 12,1) beendet und den Willen Gottes vollbracht.

In Entwicklung (Stichwort: Reifen)

In den hundert Jahren, in denen Abram mit Gott unterwegs war, wurde er nach und nach ein anderer Mensch. Nicht weil das Älterwerden das nun mal mit sich bringt, sondern weil Gott in seinem Leben wirkte und er sich dadurch veränderte. Der Viehzüchter aus Ur wurde zu einem starken Gottesmann, durch den der Herr große Dinge tun konnte.

Es dauerte lange Zeit, bis es so weit war, und Gott ließ Abraham diese Zeit. Er kennt seine Kinder ganz genau und geht mit jedem von uns einen persönlichen Weg. Wenn ich auf mein eigenes Leben blicke, dann bin ich erstaunt über seine Geduld und enttäuscht von meiner eigenen Starrköpfigkeit oder Trägheit. Wir sind manchmal einfach nicht von der Stelle zu bewegen, oder wir machen einen Schritt nach vorn und zwei zurück. Immer wieder streckt Gott seine Hand nach uns aus und ermutigt uns, weiterzugehen. In Wahrheit ist er derjenige, der mit uns weitergeht, und er wird das Werk, das er bei uns begonnen hat, *vollenden* (oder fortsetzen) ... *bis zum Tag Christi Jesu* (Philipper 1,6). Christsein ist eine Vorwärtsbewegung.

Freund

Abram war 75, als er sich mit dem Herrn auf den Weg machte, und 175, als er starb (siehe 1. Mose 12,4 und 25,7). Im Laufe dieser hundert Jahre wurde er immer abhängiger von Gott und hat sich immer fester an ihn gebunden. In der Bibel wird er dreimal Gottes Freund genannt; einmal in einem Gebet von König Joschafat (siehe 2. Chronik 20,7), einmal von Jakobus am Ende seiner Ausführungen über Glauben und Werke (siehe Jakobus 2,23) und einmal vom Herrn selbst in Jesaja 41,8. Dort nennt er Jakob *Nachkomme meines Freundes Abraham*.

Als Gott Abram rief, tat er das nicht, weil der ein Freund Gottes war. Abram wurde zur Freundschaft mit Gott berufen, weil Gott ihn lieb hatte und sich ihm offenbaren wollte. Die Stimme Gottes, die für Abram vielleicht zunächst fremd war und ihn überrumpelt hat, wurde ihm nach und nach bekannt und vertraut. Gott bekam für Abram gewissermaßen ein Gesicht; es entstand eine persönliche Beziehung, die im Laufe vieler Jahre tiefer und tiefer wurde, wuchs und reifte.

Das ging nicht von selbst. Wenn es unter Menschen schon so ist, dass Kommunikation gelernt werden muss, dann gilt das in besonderem Maße auch für die Kommunikation mit Gott. Das erfuhr auch Abram. Beim Lesen seiner Lebensgeschichte könnte man den Eindruck bekommen, dass der Herr sich ihm mit großer Regelmäßigkeit offenbarte und deutlich hörbar zu ihm sprach. Soweit wir wissen, lässt es sich jedoch an zehn Fingern abzählen, wie oft das tatsächlich geschah. Im Laufe der hundert Jahre, während deren Abram mit Gott wandelte, musste er sich offensichtlich damit abfinden, dass Gott sich manchmal jahrelang weder sichtbar noch hörbar zu erkennen gab. Er musste lernen, auch in der Stille mit Gottes Anwesenheit zu rechnen und bei ihm zu bleiben. Er musste sich immer wieder an seine Worte und Verheißungen erinnern. Das war nicht einfach, das war eine Übung. Also kannte auch Gottes Freund Abram das. Das darf uns trösten und ermutigen.

David sagt in Psalm 25,14, dass Menschen, die Gott fürchten, gleichzeitig auch seine Vertrauten sein dürfen. Etwas von diesem vertraulichen Umgang sehen wir im Leben Abrams. Ich denke beispielsweise daran, wie Gott Abram offenbart, was er mit Sodom und Gomorra vorhat – mit Städten, die durch und durch sündig sind. 1. Mose 18,17 gewährt einen seltenen Einblick in Gottes Gedanken: *Soll ich Abraham verheimlichen, was ich vorhabe?* Das ist ein beeindruckender Moment – der allmächtige Gott offenbart einem Menschen seine Gedanken! Das erinnert uns an das, was Jesus seinen Jüngern sagt: *Euch aber habe ich gesagt, dass ihr Freunde seid; denn alles, was ich von meinem Vater gehört habe, habe ich euch kundgetan* (Johannes 15,15).

Als Gott Abraham erzählt, was er mit Sodom und Gomorra vorhat, offenbart er ihm nicht nur seine Gedanken, er erlaubt ihm auch mitzudenken. So entwickelt sich ein Gespräch, in dem Abraham ein feuriges Plädoyer für die Gerechten in Sodom hält. Eigentlich bittet er Gott darum, seine Entscheidung zu überdenken und rückgängig zu machen. Abraham tut das behutsam und ehrerbietig, aber gleichzeitig freimütig. Offenbar ist zwischen diesem Mann und seinem himmlischen Vater eine tiefe, innige Verbundenheit gewachsen, die ein so offenes Gespräch ermöglicht. Eine wichtige Rolle spielt dabei auch, dass Abrahams Gedanken und Fragen auf einer Linie mit denen seines himmlischen Vaters liegen. Er ist auf Gott zugewachsen, wie ein Baum dem Licht entgegenwächst, er hat das Herz Gottes kennengelernt und sein eigenes Herz für ihn geöffnet.

Sind wir solche Freunde Gottes? Menschen, die sich danach ausstrecken, sein Herz besser kennenzulernen und seine Stimme zu hören? Verlangen wir wirklich aufrichtig danach? Ist seine Freundschaft für uns wirklich das Allerwichtigste, sehnen wir uns von ganzem Herzen danach, mit ihm Gemeinschaft zu haben?

Der Gott der Bibel wünscht sich nichts so sehr wie einen persönlichen Umgang mit seinen Kindern! Er sehnt sich nach uns wie ein Bräutigam nach seiner Braut. »Kommt zu mir«, lautet die Einladung, die uns in der Bibel häufig begegnet.

Fremder

Von dem Moment an, als Abram auf die Stimme Gottes hörte und sich aufmachte, um ihm nachzufolgen, wurde er nicht nur zu einem Fremdling unter seinen eigenen Leuten, er wurde außerdem zu einem Mann, der als Fremder inmitten anderer Völker lebte. Er musste fortwährend darüber wachen, sich nicht unbemerkt der Kultur, den Normen und Werten anzupassen, die in den Gebieten herrschten, in denen er sich niederließ. Als Mann Gottes musste er sich fernhalten von der Gottlosigkeit und Abgötterei, die in seiner Umgebung an der Tagesordnung waren. Als Nachfolger und Freund Gottes war er ein Außenseiter.

Später würde Abram den Auftrag bekommen, die Männer, die zu ihm gehörten, zu beschneiden; dadurch sollten sie sich als Gottes Bundesvolk von anderen Völkern unterscheiden. Bei dieser Gelegenheit sagte Gott: *Dir und deinen Nachkommen gebe ich ganz Kanaan, das Land, in dem du als **Fremder** weilst, für immer zu eigen und ich will ihnen Gott sein* (1. Mose 17,8; Hervorhebung durch die Autorin).

Dieses Fremdsein zieht sich wie ein roter Faden durch die ganze Bibel. Wir begegnen ihm im Alten Testament beim Volk Gottes, das auserwählt ist und darum anders als andere Völker. Als Abrams Nachkommen (Jakob und seine Söhne) wegen einer schweren Hungersnot nach Ägypten ziehen, wird ihnen dort ein eigenes Wohngebiet in Gosen zugewiesen. So wird verhindert, dass sie sich mit anderen Völkern vermischen. Als die Israeliten viele Jahre später unter Moses Führung aus Ägypten fortziehen, gibt Gott ihnen durch die Zehn Gebote einen verbindlichen Maßstab an die Hand, an dem sie ihr Leben ausrichten sollen. Auch das unterscheidet sie von den Menschen um sie her.

Dem Gedanken des Fremdseins begegnen wir auch im Neuen Testament. Die Christen waren Fremde in der Welt, ebenso wie ihr Meister Jesus. Sie fielen durch ihr Anderssein auf, sie wurden bewundert wie schon die allererste Gemeinde, die beim ganzen Volk hoch angesehen war. Aber sie wurden auch ausgestoßen, verfolgt und getötet. Ihr Gehorsam Gott gegenüber war ihrer Umwelt unbequem, so wie das auch heutzutage der Fall sein kann. Und ... er war manchmal auch für sie selbst unbequem!

Der Apostel Petrus schreibt ausführlich bezüglich des Fremdseins: *... führt auch, solange ihr in der Fremde seid, ein Leben in Gottesfurcht*, heißt es in 1. Petrus 1,17, und im nächsten Kapitel: *Liebe Brüder, da ihr Fremde und Gäste seid in dieser Welt, ermahne ich euch: (...) führt unter den Heiden ein rechtschaffenes Leben, damit sie (...) durch eure guten Taten zur Einsicht kommen und Gott preisen* (1. Petrus 2,11-12).

Unser Fremdsein bedeutet, dass wir vor allem Bürger des Reiches Gottes sind, unseres neuen Vaterlandes. Die Gesetze, die in unserer Welt gelten, stimmen allzu oft nicht mit dem überein, was Gott von uns verlangt. Das macht die Entscheidung nicht leicht, den Weg Gottes zu gehen. Es kostet Mut, Gottes Normen und Werten treu zu bleiben, wenn diese im krassen Widerspruch zu dem stehen, was heutzutage als normal gilt. Es kostet Kraft, sich nicht stillschweigend den geschriebenen und ungeschriebenen Gesetzen unserer Gesellschaft anzupassen. Es kostet Mut, Dinge infrage zu stellen, die heutzutage selbstverständlich sind.

Paulus fordert uns dazu auf, als Nachfolger Gottes fortwährend zu prüfen, was dem Herrn gefällt (siehe Epheser 5,1-21). Wir sind dazu herausgefordert, unsere persönlichen Überzeugungen und unseren Lebensstil ehrlich und kritisch unter die Lupe zu nehmen. Vielleicht entdecken wir, dass wir keine Fremden mehr sind, sondern uns der Welt in einem schleichenden Prozess angepasst haben. Dass wir Verhaltensweisen, die uns zu Außenseitern machen, nach und nach ersetzt haben durch Verhaltensweisen, die bewirken, dass wir »dazugehören«. Christen dürfen nie vergessen, dass sie von ihrer *sinnlosen, von den Vätern ererbten Lebensweise (...) losgekauft* wurden (1. Petrus 1,18). Die »sinnlose Lebensweise« ist Vergangenheit; dennoch bleibt sie eine fortwährend auf uns lauernde Gefahr: Christen müssen darüber wachen, dass sie sich nicht dem Lebenswandel ihrer ungläubigen Mitmenschen anpassen und so in ihrer Umwelt aufgehen, dass sie sich von ihrem Gott und seinem Reich entfremden.

Auch Jesus war während seines irdischen Lebens ein Fremder in seiner Welt. Er war ein Jude unter Juden, aber als Sohn Gottes war er einzigartig. Er war fremd, weil er auf ganz andere Dinge ausgerichtet war als seine Zeitgenossen. Weil er das Reich Gottes für wertvoller erachtete als die Welt, in der er lebte. Weil Glauben für ihn mehr war, als religiös zu sein. Weil er Gott mehr gehorchen wollte als den Menschen. Er war unbequem, weil er heilig war. Er orientierte sich an einem anderen Lebensstil als die Menschen um ihn herum. Er durchschaute die Scheinheiligkeit der religiösen Führer und lehnte ihre doppelte Moral und ihre Bestechlichkeit rigoros ab. Er war unbequem, weil er barmherzig war und dadurch regelmäßig gegen die sozialen und religiösen Verhaltensregeln verstieß. Das Problem mit Jesus war, dass er in kein Schema hineinpasste. Er war ein Mann Gottes und als solcher ein Fremdling auf Erden. Ein Sonderling, den seine Mitmenschen gelegentlich als Querkopf empfanden, häufiger jedoch als einen aufrichtigen, anziehenden Menschen, der ihnen Respekt abnötigte. Ein »heiler« Mensch inmitten einer kranken Welt. In Kapitel 13 werden wir uns eingehender mit seinem Leben auf Erden beschäftigen.

Vorbild

Dass Christen Vorbilder sind, ist ebenso wie ihr Fremdsein eine logische Folge (oder die Frucht) davon, dass sie Nachfolger und Freunde Gottes sind. Die Vorbildfunktion ist die Berufung jedes Menschen, der Christus kennengelernt hat. Im 2. Kapitel des Titusbriefes lesen wir, dass Männer und Frauen, Alte und Junge in ihrer Haltung und ihrem Benehmen Vorbilder sein sollen – zu Hause, am Arbeitsplatz und in der Gemeinde. Christen sollten sich im positiven Sinne von ihren Mitmenschen unterscheiden – nicht, weil sie bessere Menschen sind, sondern weil sie Gott gehören. Die Frucht einer innigen Verbundenheit und eines lebendigen Wandels mit Gott ist ein verändertes Leben, das sich in einem lebendigen Prozess ständig weiter verändert. Gott selbst wird sichtbar durch diejenigen, die mit ihm wandeln.

In einer orientierungslosen Welt, in der es keine festen Maßstäbe mehr gibt und jeder nach eigenem Gutdünken handeln kann, besteht ein großer Bedarf an »Ankern« – Menschen, die vorleben, dass das Glück nicht von den Umständen abhängt. Menschen, die spüren lassen, dass es jemanden gibt, der wertvoller ist als Reichtum, Gesundheit, Erfolg, Status und all die anderen irdischen »Sicherheiten«. Menschen, die zeigen, dass Jesus die Antwort auf die Lebensfragen ist, die uns alle beschäftigen, und auf die Ängste, die uns bedrücken. Die Welt braucht Wegweiser, die auf die Quelle hinweisen, die niemals versiegt. Hirten, die einer haltlosen, aufgewühlten Welt den Weg zeigen, der zum Frieden führt.

Jeder Christ hat den königlichen Auftrag, durch seinen Wandel Gott Ehre zu machen (siehe Titus 2,10) oder ein Brief Christi zu sein, geschrieben nicht mit Tinte, sondern mit dem Geist des lebendigen Gottes (siehe 2. Korinther 3,3). Das ist eine große Verantwortung, der wir nur dann gewachsen sind, wenn wir in völliger innerer Abhängigkeit von unserem himmlischen Vater leben. Diese Abhängigkeit befreit uns von dem Druck und der Anspannung, alles allein schaffen zu müssen.

2. Vom Loslassen

Als der Herr Abram ruft, verlangt er von ihm, nicht nur sein Land, sondern auch seine Verwandtschaft und sein Vaterhaus zu verlassen. Von Menschen und Dingen soll Abram Abschied nehmen, um sich radikal auf den Weg mit Gott einlassen zu können. Vor allem das Erstere ist ein tiefer Schnitt, denn es geht um Personen, die ihm lieb und vertraut sind, um seine eigene Familie und die ganze Lebenssituation, in der er steht. Dennoch soll er sich auf den Weg machen, auch weg vom eigenen Elternhaus, besonders von seinem Vater Terach, der als Haupt der Sippe auch über das Leben seiner erwachsenen Söhne das Sagen hatte. Wörtlich übersetzt lautet der hebräische Text in 1. Mose 12,1: »Mach dich auf deinen eigenen Weg«, das heißt: »Geh du« (also ganz ausdrücklich).

Abschiednehmen und Loslassen sind Aspekte, die unbedingt zum Christsein gehören. Manchmal kann man aufgrund einer besonderen Berufung von einer buchstäblichen Trennung sprechen, wie das bei Abram der Fall war. Nicht selten aber kommt es zu einer anderen Art der Ablösung: Wer als Christ leben will, kann auf Unverständnis oder sogar Widerstand ihm nahestehender Menschen stoßen; möglicherweise führt das zu Konflikten in der Familie oder Freundschaften gehen zu Bruch.

Gott verlangt von seinen Kindern die Bereitschaft, ihm den ersten Platz einzuräumen vor wem oder was auch immer. Er will, dass wir ihm mehr gehorchen als Menschen und dass wir daran festhalten, auch wenn es sich als schwieriger erweist, als wir erwartet hatten. Auch wenn es Opfer kostet. Er will in unserem Leben die Nummer eins sein vor allem anderen, einschließlich der Menschen, die uns ganz nahestehen. Jesus hat das so ausgedrückt: *Wer Vater oder Mutter mehr liebt als mich, ist meiner nicht würdig, und wer Sohn oder Tochter mehr liebt als mich, ist meiner nicht würdig* (Matthäus 10,37). Und: *Wenn jemand zu mir kommt und nicht Vater und Mutter, Frau und Kinder, Brüder und Schwestern, ja sogar sein Leben gering achtet* (oder: hasst), *dann kann er nicht mein Jünger sein* (Lukas 14,26).[2]

Dieses Loslassen fiel Abram gewiss nicht leicht, zumindest soweit das ersichtlich ist. Er siedelte zunächst mit seinem Vater Terach und seinem Neffen Lot – dem Sohn seines verstorbenen Bruders – von Ur nach Haran über, einem Marktort im Osten Syriens. Dort wohnten sie einige Jahre, bevor Abram aufbrach und in Richtung Kanaan zog. Er machte sich jedoch nicht alleine auf, sondern nahm seinen Neffen Lot mit. Es war somit kein völliger Abschied vom Haus des Vaters.

Jahre später trennten sich auch Abram und Lot: Lot zog in das Gebiet von Sodom und Gomorra (und begab sich damit außerhalb des Gelobten Landes); Abram hingegen blieb in Kanaan und ließ sich bei Hebron nieder (vgl. 1. Mose 13).

Ob der Herr wohl auf diesen Moment gewartet hat, als sich Abram ganz von seinem Vaterhaus löste? Mussten erst die letzten Familienbande (mit seinem Neffen Lot) gekappt werden, bevor ein weiterer wichtiger Schritt getan werden konnte? Dafür spricht sehr viel. Es fällt auf, dass sich der Herr dem Abram nach diesem letzten Abschied erneut offenbart. In den Jahren zuvor war es, von einer Ausnahme abgesehen, auffallend ruhig gewesen. Aber jetzt, in 1. Mose 13,14, spricht Gott wieder. Er bekräftigt seine frühere Verheißung und fügt ihr Einzelheiten hinzu: *Nachdem sich Lot von Abram getrennt hatte, sprach der Herr zu Abram: Blick auf und schau von der Stelle, wo du stehst, nach Norden (...) Mach dich auf, durchzieh das Land in seiner Länge und Breite, denn dir werde ich es geben.*

Abram hat jetzt die Hände frei, er wird von niemandem mehr aufgehalten. Er kann gehen und stehen, wo Gott möchte. Damit bricht eine neue Phase in seinem Leben an. Abschiednehmen ist ein wenig wie Sterben, aber es kann Leben bringen. Dadurch wird »aufgeräumt« und es entsteht Raum für Neues. Das gilt ganz allgemein, aber sicher auch auf geistlicher Ebene.

Gott an erster Stelle

Wichtig ist, vor Augen zu haben, dass Abram eine außergewöhnliche Berufung und einen besonderen Platz in der Heilsgeschichte Gottes hatte, was ein radikales Verlassen seiner Familie erforderte. Es wäre falsch, anhand seiner Geschichte zu meinen, jeder Christ müsste in der gleichen Weise seine Koffer packen. Dennoch setzt Nachfolge Christi eine gewisse Loslösung voraus. Ein Loslassen, das übrigens nicht bedeutet, dass wir mit anderen keine intensiven Beziehungen haben dürfen. Menschliche Verbundenheit und Füreinandereinstehen – das ist ja gerade ein Hauptanliegen der Bibel.

Die Bibel rückt zwischenmenschliche Verbundenheit in den Vordergrund, warnt jedoch vor einer zu großen Abhängigkeit oder gar Verehrung von Menschen. Kein Mensch darf in unserem Leben einen solchen Platz bekommen, dass er oder sie wichtiger wird als Gott. Wir müssen ferner aufmerksam sein, wenn gute Beziehungen sich falsch entwickeln, und hellwach, wenn wir von anderen beherrscht, manipuliert oder vereinnahmt werden (bzw. wenn wir das mit anderen machen). Wenn menschliche Verbundenheit zur Gebundenheit führt, wenn das Sichbinden zum Gefängnis wird, kann man mit Recht von einer ungesunden Situation sprechen. Wer in einer solchen Beziehung lebt, sitzt fest. Darüber hinaus lebt er in einem Zwiespalt, denn die Liebe und Aufmerksamkeit, die Gott an erster Stelle gebühren, werden von anderen in Beschlag genommen.

Das Buch Rut zeigt uns, dass zwischenmenschliche Verbundenheit durchaus nicht im Widerspruch zur Verbundenheit mit Gott stehen muss. Ruts Treue zu Noomi stand ihrer Entscheidung, Gott zu folgen, nicht im Wege. In ihm hatte sie ihren Halt gefunden, er war und blieb ihre erste Zuflucht (siehe Rut 2,12). Die beiden Frauen hatten eine sehr enge Beziehung zueinander, die Grundlagen ihrer Freundschaft jedoch waren Gottes Weg mit jeder von ihnen und ihre Sensibilität dafür. Man könnte hier von einer horizontalen Bindung sprechen, die einer vertikalen Bindung untergeordnet ist. Letztere beugte einer ungesunden Entwicklung vor: diesem erdrückenden Klammern. Die beiden Frauen blieben im gleichen Haushalt wohnen, aber ließen einander frei. Die Bindung aneinander stand der jeweiligen persönlichen Bindung an Gott nicht im Wege.

Die Jünger waren die besten Freunde Jesu, wussten aber, dass die Beziehung mit Gott im Leben ihres Meisters Vorrang hatte. Sie standen im Mittelpunkt des Lebens Jesu, dennoch hatte Gott den ersten Platz. Jesus war hundertprozentig für sie da, aber sein Leben für Gott ging darüber hinaus. Dasselbe gilt für seine Beziehung zu seinen Eltern: Jesus ehrte sie, aber Gottes Ehre war ihm wichtiger.

Jesus ließ sich von niemandem aufhalten oder ablenken, auch nicht von denen, die ihm sehr lieb waren. Seine Verbundenheit mit Gott und sein Gehorsam ihm gegenüber erforderten, dass er bisweilen einen gewissen Abstand schaffen musste, sowohl von seinen Freunden als auch von seinen Eltern. Da gab es Momente, wo er sich ganz bewusst von ihnen lösen musste, damit sie nicht zu einem Hindernis auf dem Weg Gottes mit ihm wurden oder ihn davon abhielten, Gottes Pläne mit ihm zu verwirklichen.

Was wäre wohl mit Jakob geschehen, wenn er nicht durch einen Konflikt mit seinem Bruder gezwungen gewesen wäre, sein Elternhaus zu verlassen? Er war der Liebling seiner Mutter (vgl. 1. Mose 25,27-28). Wenn sich die Umstände nicht gegen ihn gerichtet hätten (durch seine eigene Sünde übrigens), wäre er vielleicht immer zu Hause wohnen geblieben und hätte bis ins hohe Alter auf dem Feld Kräuter für die Gemüsesuppe seiner Mutter gesammelt …

Was wäre wohl aus Josef geworden, wenn er nicht von seinen Eltern getrennt worden wäre, die in ihn vernarrt waren? Er wäre sehr wahrscheinlich bis ins hohe Alter auf Händen getragen worden, so behütet, dass er verweichlicht oder daran erstickt wäre.

Eigentlich lag auf diesen beiden Männern ein Anspruch. Durch die (erzwungene) Trennung von ihrem Elternhaus lernten sie, selbstständig zu werden und Verantwortung für ihr eigenes Leben zu übernehmen. Aber was noch wichtiger ist: Gott hatte einen ganz persönlichen Plan sowohl mit Jakob als auch mit Josef. Er wollte sich mit jedem von ihnen auf den Weg machen. Er wollte sie lehren und sie seinen Schutz und seine Treue am eigenen Leibe erfahren lassen. Nur ... er kam nicht so recht an sie heran. Solange diese jungen Männer zu Hause behütet und verwöhnt wurden, waren sie von ihren Eltern abhängig und nicht von Gott. Die Trennung war für alle Beteiligten schwierig, aber sie öffnete das Tor für Gottes Weg mit ihnen. Sie mussten gehen, ihr Nest verlassen und Flügel entwickeln, um selbst zu fliegen. Und ... ihre Eltern mussten sie ziehen lassen (und ihre Erwartungen und Wünsche loslassen!), um dies zu ermöglichen. Später musste Jakob sich übrigens erneut lösen, diesmal vom Haus seiner Schwiegereltern, um allein seinen Kampf mit dem Herrn aufzunehmen und ein Mann Gottes zu werden (vgl. 1. Mose 32,22-32).

Auch Maria musste ihren Sohn loslassen. Und Jesus selbst musste seine Mutter in gewissem Sinne sogar verleugnen, um seinen Weg mit Gott gehen zu können. Zweifellos wird Maria sich gelegentlich von ihm im Stich gelassen gefühlt haben. Und sicher wird es ihr sehr schwergefallen sein, ihn loszulassen. Bestimmt hat auch er oft an sie gedacht und nie einen solchen inneren Abstand von ihr gehabt, dass es ihn unberührt gelassen hätte, wie es ihr ging. Doch in seinem radikalen Gehorsam gegenüber Gott musste Jesus aufbrechen und Abschied nehmen. Er ließ sich nicht von ihr oder sonst jemandem davon abhalten, Gottes Weg zu gehen. Dennoch hat sich Jesus keinesfalls seiner Verantwortung gegenüber seiner Mutter entzogen (siehe z.B. Johannes 19,26-27). In diesem Sinne hat er sie sowohl geehrt als auch »gering geachtet«.

Natürlich beeinflussen Menschen einander, das lässt sich gerade in nahen Beziehungen nicht vermeiden. Falsch ist das nicht, vorausgesetzt, dass wir den Mut und die Reife haben, unsere Entscheidungen immer wieder neu am Willen Gottes zu messen, statt uns unbedacht einem anderen anzuschließen und seinen Erwartungen oder Forderungen entgegenzukommen. Das gilt für die Ehe, für Freundschaften, ja praktisch für alle sozialen Beziehungen.

Aus Angst vor Einsamkeit halten nicht wenige in zerstörerischen Beziehungen aus. Nicht immer schätzen wir die Auswirkungen bestimmter Freundschaften oder anderer Beziehungen auf unser (geistliches) Leben richtig ein. Oft haben wir nicht den Mut und die Kraft, uns von den Ansprüchen oder Manipulationen eines anderen zu befreien. Aber es ist nicht gut, wenn Menschen von anderen beherrscht werden. Wenn mein Leben im Leben eines anderen aufgeht, bin ich eine Gefangene. Mir fehlt der Raum, der für das persönliche, aber auch für das geistliche Reifen notwendig ist.

Haben wir den Mut, deutlich auszusprechen, wenn jemand einen Anspruch auf uns erhebt oder Dinge von uns möchte, die dem Leben mit Gott abträglich sind oder es in Gefahr bringen. Eine gesunde Beziehung erfordert das gegenseitige Respektieren von Grenzen. Geistliche Reife setzt eine innere Freiheit voraus, sich dem Herrn zu schenken. Es ist eine Kunst, das zu verwirklichen und in all diesen Dingen auch die Liebe zum anderen Menschen zu wahren.

3. Schwierigkeiten und Rückschläge

Jeder Christ kennt Momente, in denen Gottes Weg nicht so deutlich ist. An einer Kreuzung kann man verschiedene Richtungen wählen und für jede Richtung sprechen möglicherweise bestimmte Dinge. Wenn man eine Entscheidung treffen muss, geschieht das nach bestem Wissen und Gewissen. Im Nachhinein müssen wir jedoch gelegentlich feststellen, dass ein Beschluss zwar logisch und gut schien, aber damit nicht auch die beste Entscheidung war, die wir hätten treffen können. Manchmal bringen wir uns auf diese Weise selbst in die Bredouille. Unser eigenmächtiges Verhalten wird dann zur Ursache, warum es nicht weitergeht. Diese Erfahrung machten Abram und Sarai, als sie am Beginn ihrer Reise mit einer Hungersnot konfrontiert wurden.

Wenn Schwierigkeiten auftreten

Ich vermute, dass ein »Missgeschick« wie eine Hungersnot das Letzte war, was Abram und Sarai erwartet hatten. Wie muss man einen solch massiven Rückschlag im Lichte der Verheißungen Gottes – im Blick auf seine Gegenwart, seine Führung und Allmacht – sehen? Hatte er die Hungersnot übersehen? Hatte er seine Zusagen, die er Abram gemacht hatte, vergessen? Solche Fragen können in uns aufkommen, wenn wir durch Schwierigkeiten auf unserem Lebensweg unangenehm überrascht werden.

Wenn wir vor einem Hindernis (oder Problem) stehen, dann scheinen zwei Wege möglich: kämpfen oder fliehen. Nun gibt es gegen eine Hungersnot nicht wirklich etwas zu kämpfen, und es ist deshalb auch nicht verwunderlich, dass Abram sich für die zweite Option entschied: Er beschloss, das Problem in einem weiten Bogen zu umgehen, und ließ sich zeitweise in Ägypten nieder. In 1. Mose 12,10 lesen wir, dass er beabsichtigte, dort als Fremder zu bleiben. Im gleichen Vers wird auch gesagt, dass die Hungersnot in Kanaan schwer war, woraus wir schließen können, dass Abram nicht sofort aufbrach. Er schaute sich die Situation eine Weile an, bevor er entschied, sein Heil irgendwo anders zu suchen. Ob er Gott deswegen um Rat gefragt hat, wird nicht berichtet. Die Entwicklungen oder, besser gesagt, die Schwierigkeiten, die sich aus seinem Entschluss ergeben, erwecken jedoch den Eindruck, dass Abram und Sarai sich auf eigene Faust auf einen Seitenweg begeben haben.

Entscheidung für (eigene) Sicherheit

Der Entschluss, nach Ägypten zu ziehen, mag Abram logisch oder ratsam erschienen sein, aber dieser Schritt brachte neue Probleme und Gefahren mit sich. Abram wusste sehr wohl, dass der Pharao einen Harem hatte, für den ständig neue Frauen rekrutiert wurden. Abrams eigene Frau, Sarai, war bereits über 65 Jahre alt, aber konnte sich noch sehen lassen: In 1. Mose 12,14 erfahren wir, dass sie sehr schön war. Abrams Furcht, dass sie von denen entdeckt würde, die im Auftrag des Pharaos Ausschau nach den Schönheiten hielten, war somit nicht unbegründet. Allerdings betraf seine unterschwellige Angst ihn selbst, denn sollte man Sarai für den königlichen Harem für geeignet halten, hätte das sein Leben kosten können (siehe 1. Mose 12,11-13).

Wie verhalten Sie sich, wenn Sie gefährdet sind? Wenn Ihr Leben auf dem Spiel steht? Wenn Sie Gefahr laufen, Ihre Stelle zu verlieren? Oder Ihre Ehe? Oder Ihren Betrieb? Oder Ihr Gesicht? Was würden Sie tun, wenn eine Lüge Sie retten könnte? Wenn Sie eine persönliche Katastrophe abwenden könnten, indem Sie die Wahrheit verschweigen oder verschleiern? Ich vermute, dass es wenige Menschen gibt, die sich nie einer kleinen Notlüge bedienen. Auch Abram tat das. Er bat Sarai darum, sie möge sich als seine Halbschwester ausgeben. Das war nicht ganz unwahr, denn sie war ja tatsächlich seine Halbschwester. Dennoch bediente er sich mit dieser Halbwahrheit einer Lüge, denn Sarai war in erster

Linie seine Frau und damit obendrein diejenige, die er als Ehemann in Schutz zu nehmen hatte.

Hier zeigt sich, wie schwach unsere Treue ist und wie stark die Neigung, uns vor allem und an erster Stelle selbst zu helfen. Abrams Flunkerei war eine Notlüge. Die Gefahr, der seine Frau ausgesetzt wurde, zählte für ihn weniger als die Gefahr, in die er sich selbst begab.

Ich möchte mich kurz in Sarai hineinversetzen und ihre Enttäuschung nachempfinden. Sie war mit einem Mann verheiratet, der Gott Gehorsam leisten wollte. Sie hatte Abram in seinem Entschluss unterstützt, dem Herrn zu folgen. Sie hatten für ein neues, unbekanntes Ziel Haus und Hof verlassen. Sie gingen ihre Wege gemeinsam, miteinander folgten sie Gott. Und dann kommt es zu dieser schweren Enttäuschung. Abram steht nicht für sie ein, er steht für sich selbst ein. Wenn es darauf ankommt, hat sein Eigeninteresse ein größeres Gewicht als ihr Wohlergehen.

Wir machen uns gelegentlich alle eines manipulierenden Verhaltens schuldig, um selbst davon zu profitieren. Wir versprechen uns aufrichtig große Dinge und enttäuschen einander später. Nicht einmal, sondern immer wieder. Wenn sich Schwierigkeiten ergeben oder wir unter Druck stehen, ist unsere Treue relativ und wir lassen den anderen – auch denjenigen, der uns lieb ist – fallen, um uns selbst zu retten. Dann verraten wir unsere Freunde, manchmal sogar den Herrn. Wie sehr kann man vom anderen, aber auch von sich selbst enttäuscht sein!

Wie es Sarai am Hofe erging, wissen wir nicht; ebenso wenig wissen wir, wie lange sie dort wohnte. Wahrscheinlich hat sie sich, obwohl sie eine attraktive Frau war, in erster Linie der üblichen Schönheitspflege unterziehen müssen. Dem Buch Ester ist zu entnehmen, dass dies keine mühelose Angelegenheit war; ein Mädchen im Harem von König Artaxerxes wurde immerhin zwölf Monate lang mit Myrrhenöl, Balsam und anderen Schönheitsmitteln behandelt, bevor sie das Bett mit dem König teilen durfte (siehe Ester 2,12-13)! Vielleicht galten derartige Vorschriften auch in Ägypten. Möglicherweise wurde Sarai zuerst mit den nötigen

Feuchtigkeits- und Antifaltencremes behandelt. Vollkommen genervt und zähneklappernd bat sie unter ihrer Gesichtsmaske immer wieder darum, Gott möge eingreifen und verhüten, dass die Reihe an sie käme, das Bett mit dem Pharao zu teilen. Möglicherweise bat sie auch für die Sicherheit ihres Mannes und dass er eine Möglichkeit fände, sie zu befreien.

Ob Abram sich in der Zwischenzeit wegen des Leides seiner Frau und der peinlichen Situation, in der sie sich befand, arge Sorgen machte, erfahren wir nicht. Er scheint vor allem mit dem beschäftigt gewesen zu sein, was mit ihm geschah. Während Sarai im Palast blieb, hatte er alle Hände voll zu tun, die vielen Geschenke des Pharaos entgegenzunehmen. In 1. Mose 12,16 werden Schafe, Rinder, Esel, Knechte und Mägde, Eselinnen und Kamele genannt, die er Sarais wegen empfing. Wahrscheinlich gehörte das alles zu einer Mitgift, die ihm ausgezahlt wurde. Eine Mitgift für seine eigene Frau! Und das ließ er zu, er, ihr eigener Ehemann!

Wie schmerzlich ist das, wenn man von geliebten, nahestehenden Menschen im Stich gelassen wird! Das geschieht nicht immer mutwillig; es ist auch nicht immer so, dass der andere versteht und durchblickt, was er Ihnen antut. Aber es gibt Situationen, in denen sich jemand so fühlt, als wäre er wie Abfall an die Straße gestellt worden. Wie sehr kann man von einem anderen beschämt und verletzt werden, und wie sehr können Enttäuschung (und Wut) an einem nagen!

In einer solchen Situation ist es wichtig, sich vor Augen zu halten, dass Gott sowohl Sie sieht als auch das Unrecht, das Ihnen angetan wurde. Es ist entscheidend, weiter darauf zu vertrauen, dass er es nicht dabei belassen wird. Das mag vielleicht so aussehen, weil Gott nicht immer so handelt, wie wir das erwarten. Und dennoch!

Auch Sarai war sicher. Zwar war ihr Mann der große Abwesende, als sie in Not war, ihr himmlischer Vater aber war nicht untätig. Er schlug den Pharao und sein Haus *wegen Sarai (...) mit schweren Plagen* (1. Mose 12,17). Außerdem gedachte der Herr seiner Zusage an Abram aus 1. Mose 12,3: *Wer dich verwünscht, den will ich verfluchen.* Der Pharao von Ägypten und später der Philister-König Abimelech (siehe 1. Mose 20) nahmen Sarai zur Frau und wurden hierfür bestraft. Mit anderen Worten: Gott lässt nicht zu, dass seine Pläne zunichtegemacht werden. Er hat ebenso wenig zugelassen, dass Sarai die Taten ihres Mannes ausbaden musste. Abram schien mit anderen Dingen beschäftigt, aber der Herr sah Sarais Not und griff ihretwegen ein.

Es ist übrigens denkbar, dass Ägypten der erste Ort war, wo Sarai eine erste persönliche Erfahrung mit dem Eingreifen Gottes hatte. Damals, bei Abrams Berufung, hatte sie sich mit seinem Bericht über die Stimme Gottes begnügen müssen, die er gehört hatte. Aufgrund dieser Begegnung Abrams mit Gott war sie mit ihrem Mann aus Ur weggezogen. Und jetzt, ganz ohne ihren Mann, wurde sie zur Zeugin der Allmacht Gottes und spürte, dass er sich persönlich um sie sorgte. Sarai war nicht unwichtig für ihn, sie hatte in den Plänen Gottes ihren Platz, es ging auch um sie. Er befreite Abram und sie und führte sie wieder auf die rechte Bahn. Und er tat das sehr großzügig. Als sie vom Pharao aus dem Land gewiesen wurden, durften sie alle Geschenke, die sie vom Königshaus empfangen hatten, behalten. Wahrscheinlich war mit diesen Sachen ein wichtiges Fundament für den späteren großen Reichtum Abrahams gelegt.

Sie werden viel miteinander zu bereden gehabt haben, Abram und Sarai. Vielleicht überdeckte die gemeinsame Erleichterung den schlimmen Beigeschmack, den Sarai an das missliche Abenteuer zurückbehalten haben dürfte. Ihr Vertrauen auf Abram wird beschädigt gewesen sein. Ihr Vertrauen auf Gott hingegen war gewachsen. Letzteres war bei Abram wohl nicht anders. Vielleicht war das auch der Grund, dass sie überhaupt noch gemeinsam weiterziehen konnten.

Das Ägypten-Abenteuer ging gut aus, hatte allerdings Folgen. Sehr wahrscheinlich kam zu dieser Zeit die Ägypterin Hagar als persönliche Magd Sarais zur Sippe Abrams. Sie war sozusagen ein »Souvenir« aus dieser Zeit, mitgegeben mit allen anderen königlichen Geschenken. Ihre Anwesenheit in Abrams Haushalt hinterließ unauslöschliche Spuren. Hagar wurde später für Sarai eine Art »Leihmutter«. Das war erneut eine Situation, in der Abram und Sarai selbst die Regie führten, und wieder ein Entschluss, der äußerst gravierende Konsequenzen hatte. So kann unser eigenmächtiges Verhalten nicht nur uns selbst so manches einbrocken, sondern auch viel weitreichendere Folgen haben.

Lektionen im Leiden

Es ist eine sehr menschliche Reaktion, Problemen möglichst aus dem Weg zu gehen. Aber Zeiten der Hungersnot, in welcher Form sie sich auch präsentieren mögen, sind nicht grundsätzlich Dinge, die wir versuchen müssen zu vermeiden. Gott kann sie gebrauchen, um uns näher zu ihm zu bringen, um uns Standhaftigkeit zu lehren, wodurch wir fürs Leben stärker werden.

Es kann sein, dass der Herr im Falle einer Hungersnot oder einer anderen »Wüstenerfahrung« zu Ihnen sagt: »Bleib und geh da mit mir durch. Kämpfe nicht, fliehe nicht, sondern vertraue auf mich. Halte durch in dieser schmerzlichen Situation, ich werde dir Kraft geben.« Diese Herausforderung, zu bleiben, mag keine angenehme Botschaft sein, doch wenn Gott Ihnen so etwas abverlangt, ist es gut. Wenn wir schwierigen Situationen automatisch aus dem Weg gehen oder zu entfliehen versuchen, versagen wir uns vielleicht selbst Erfahrungen, die uns zur geistlichen Reife führen. Außerdem kann unser Vermeidungsverhalten ein lästiges Erbe hinterlassen, das unser Leben unnötig erschwert.

Warum lassen Eltern manchmal ihr Kind hinfallen, auch wenn es sich dabei eine Schramme holt? Warum lassen sich Menschen irgendwo in einer unbekannten Gegend absetzen und beteiligen sich an Überlebensmärschen? Weil sie durch derartige Erfahrungen etwas klüger und stärker werden. Wenn wir durch Probleme hindurchgehen mit aller Mühe, die dazugehört, entdecken wir Dinge in uns selbst, die sonst vielleicht nur latent oder schlummernd da gewesen wären. Schwierigkeiten rufen das wach, was potenziell in uns vorhanden ist. Wir werden dazu angeregt (oder gezwungen), Quellen anzuzapfen, die überdeckt waren. All diese Dinge tragen zu unserer Reifung bei. Außerdem entdecken wir in Situationen, in denen wir mit mehreren anderen ein Abenteuer erleben, dass wir aufeinander angewiesen sind. Wir lernen Lektionen im Blick auf Zusammenarbeit und Aufbau eines Teams.

Für Christen steckt im Leiden weit mehr als das Entwickeln eigener Kräfte und Möglichkeiten und das Lernen, gemeinsam mit anderen Gläubigen etwas zu unternehmen. Leiden lehrt uns eine größere, vertrauensvollere Hingabe an Gott. Darin liegt das Geheimnis unserer Entwicklung als Mensch. Gott ist alles daran gelegen, dass wir kräftige Männer und Frauen Gottes werden.

Wenn Probleme und Leid bewirken, dass wir in unserem Glauben und Vertrauen wachsen und stärker werden, dann »lohnen« sie sich. Paulus bezeugt, dass ihn die Entbehrungen, die er erlitten hat, gestärkt haben. Er sagt, dass Bedrängnis einige Dinge bewirkt: Geduld, Bewährung und Hoffnung, die *nicht zugrunde gehen* lässt (siehe Römer 5,3-5). Jakobus geht sogar so weit, dass er Versuchungen als etwas Freudvolles betrachtet. Nicht weil die Erfahrung des Leidens so schön wäre, sondern weil er die möglichen Früchte im Blick hat. Die Prüfungen, auf die er im Kontext seines Briefes zu sprechen kommt, waren Dinge wie Ablehnung und wirtschaftliche Boykott-Aktionen, mit denen die Christen in der damaligen Zeit konfrontiert waren. Er rief sie auf, den Blick über ihre momentane negative Situation hinauszurichten und darauf zu achten, was dieses Leiden in ihnen bewirken könnte. Zum Beispiel: *Ihr wisst, dass die Prüfung eures Glaubens Ausdauer bewirkt* (Jakobus 1,3).

Ausdauer ist etwas, was jeder Christ auf seinem Lebensweg dringend braucht. Davon ist auch in Hebräer 12 die Rede. Wollen wir den Wettlauf bis zum Ende durchhalten und das Ziel erreichen, brauchen wir Ausdauer und müssen darauf achten, dass wir nicht durch Müdigkeit der Seele erschlaffen.

Bewährung bedeutet, dass man eine bestimmte Prüfung bestanden hat. Abraham hat später in seinem Leben seinen Glauben und sein Vertrauen unter Beweis gestellt. Der Prüfer war Gott: In 1. Mose 22,1 ist wörtlich zu lesen, dass »Gott Abraham auf die Probe stellte«. Tatsächlich ist Abraham der erste Mensch in der Bibel, der eingehend von Gott auf die Probe gestellt wurde. Und was geschieht daraufhin? Derselbe Mann, der Jahre zuvor einer Hungersnot entfloh und sich einer Lüge bediente, um sein Leben nicht zu gefährden, besteht in Morija eine viel schwerere Prüfung. Im Auftrag Gottes ist er bereit, seinen geliebten Sohn Isaak zu opfern. Diesmal versucht er nicht zu fliehen, sondern nimmt die Herausforderung an und begibt sich in die Prüfung. Schweren Herzens, davon bin ich überzeugt, denn er ist der Vater des Jungen, der sterben soll. Aber auch mit einem Herzen, in dem in der Zwischenzeit stark gewordener Glaube und Vertrauen wurzeln, die ihm Ruhe und Frieden geben: Gott wird für die Rettung sorgen. Und das tut er.

Der kanadische Theologe Peter Davids schreibt im *IVP New Bible Commentary*[3]: »Ausdauer hat eine Auswirkung, sie bewirkt etwas. Man kann sie mit einem stählernen Schwert vergleichen, das ins Feuer gehalten wird, bis es ganz erhitzt ist bzw. die gewünschte Struktur erreicht hat und das Metall die richtige Härte und Spannkraft besitzt. In Jakobus 1,3-4 ist das (...) Feuer die Versuchung. Das ›Erhitzen‹ bewirkt, dass der Gläubige ›vollendet und untadelig‹ wird und ihm nichts mehr fehlen wird.«

Bei all diesen Dingen geht es darum, dass wir zu Männern und Frauen Gottes heranwachsen. Das Feuer des Leidens hat zur Folge, dass die falschen und scharfen Ecken abgehen. Wir werden geläutert bzw. uns werden unsere Rechthaberei und Eigensinnigkeit genommen und wir werden schrittweise das Wesen Gottes widerspiegeln. Das geht nicht ohne Schläge und Blessuren, es ist keineswegs bequem. In dieser Beziehung ist Jakobus ebenfalls realistisch und ermutigt uns, Gott um seine Weisheit in diesen Dingen zu bitten. Die einzige Bedingung, die er an dieses Gebet knüpft, besteht darin, dass wir das aus Glauben und ungeteilter Liebe zu Gott tun (vgl. Jakobus 1,5-8).

»Hungersnöte« in unserem Leben

Eine Hungersnot kann man als Nahrungsmangel definieren. Aber das ist nicht die einzige Hungersnot, die Menschen erfahren; es gibt mehr Mängel, die an unseren Kräften zehren. Ich denke an mangelnde Liebe oder Bestätigung, mangelnde Freundschaft, einen Mangel an Geld. Auch länger dauernde Probleme mit einem Kind, eine Zeit der Arbeitslosigkeit, eine schleichende Krankheit, Unverständnis seitens der Umgebung im Blick auf Dinge, die einem wehtun, Einsamkeit oder Mangel an Wertschätzung können uns unserer Kraft und Freude berauben und für uns zu einer Wüstenerfahrung werden, einem erschöpfenden Weg durch eine dürre Ebene ohne Wasser, ohne Nahrung. Ein Mensch kann in einer solchen Notsituation buchstäblich lechzen nach Erquickung und Hilfe.

Was bedeutet es, dass Gott in jeder Situation Rat weiß, die nötige Kraft gibt und für das sorgt, was wir brauchen? Nun, es gibt Grenzen, was ein Mensch bewältigen kann, das ist klar; aber diese Grenzen sollten nicht wir nach unserem eigenen Empfinden (oder dem von wohlwollenden Nahestehenden) ziehen. Gott selbst soll sie ziehen. Bitten Sie ihn um Rat und seien Sie bereit, in einer Zeit der Hungersnot durchzuhalten. Haben Sie den Mut, dies aufgrund der sicheren Erwartung zu tun, dass Gott die Macht hat, Ihnen die nötige Kraft zu geben, und dass er *unendlich viel mehr tun kann, als wir erbitten oder uns ausdenken können* (Epheser 3,20).

Wenn unser Gott uns sieht und hört, dann lässt ihn das nicht unberührt. Er ist ein Gott des Erbarmens, ja, noch mehr: ein Gott, der durch Erbarmen bewegt wird. Das Wahrnehmen unserer Not, das Hören unserer Stimme bewegt ihn. Unsere Gebete bewirken etwas. Vielleicht hören oder spüren wir es nicht, aber das heißt nicht, dass der Himmel sich nicht rührt oder dass Gott abwesend ist. *Kein Spatz fällt zur Erde ohne den Willen des Vaters* (Matthäus 10,29), das heißt: Nichts geschieht, ohne dass er es sieht. Auch wenn wir uns vollkommen allein und verlassen fühlen – er ist da, gegenwärtig. Von ihm wird gesagt, dass er die ganze Erde im Auge behält, *dass er stärke, die mit ganzem Herzen bei ihm sind* (2. Chronik 16,9).

Immer wieder neu und vor allem in einer geistlich dürren Zeit müssen wir lernen, weiter zu sehen als auf das, was wir vor Augen haben. Glauben und Vertrauen bedeuten, festzuhalten an dem, was wir wissen, auch wenn es nicht sichtbar ist. Wir müssen lernen, dass unser Empfinden nicht ausschlaggebend ist. Denn auch wenn wir uns verlassen fühlen – wir sind es nicht.

Die Herausforderung liegt darin, auch dann unsere Augen auf Jesus gerichtet zu halten, wenn wir denken, dass wir allein und verlassen sind. Gott hat verheißen, dass er uns nicht fallen lassen und verlassen wird. Er wird uns beistehen und führen, selbst in finsterem Tal (vgl. Psalm 23,4). Das Leben ist vielschichtig und Entscheidungen wirken sich nicht immer eindeutig aus. Unverändert wahr bleibt aber, dass Gott uns selbst in der Wüste (in der Not) sättigen und zum Aufblühen bringen kann. Im Buch Jesaja 58,11 heißt es: *Der Herr wird dich immer führen, auch im dürren Land macht er dich satt und stärkt deine Glieder. Du gleichst einem bewässerten Garten, einer Quelle, deren Wasser niemals versiegt.*

Ein Neuanfang

Wir kehren zurück zu Abram und Sarai. In 1. Mose 13,1 sehen wir, dass sie nach ihrem Ägypten-Abenteuer ihre ursprüngliche Reise fortsetzten: *Von Ägypten zog Abram in den Negeb hinauf, er und seine Frau mit allem, was ihm gehörte, und mit ihm auch Lot.* Abram durfte wieder einen Neuanfang machen; er durfte das, was passiert war, hinter sich lassen. Das heißt: Gott rechnet uns unsere Fehler nicht an! *So weit der Aufgang entfernt ist vom Untergang, so weit entfernt er die Schuld von uns. Wie ein Vater sich seiner Kinder erbarmt, so erbarmt sich der Herr über alle, die ihn fürchten. Denn er weiß, was wir für Gebilde sind* (Psalm 103,12-14).

Abram und Sarai hatten – das ist sicher – eine Lektion gelernt. Aber sie waren noch längst nicht am Ziel, was sich in der Fortsetzung der Geschichte zeigt.

4. Unsere eigene Planung

Im vorhergehenden Kapitel haben wir uns mit den Abenteuern Abrams und Sarais in Ägypten befasst. Sie wurden dort durch Gottes Eingreifen aus einer heiklen Situation befreit und vom Pharao aus dem Land gewiesen. Nun folgten sie nicht nur erneut den Spuren, die ins Gelobte Land führen sollten, sondern waren mittlerweile hoffentlich auch ein bisschen weiser als vorher. Doch würde auch die weitere Reise nicht reibungslos verlaufen. Das hing unter anderem mit ihrer eigenen Planung zusammen, in der persönliche Ambitionen und Wünsche eine Rolle spielten. In diesem Kapitel schauen wir auf die beiden Ereignisse, die damit in Zusammenhang stehen: die Verteilung von Land zwischen Abram und Lot und die Art, wie Abram und Sarai mit ihrer ungewollten Kinderlosigkeit umgehen.

Lot (siehe 1. Mose 13,1-13)

Nach der Ägypten-Episode nehmen Abram und Sarai ihr Nomadenleben wieder auf. Sie ziehen mit Lot nach Bet-El, *bis zu dem Ort, an dem anfangs sein Zelt gestanden hatte*, und suchen den Altar auf, den Abram dort errichtet hatte. Da ruft Abram den Namen des Herrn an (Verse 3-4). Es erscheint wie ein Neubeginn; Ägypten liegt hinter ihnen und das Gelobte Land vor ihnen. Mit frischem Mut und neuer Hingabe sucht Abram das Angesicht seines Gottes. Doch es muss noch etwas geschehen, wenn er frei und unbelastet weiterziehen will: die Loslösung von Lot.

Sowohl Abram als auch Lot haben gut gewirtschaftet; in Ägypten ist außerdem so manches Gut hinzugekommen. Als Spannungen und Uneinigkeit unter den Hirten aufkommen, weil das Land nicht genügend Platz für zwei Herden bietet, trifft Abram eine rigorose Entscheidung: Die Betriebe müssen aufgeteilt werden. Er macht seinem Neffen ein wirklich nobles Angebot: Lot darf sich aussuchen, wo er sich niederlassen will. Auffallend sind Abrams ausgesprochen weise Worte, mit denen er beginnt: *Zwischen mir und dir, zwischen meinen und deinen Hirten soll es keinen Streit geben; wir sind doch Brüder* (Vers 8). Besitz ist Abram keine Familienfehde wert, dafür liegt ihm zu sehr an der brüderlichen Verbundenheit. In seiner Planung hat die persönliche Beziehung zu seinem Neffen Vorrang vor noch größerem Reichtum und geschäftlichen Erfolgen.

In Gedanken sehe ich Abram da stehen, einen Arm um die Schultern seines Neffen gelegt, dem er das Beste gönnt: *Liegt nicht das ganze Land vor dir? Trenn dich also von mir! Wenn du nach links willst, gehe ich nach rechts; wenn du nach rechts willst, gehe ich nach links* (Vers 9).

Das lässt sich Lot nicht zweimal sagen. Er zeigt eine gewisse Geschäftstüchtigkeit, wobei er gründlich nachdenkt und genau kalkuliert, wo sein Betrieb die besten Chancen hat zu wachsen. Die Jordan-Gegend bietet ihm die besten Aussichten, das Gebiet sieht wunderschön aus, ist reich an Wasser und *wie der Garten des Herrn, wie das Land Ägypten* (Vers 10). Die Wahl ist schnell getroffen.

Abrams Neffe hätte perfekt in unsere Zeit gepasst. Persönlicher Erfolg und Reichtum nehmen in seiner Planung eine wichtige Stelle ein. Er hat seine Augen überall, macht im Kopf ein paar schnelle Berechnungen und sucht das Beste für sich selbst aus. Er scheint einfach davon auszugehen, dass er die erste Wahl treffen darf. Es fällt ihm nicht ein, seinem Onkel den Vorrang zu geben, was dessen Recht als Älterer gewesen wäre, oder ihn zu fragen, wie er dies und jenes sieht. Lot trifft seine Entscheidung, bricht auf und zieht in den Osten. Er schlägt seine Zelte bei Sodom auf. Es ist eine sehr fruchtbare, aber auch gottlose Gegend: *Die Leute von Sodom waren sehr böse und sündigten schwer gegen den Herrn* (1. Mose 13,13).

Lot war gläubig, aber er traf mit seiner Umsiedlung in die Jordan-Gegend eine Entscheidung, die seinen Glauben eher schwächte als stärkte. Tatsache ist, dass er sich selbst in Gefahr brachte durch seine Habsucht und vor allem durch seinen späteren Entschluss, ein gemauertes Haus in der Stadt zu beziehen. Anfangs lebte er in seinem Zeltlager noch einigermaßen abgesondert von der Stadt, aber durch diesen Schritt war er gleichsam von der Peripherie mitten in der Welt gelandet. Das führte Lot in eine gewisse Isolierung und demnach in eine heikle Situation; er und seine Familie waren die einzigen Gläubigen in Sodom. Wie lange kann man in einer solch sündigen Umgebung allein standhalten? Man muss sich schon ziemlich sicher sein, dass Gott einen zu einem solchen Schritt ruft, wenn man ihn geht! Denn ein Leben ohne Mitgläubige ist keine leichte Sache. Wir sind dafür bestimmt, miteinander in Gemeinschaft zu leben, einander zu unterstützen, zu ermutigen, zu korrigieren und im Glauben zu stärken. Nicht in einem frommen, sicheren Gemeindeklüngel, wohl aber durch regelmäßige Kontakte untereinander. Diese wesentlichen Dinge gab Lot durch seinen Schritt auf.

In den folgenden Jahren musste Lot tatsächlich alle Segel hissen, um nicht der Dekadenz in seiner Umgebung zu erliegen. Die Menschen um ihn herum hatten keine Zeit und kein Interesse an Gott; sie waren vom Leben beansprucht und sehr beschäftigt mit Essen, Trinken, Kaufen, Verkaufen, Pflanzen und Bauen (siehe Lukas 17,28). Petrus schreibt später, dass Lot unter dem zügellosen Lebenswandel seiner Mitbürger in der Stadt stark zu leiden hatte. Es wurde ihm Tag für Tag zur Qual, das *gesetzwidrige Tun* seiner Umgebung anzuschauen (siehe 2. Petrus 2,7-8). Dass Lot dort nicht umgekommen ist, das ist Gnade.

Abram schlug nach der Verteilung des Landes seine Zelte bei Mamre auf. In Bezug auf die Gegend, in der er lebte, begnügte er sich mit der zweiten Wahl. Damit zeigte er nicht nur, dass wahre Gottesfurcht mit Zufriedenheit gepaart ist (siehe 1. Timotheus 6,6), sondern ließ auch die Gesinnung Christi sichtbar werden; er kannte keine Selbstsucht oder eitlen Ehrgeiz, sondern schätzte in Demut den anderen höher ein als sich selbst und achtete nicht nur auf seine eigenen Belange, sondern auch auf die des anderen (vgl.

Philipper 2,3-4). Abram hatte seinem Neffen den Vortritt gelassen und gewann durch seine Demut, denn das Gebiet, in das er zog, war sehr fruchtbar für seine Beziehung mit dem Herrn. Dort sprach Gott aufs Neue zu ihm (1. Mose 13,14); er bekräftigte die Versprechen, die er Abram früher gegeben hatte, und zeigte ihm das Land, das er ihm geben wollte.

Lot war aufgrund nüchterner Überlegungen umgesiedelt. Er war seiner eigenen Planung gefolgt, in der Karriere und persönlicher Wohlstand eine wichtige Rolle spielten. Es ging ihm bereits gut, aber es konnte nach seiner Meinung noch besser gehen. Sein Reichtum führte nicht zur Zufriedenheit, sondern zu einer Sucht nach mehr. Lot war ein Gerechter, das wohl, aber dies war keine starke Entscheidung. Zweimal musste er aus einer misslichen Lage befreit werden. Beim ersten Mal wurde er von seinem Onkel aus den Händen von Feinden gerettet, die Sodom und Gomorra eingenommen und ihn und andere als Gefangene verschleppt hatten (siehe 1. Mose 14,11-16). Beim zweiten Mal mussten zwei Engel eingreifen, um ihm zu helfen, dem Gericht Gottes über der Stadt zu entfliehen (siehe 1. Mose 19). Bei dem zweiten Vorfall sehen wir Lots Schwäche und Neigung zu Kompromissen. Gottes Engel drängten, Lot und seine Familie sollten Sodom auf der Stelle verlassen, weil der Herr beabsichtigte, diese Stadt zu vernichten. Selbst Auge in Auge mit diesen himmlischen Botschaftern und ihrer überdeutlichen Nachricht zögerten Lot und seine Frau noch. Sie wollten auf Gott hören, aber zugleich hingen sie am Leben in Sodom. Die Engel mussten diese Familie an die Hand nehmen und sie buchstäblich aus der Stadt hinausziehen.

Sehr bewegend ist, dass die beiden künftigen Schwiegersöhne zurückblieben. Sie nahmen ihren Schwiegervater nicht ernst, machten sich ein wenig lustig über dessen Worte über Gottes Urteil und … fanden den Tod. Auch Lots Frau musste sterben, weil sie, gegen die ausdrückliche Weisung der Engel, zurückblickte und dadurch Wankelmütigkeit zu erkennen gab, ein Festhalten an dem, was sie zurücklassen musste. Fiel es ihr schwer, ihr schönes Haus aufzugeben, dachte sie an die Gemälde an den Wänden, an ihren Schmuck in dem kleinen Fach im Schlafzimmer? Es ist unsagbar tragisch, dass sie starb, während Gott ihr das Leben anbot. Es war ihr Untergang, dass sie nicht auf ihn schaute, sondern an ihrem alten Leben hängen blieb.

Lot *nahm sich* das Land, das ihm am besten schien. Abram *empfing* seinen Wohnort aus der Hand Gottes. Als er seine Zelte bei den Eichen von Mamre in Hebron aufgeschlagen hatte, baute er als Erstes dem Herrn einen Altar (siehe 1. Mose 13,1-18). Von Lot lesen wir nichts dergleichen; über ihn wird nur gesagt, dass er seine Zelte bei Sodom aufschlug. Hatte er in all der Hektik der Umsiedlung und der Arbeit, die auf ihn zukam, vergessen, wem die Ehre gebührt? Und wurde er später durch das umtriebige pralle Leben in der großen Stadt dermaßen in Beschlag genommen, dass er vielleicht keine (oder wenig) Zeit für Gott hatte? Es kann so leicht passieren; man wird von seiner Arbeit und den Sorgen des Alltags in Beschlag genommen, und Gott wird an den Rand gedrängt. Gott sei Dank hatte Lot in seinem Onkel einen treuen Fürsprecher. In 1. Mose 19,29 wird unumwunden gesagt, dass Lot sein Leben vor allem der Fürsprache Abrams zu verdanken hatte. *Gott dachte an Abram*, steht da, *und ließ Lot mitten aus der Zerstörung fortgeleiten, während er die Städte, in denen Lot gewohnt hatte, von Grund auf zerstörte.*

Abram und Sarai (siehe 1. Mose 15-16,6)

Wie sieht Abrams persönliche Planung aus? Er hat das Nötige losgelassen – Ur, Haran und Ägypten, und auch das Umherziehen mit Lot gehört der Vergangenheit an; er wohnt mit Sarai bei Hebron. Doch obwohl er dem Herrn von Herzen folgen möchte, ist auch er nicht frei von eigenen Wünschen und Ambitionen. In 1. Mose 11,30 erfahren wir, dass Sarai unfruchtbar ist. *Sie hatte keine Kinder* hört sich nach einer nüchternen Feststellung an, aber das sind Worte, hinter denen sich eine Welt des Schmerzes verbirgt. In der Zeit, als Abram und Sarai lebten, waren Unfruchtbarkeit und Kinderlosigkeit ein Fluch. Ein Mann ohne Nachkommen und Erben war ein Versager, und eine Frau, die keine Kinder gebären konnte, war in den Augen ihrer Umgebung minderwertig.

Vom Schmerz über ihre Kinderlosigkeit erfahren wir zuerst in 1. Mose 15,1, als der Herr sich Abram mit einer wunderschönen Verheißung offenbart: *Ich bin dein Schild; dein Lohn wird sehr groß sein.* Mit anderen Worten: »Abram, ich bin derjenige, der dich beschützt. Ich will dich segnen; dein Lohn (das, was ich dir geben will) wird sehr groß sein.« Das ist ein großer Moment, den jeder wohl einmal erleben möchte. Und wie reagiert Abram? Fällt er in Anbetung auf die Knie und sagt etwa Folgendes: »Amen, Herr! Mein Schild und meine Zuversicht bist du, o Gott, mein Herr«?

Es geschieht etwas ganz anderes. Gott hat kaum gesprochen, da bricht in Abram los, was ihn zutiefst bekümmert: *Herr, mein Herr, was willst du mir schon geben? Ich gehe doch kinderlos dahin* (Vers 2). Er wiederholt seinen Schmerz mit anderen Worten in Vers 3: *Du hast mir ja keine Nachkommen gegeben ...* Abrams ungewollte Kinderlosigkeit wiegt offenbar so schwer, dass es das Erste ist, was in ihm losbricht, als er eine persönliche Begegnung mit dem Herrn hat. Es ist in seinem Herzen und Denken so massiv gegenwärtig, dass ihm die Größe der Begegnung mit Gott völlig zu entgehen scheint.

Es sieht ganz so aus, als ob Abram auf seinem Lebensweg an einem Kreisverkehr angelangt ist; sein Lebensglück ist von dem abhängig geworden, was er *nicht* hat, und so dreht er sich im Teufelskreis des Unmöglichen. Er hat sich auf das fixiert, was ihm abgeht, was er aber in seinen Planungen immer wie selbstverständlich erwartet hatte![4] Selbst als der Herr sich ihm als sein Schutz (Schild) offenbart mit all dem, was das bedeutet, ist Abram für die Botschaft nicht empfänglich, weil er eine Brille aufhat, die von den Nebeln der Enttäuschung beschlagen ist. Sein Kinderwunsch hat sich in ein dringliches, vielleicht sogar zwanghaftes Verlangen gewandelt, und sein Glück scheint von dessen Erfüllung abhängig geworden zu sein.

War Abrams Kinderwunsch absonderlich? Nein, der Wunsch nach Kindern war der »gängige« Erwartungshorizont, der bis auf den heutigen Tag seine Gültigkeit hat. Obwohl in unserer Kultur eine Verschiebung in den Erwartungen und Rollen innerhalb der Beziehungen stattgefunden hat – Heiraten und Kinderbekommen sind bei vielen Fixpunkte in ihrer Lebensplanung geblieben. Die Geburt eines Kindes wird meist ziemlich gründlich geplant, weil es in unser Leben »passen« muss. Viele junge Paare möchten erst einmal ihre Freiheit genießen, zunächst etwas für die Karriere und fürs Einkommen tun (es muss auch ein finanzieller Spielraum da sein, um dann die Kindertagesstätte bezahlen zu können), erst ein eigenes Haus haben und die nötigen Umbauten vornehmen, sodass alles nach unseren Ideen und Vorstellungen läuft. Und dann »darf« ein Kind kommen.

So regeln und planen wir aufgrund bestimmter selbstverständlicher Grundsätze. Nach und nach betrachten wir diese Dinge als etwas, worauf wir einen Anspruch haben. Ganz aufrichtig unterbreiten wir Gott unsere Pläne und bitten ihn um seinen Segen. Ebenso aufrichtig bestürzt und erschrocken sind wir dann, wenn es nicht ganz so läuft, wie wir erwarteten. Vielleicht kommt kein Kind. Oder es kommt kein Freund oder keine Freundin. Man bleibt vielleicht allein. Das ist nicht für jeden gleich schwierig; Unverheiratetsein und auch Kinderlosigkeit können auf einer bewussten Entscheidung beruhen, aber Tatsache ist, dass es für die meisten Menschen unerwünscht ist und somit eine schmerzliche Situation und – wenn es länger andauert – ein Kampf.

Als Abram in 1. Mose 15 zu Gott sagt: *Herr, was willst du mir schon geben? Ich gehe doch kinderlos dahin* (Vers 2), und: *Du hast mir ja keine Nachkommen gegeben* (Vers 3), zeigt er sein Herz. Hier steht ein schwer enttäuschter Mann. Seine Erwartungen sind nicht erfüllt worden, etwas Wesentliches in seinem Leben fehlt. Sehr traurig ist, was hier aus Abrams Worten hervorgeht: Sein persönlicher Verlust wiegt für ihn schwerer als das, was Gott hier sagt. Beherrscht von dem, was er nicht hat, kann Abram die Botschaft Gottes nicht erfassen. Seine Antwort auf Gottes Zusage:

Ich bin dein Schild; dein Lohn wird sehr groß sein, macht die Größe der Worte Gottes zunichte. Abram wird wirklich dankbar gewesen sein für die Tatsache, dass Gott sein Schild war, aber was aus seiner Enttäuschung über seine Kinderlosigkeit herauszuhören ist, lautet: »Was du mir sagst, ist nicht genug. Mir fehlt etwas Wesentliches.«

Ist der Herr uns genug? Können wir ihn loben, allein dafür, wer er ist, und nicht für das, was er für uns tut? Können wir uns begnügen mit seinem Wort: *Ich bin dein Schild*, oder sagen wir: »Ja, Herr, aber, Herr … Gib mir einen Partner, der mich liebt. Löse die Probleme in unserer Familie. Gib mir eine Arbeitsstelle. Gib uns …«?

Ohnmacht und Ungeduld

Die meisten von uns geben sich mit unerfüllten Wünschen nicht zufrieden; es gibt immer noch dies und jenes, was man ausprobieren und tun kann, um sie trotzdem zu verwirklichen. Abram ist darin nicht anders; er meint, sich zu helfen zu wissen. Da er offenbar keine eigenen Kinder bekommen kann, könnte er seinen Hauptknecht Eliëzer adoptieren, der dann für Nachkommenschaft sorgen würde. Dieser Weg ist allerdings nicht seine erste Wahl, aber dennoch eine Option, die in seiner Kultur nicht ungewöhnlich war. Als Abram diese Möglichkeit Gott vorträgt, ist dessen Antwort eindeutig: *Nicht er wird dich beerben, sondern dein leiblicher Sohn wird dein Erbe sein* (1. Mose 15,4).

Es ist deutlich: Abram darf an seiner Erwartung festhalten; Gott will ihm einen eigenen Sohn geben. In der Hinsicht hält Abram auch in der Zukunft nicht störrisch an eigenen Ideen fest. Gott hat sozusagen höchstpersönlich den Kinderwunsch in den Planungen Abrams bekräftigt. Er hat Abrams Wunsch bestätigt und daran sein klares Versprechen gebunden. Das große Problem liegt darin, dass Abram für die Geburt seines Sohnes einen eigenen spätesten Termin in seinen Planungen festgelegt hat. In dem Maße, wie die Zeit vergeht und die Dinge nicht nur nicht nach seinen Planungen laufen, sondern die Chance auf ein Kind biologisch gesehen immer kleiner wird, wird er unruhig und kommen Zweifel in ihm auf.

Wie klein sind wir im Licht der Größe Gottes!

In 1. Mose 15,5 kommt der bewegende Moment, in dem der Herr Abram nach draußen führt und ihn auffordert, zum Himmel hinaufzuschauen und zu versuchen, die Sterne zu zählen. Unmittelbar vorher hat er ihm eine eigene leibliche Nachkommenschaft verheißen. Und jetzt sagt er, diese Nachkommenschaft werde so groß sein, dass man sie nicht zählen kann!

In Gedanken sehe ich Abram unter dem Sternenhimmel stehen. Was wird er gedacht haben? Wo bleibt man da als Mensch in einem solchen Moment? Gibt es noch etwas zu sagen? Man kann lediglich atemlos aufschauen zu dieser überwältigenden Pracht der Sterne.

Über den Himmel breitest du deine Hoheit aus, sagt David in Psalm 8. Und: *Seh ich den Himmel, das Werk deiner Finger, Mond und Sterne, die du befestigt: Was ist der Mensch, dass du an ihn denkst?* In dem Moment, wo Menschen unmittelbar vor der Größe und Majestät Gottes stehen, schrumpft alles andere auf ein belangloses Format. Die Dinge erscheinen dann in einem ganz anderen Licht. Stärker noch – so kommen wir zu Dank und Anbetung, losgelöst davon, ob unsere Wünsche nun erfüllt sind oder nicht. *Danket dem Herrn*, sagt der Psalmist in Psalm 106,1. *Danket dem Herrn; denn er ist gütig.* Unabhängig von dem, was er uns gibt oder nicht gibt, ist der Herr unseres Dankes und Lobpreises würdig. Weil er so ist, wie er ist, und weil es niemanden gibt, der so ist wie er.

Wer bin ich, wenn ich vor Gott stehe? Wie wichtig sind meine Wünsche dann noch? Wie dringend sind die Punkte, die ich geplant habe? Welches Gewicht haben meine Zielvorstellungen? Wer bin ich, zu denken, dass alles nach meinem eigenen Gutdünken laufen muss? Ist es nicht vielmehr so, dass mir in dem großartigen Moment einer persönlichen Begegnung mit dem Herrn nichts mehr zu wünschen bleibt? Werden da nicht meine Augen für eine Wirklichkeit geöffnet, die viel größer ist als die meine? Ist das nicht der Moment, wo mir nichts anderes bleibt als (erneute) Hingabe – »Herr, du hast das Sagen. Geh deinen Weg mit mir«? Die Bibel erzählt uns, dass auch Abram glaubend sein Haupt senkte (siehe 1. Mose 15,6). Er konnte nicht anders! Gleich darauf schloss Gott seinen Bund mit ihm.

Eigene Lösungen

Leider ist es so, dass sich selbst die tiefsten geistlichen Eindrücke nach einer Weile verflüchtigen. Ehe wir es merken, gehen wir wieder zur Tagesordnung über und die sichtbare Wirklichkeit drängt sich uns auf. Konfrontiert mit ganz schwierigen Situationen, halten wir nur mit Mühe fest am Glauben an Gottes Größe und Allmacht.

Das ergeht Abram nicht anders. Sichtbar und greifbar ist und bleibt die Unfruchtbarkeit seiner Frau; (noch) unsichtbar bleibt die Erfüllung der göttlichen Verheißung einer eigenen Nachkommenschaft. In 1. Mose 16 tritt die alte Wunde der Kinderlosigkeit erneut in den Vordergrund. Es ist Sarai, die vorschlägt, dass Abram dann eben ein Kind mit ihrer Magd Hagar zeugen soll, jener Frau, die sie aller Wahrscheinlichkeit nach gut zehn Jahre zuvor in ihrem »Geschenkpaket« aus Ägypten mitbekommen hatten. Ihr Vorschlag ist gar nicht so abwegig, denn es gab Polygamie in der Welt, in der sie lebten. Sie verbreitete sich, ebenso wie die Zeugung eines Kindes mit einer Magd bei Kinderlosigkeit einer Ehe, auch im Volk Gottes.

Wenn sich etwas verbreitet und allgemein akzeptiert wird, heißt das noch lange nicht, dass es dem Willen Gottes entspricht. Wir sehen das auch hier. Gott hatte einen anderen Plan mit diesen Menschen. Wie traurig ist es, dass sie sich so sehr an ihre eigenen Vorstellungen klammerten und vor allem auch an ihre eigene äußerste Deadline, dass sie keinen Raum mehr hatten, um auf Gott zu warten! Ihr Entschluss, Hagar einzuschalten, war in Gottes Augen nicht gut und voreilig. Nicht gut, weil er bessere Pläne hatte; voreilig, weil er an einen anderen, besseren Zeitpunkt dachte.

Wie mag es Sarai in jener Nacht ergangen sein, als ihr Mann mit Hagar schlief? Hat sie wach gelegen? Hat sie ihren eigenen Kummer erneut Gott geklagt? Hat sie Gott angefleht, dass das gut ausgeht? Hatte sie Angst, dass ihr Mann sich in Hagar verlieben oder, schlimmer noch, sich an sie binden würde? Ich weiß es nicht. Aber ich weiß, dass dieser Plan und seine Umsetzung nicht nötig waren, denn Gott hatte Abram und Sarai ein eigenes Kind versprochen, zu seiner Zeit.

Manchmal fügen wir uns selbst unnötig Schmerz und Kummer zu, indem wir Gott vorauseilen, selbst wenn das mit besten Absichten geschieht. Manchmal müssen wir erfahren, dass durch unser eigenes Eingreifen neue Probleme entstehen, die schmerzliche Kreise ziehen, die weiter gehen, als wir hätten vermuten können. Wer ungeduldig vorauseilt und die Dinge selbst in die Hand nimmt, wird sein Tun vielleicht später bereuen, weil daraus unerwartetes Elend entstanden ist oder weil da andere sind, die ungewollt die Leidtragenden dieser Voreiligkeit werden.

5. Die Wüste des Unfriedens

In den vorhergehenden Kapiteln haben wir einen Blick auf verschiedene Stolpersteine und Fallgruben geworfen, die unseren Lebensweg manchmal beeinträchtigen; wir können durch ungesunde Bindungen an Menschen, manchmal durch unerwartetes Unheil, aber auch durch unsere eigene Lebensplanung blockiert werden. In diesem Kapitel widmen wir uns einem sehr mächtigen Hindernis, dem Unfrieden, der durch zwischenmenschliche Konflikte ausgelöst wird. Dies blieb auch Sarai und Abram nicht erspart. Das führt uns zu Hagar in 1. Mose 16,1-6.

Nach jüdischen Legenden soll Hagar nicht einfach irgendeine Magd gewesen sein, sondern eine Ägypterin von hoher Geburt. Möglicherweise war sie ein besonders ehrenvolles Geschenk, das der ratlose Pharao Abram und Sarai damals machte, in einem Versuch, ihren Gott gnädig zu stimmen und sie im Guten loszuwerden. Für Hagar selbst wird es keinesfalls einfach gewesen sein, ihren Platz als Dienerin bei einer wildfremden jüdischen Familie einzunehmen, mit der sie in ein für sie fremdes Gebiet mitziehen musste. Sie musste sich an eine unbekannte Kultur und Sprache gewöhnen, möglicherweise auch an ihre Stellung als Untergebene.

Hatte Hagar es schwer? Hatte sie Heimweh nach Ägypten? War sie einsam? Oder fühlte sie sich bei Sarai und Abram allmählich zu Hause? Diese Fragen bleiben unbeantwortet, doch es ist nicht undenkbar, dass persönliche Freiheit und vielleicht auch Rückkehr in ihre Heimat wichtige Lebensziele für Hagar waren. Als Magd aber hatte sie nichts zu wünschen oder zu sagen; es wurde über sie entschieden. Auch ihre Schwangerschaft wurde ohne Einspruchsrecht ihrerseits von ihrer Herrin geregelt. Sarai ging einfach davon aus, dass sie Hagar nach Belieben (als »Leihmutter«) einsetzen und für sich selbst gebrauchen konnte (*Vielleicht komme ich durch sie zu einem Sohn* – 1. Mose 16,2).

Dass Hagar ihre Situation ziemlich missfiel (und dass sie damit schon lange zu kämpfen hatte), spürt man, wenn man sich ihre Haltung während der Schwangerschaft ansieht. Die Sklavin glaubte, ihrer Herrin gegenüber einen starken Trumpf in der Hand zu haben, sie war eingebildet auf das, was sie konnte, Sarai aber nicht. Dabei überschritt sie Grenzen; sie verlor jegliches Gespür und den Respekt für die Verhältnisse aus den Augen. In 1. Mose 16,4 heißt es: *Als sie* (Hagar) *merkte, dass sie schwanger war, verlor die Herrin bei ihr an Achtung.* Es sieht so aus, als habe Hagar ihre Gedanken nicht für sich behalten; sie hat sie entweder ausgesprochen oder in einer anderen Weise deutlich gemacht. Sarai, in dieser Situation ohnehin verunsichert, fühlte sich von ihrer Dienerin zutiefst gedemütigt und gekränkt und rächte sich.

Spannungen wie die zwischen Hagar und Sarai sind leider nicht ungewöhnlich. Rivalität und Eifersucht kommen auch unter Christen vor. Manchmal bedienen wir uns eines anderen zum eigenen Nutzen. Auch können wir (zum Beispiel wenn wir verletzt oder gedemütigt sind) aggressiv oder hochmütig reagieren. Es ist verlockend, den anderen herabzusetzen oder abzuweisen, indem man sich etwas einbildet auf das, was man selbst hat und der andere nicht. Wenn wir verletzt sind, neigen wir dazu, zurückzuschlagen und Dinge zu äußern, die nicht von Weisheit zeugen und sicher nicht liebevoll sind. Das ist ein Verhalten, das Brüche und Risse in Beziehungen verursacht.

Hätte Abram als Familienoberhaupt eingreifen oder vermitteln können? Ich vermute, dass der arme Mann nicht gewusst hat, was da auf ihn zukam. Sarai hatte ihn wohlgemerkt selbst darum gebeten, ein Kind mit Hagar zu zeugen; die Idee stammte von ihr. Nun, da es schiefgeht, bekommt er alles aufgetischt; der Konflikt zwischen Sarai und Hagar droht zu einem Konflikt zwischen ihm und seiner Frau zu werden. Es ist schon heftig, was Sarai ihm vor die Füße wirft: *Das Unrecht, das ich erfahre, komme auf dich!* Und als sei das noch nicht genug, bringt sie auch noch Gott mit ins Spiel: *Der Herr entscheide zwischen mir und dir* (Vers 5).

Dieser (weiblichen) Logik ist Abram nicht gewachsen. Er weiß wirklich nicht, was er jetzt tun soll, da die Frau, mit der er seit Jahren verheiratet ist, und die Frau, die sein Kind erwartet, einander in den Haaren liegen. Schließlich wählt Abram den Weg des geringsten Widerstands, indem er alle Verantwortung seiner Frau zuschiebt: *Hier ist deine Magd; sie ist in deiner Hand. Tu mit ihr, was du willst* (Vers 6).

Hagar hat die schlechtesten Karten. Der Einzige, der ihr helfen kann, zieht sich zurück. Sie ist schwanger mit einem Kind von Abram, aber er bringt nicht den Mut auf, sich für sie einzusetzen! Und was hat sie nach all den hässlichen Worten, die gefallen sind, von Sarai noch zu erwarten? Nicht viel, wie sich bald zeigt. Sarais bittere Reaktion gegen Hagar führt dazu, dass Hagar davonläuft.

Leere Hände

In 1. Mose 16 wird nicht berichtet, was Hagars Flucht in Abram und Sarai auslöst. Vielleicht tritt nach all den Spannungen wieder eine gewisse Ruhe ein. Ich denke aber, dass die Unruhe stärker ins Gewicht fällt. Sie dachten, ihren Lebenstraum »Kinder« mithilfe von Hagar verwirklichen zu können. Das ist total danebengegangen. Die Magd ist davongelaufen, nicht allein, sondern mit dem ungeborenen Kind Abrams, und Sarai und Abram stehen nach wie vor mit leeren Händen da.

Ein böser Streit zwischen Menschen ist abscheulich und das Aufräumen der Scherben nicht selten eine schwere Aufgabe. Wo es, wie bei Hagar und Sarai, zwei Hitzköpfe betrifft, zwischen denen böse Worte gefallen sind, ist die Lösung keinesfalls einfach. Erst mal etwas Abstand gewinnen vielleicht? Hier geschieht das zwangsläufig, denn Hagar ist davongelaufen. Sie hat kein Handy bei sich. Man kann sie nicht anrufen, um ihren Aufenthaltsort zu erfahren oder sie zurückzurufen. Außerdem – wer sagt denn, dass sie zur Rückkehr bereit wäre? Und wer sagt, dass Sarai bereit ist, ihre Dienerin wieder in den Kreis ihrer Familie aufzunehmen?

Die entstandene Situation scheint hoffnungslos und unumkehrbar, sie ist es aber nicht! Denn der Gott Abrams ist seinen Menschen treu und hält sich an seine Versprechen. Er beginnt damit, Hagar, die Verstoßene, aufzusuchen. Sie mag aus dem Blickfeld Abrams und Sarais verschwunden sein, aber nicht aus dem Blick Gottes. Er ist ihr mit seinen Augen und seinem Herzen gefolgt. In seinem großen Erbarmen sucht er sie jetzt auf. Zweifellos wird sie sich vorgenommen haben, nie wieder in diese Familie zurückzugehen, wo ihr so viel Leid angetan worden ist. Wie aber sehen Gottes Pläne aus?

Die Wüste des Unfriedens

Es gibt Wüsten in unserem Leben, die wir uns mehr oder weniger selbst zuzuschreiben haben. Hagars schwierige Situation ist die Folge eines voreiligen Plans zweier Menschen, der zu einem unerquicklichen Streit zwischen drei Menschen geführt hat. Statt sich an den Tisch zu setzen und den Konflikt zu klären, ist ein Bruch entstanden. Die eine Seite hat sich davongemacht, die andere ist sitzen geblieben. Jede Seite hat dabei ihre eigenen Gefühle. Das Empfinden, dass einem Unrecht widerfahren ist. Das Gefühl, dass der andere an der eigenen misslichen Lage schuld ist. Der Gedanke, dass der Unfriede nicht aufzulösen ist, es sei denn, dass der andere einem selbst entgegenkommt. Solange derartige Emotionen im Raum stehen (und Raum bekommen), ist Versöhnung ein Ding der Unmöglichkeit.

Wie geht es Hagar, als die Entfernung zwischen ihr und ihrer Herrin allmählich größer wird? Sie hat die Flinte ins Korn geworfen, was Abram und Sarai betrifft; da sind Grenzen überschritten worden. Besonders glücklich wird sie darüber sicherlich nicht sein; denn das Kind, das sie in sich trägt, ist von Abram. Als Dienerin Sarais und als künftige Mutter eines Kindes für Abram und Sarai genießt sie Schutz unter deren Dach. Durch ihr übereiltes Davonlaufen ist sie jetzt völlig ungeschützt.

Allem Anschein nach hat Hagar sich auf den Weg nach Ägypten gemacht, zurück zu ihren Wurzeln. Der Weg nach Schur (1. Mose 16,7) ist nämlich eine der Routen, die durch die Sinaihalbinsel nach Ägypten führen. Wenn Hagar tatsächlich dieses Ziel vor Augen hat, steht ihr eine beschwerliche Reise bevor, zumal als schwangere Frau. So völlig unvorbereitet ist das für sie und ihr ungeborenes Kind riskant. Sie kann überfallen oder von Fremden entführt werden, sie kann sich verirren und vor Hunger und Durst umkommen. Vielleicht werden ihr diese Dinge nach und nach bewusst und ihr Mut sinkt mit dem Verstreichen der Zeit immer mehr.

Objektiv betrachtet ist Hagar in eine Sackgasse geraten. Was nun? Erhobenen Hauptes von dannen gezogen und nun mit gesenktem Kopf wieder zurück? An Letzteres muss sie in diesem Moment wahrscheinlich noch nicht denken. Sie hat gerade genug mit sich selbst zu tun, mit der Empörung über das, was ihr angetan worden ist. In Gedanken sehe ich sie mutterseelenallein in der Wüste, verschwitzt und verstört. Vielleicht auch erfüllt von Selbstmitleid. Und ängstlich. Es mag ihr aufrichtig leidgetan haben, dass sie im Jähzorn einfach fortgelaufen ist, aber nun gibt es ihrem Empfinden nach kein Zurück.

So können wir uns durch eigene Dummheit in eine ausweglose Situation manövrieren und Gefangene werden hinter selbst hochgezogenen Mauern der Mutlosigkeit, der Dickköpfigkeit und des Unwillens, zu dem Punkt zurückzukehren, wo es schiefging. Doch dann ... kommt Gottes Stimme.

Wo bist du?

In 1. Mose 16,7 lesen wir, dass der Engel des Herrn Hagar an einer Quelle auf jenem Weg nach Schur findet. Es ist wichtig zu bemerken, dass der Engel des Herrn nicht nur im Namen Gottes spricht, sondern auch in der ersten Person als er selbst. Das weist darauf hin, dass er mehr als ein »gewöhnlicher Engel« ist; viele Leute (darunter Theologen) meinen, dass dieser »Engel des Herrn« im Alten Testament eine Umschreibung für Jesus ist. Soweit wir wissen, ist Hagar dem Herrn in ihrem Leben sogar zweimal begegnet, denn auf diese erste Begegnung in 1. Mose 16 folgt etwa 15 Jahre später eine zweite, erneut in der Wüste (siehe 1. Mose 21). Beide Ereignisse zeigen etwas von Gottes liebevollem Weg mit verlorenen Kindern, die in Sackgassen stecken.

Ich bin davon überzeugt, dass die Begegnung bei der Quelle in 1. Mose 16 kein Zufall war, ebenso wenig wie die andere, viel spätere Begegnung an einem Brunnen es war, nämlich die der samaritischen Frau in Johannes 4. In beiden Situationen macht sich der Herr auf die Suche nach jemandem, der in einer ausweglosen Situation ist und seine Hilfe braucht. Beide Male werden wir Zeuge, was Gottes einfühlsame Liebe in Menschenherzen bewirken kann.

1. Mose 16,8 beginnt mit der Frage, mit der der Herr das Gespräch mit Hagar aufnimmt: *Hagar, Magd Sarais, woher kommst du und wohin gehst du?* Die Worte erinnern an Gottes Worte im Garten Eden, als Adam und Eva sich nach ihrem Ungehorsam ängstlich vor Gott versteckten: *Wo bist du?* (1. Mose 3,9). Hier steht kein böser Vater, der mit erhobenem Finger brüllt, hier steht der Gott der Bibel mit offenen Armen und einer liebevollen Einladung: »Lass dich bei mir blicken!«

Die Magd bekommt die Gelegenheit, ihr Herz vor dem Herrn auszuschütten. Gott kennt sie, denn er nennt sie beim Namen. So liebevoll ist sein Ton, so absolut unbedrohlich seine Frage, dass Hagar in aller Ehrlichkeit und Unbefangenheit sagen kann: *Ich bin meiner Herrin Sarai davongelaufen.* Mehr ist in dem Augenblick nicht nötig. Mehr ist auch nicht drin, Hagar steht es bis zur Halskrause. Sie fühlt sich wie zerschlagen und kann ihre Gefühle nicht einmal in Worte kleiden, dermaßen verwirrt ist sie.

Das Geschehen in 1. Mose 16 erinnert stark an das, was David in Psalm 139 in Worte fasst. In Vers 4 sagt er: *Noch liegt mir das Wort nicht auf der Zunge – du, Herr, kennst es bereits.* Als Hagar ihre Situation ausgesprochen hat, wird nicht um weitere Erklärungen gebeten. Das ist nicht nötig, denn Hagar steht vor demjenigen, der mit all ihren Wegen vertraut ist. Der Herr begnügt sich mit der kurzen Information von ihr; er kennt die Welt und die Erfahrungen, die sich hinter diesem kurzen Sätzchen »Ich bin davongelaufen« verbergen. Er hat gesehen, wie die Eifersucht zwischen Hagar und Sarai gärte; er war dabei bei dem Wutausbruch und hat gesehen, wie sie aufeinander losstürzten; er hat alle abscheulichen Dinge, die gesagt (und gedacht!) wurden, gehört. Der Herr hat die Emotionen, die bei beiden Frauen im Spiel waren, wahrgenommen und den Hass gesehen, der zwischen ihnen aufflammte. Jetzt aber lässt er Hagar nicht in ihrem Schlamassel sitzen, er lässt sie nicht auflaufen, nein, er kommt ihr entgegen.

In der Wüste, auf dem Weg nach Schur, hören wir kein Wort des Vorwurfs. Hagar wird ganz von der barmherzigen Gegenwart des Herrn eingehüllt. Diese Erfahrung ist so überwältigend, dass die Dinge keiner Erklärung bedürfen, dass man sich nicht zu rechtfertigen oder verteidigen braucht. Hagar braucht lediglich zu sagen: »Hier bin ich, auf der Flucht.« Und er weiß den Rest und – lässt sie nicht im Stich. Auch dies fasst David in Psalm 139 in Worte: *Du umschließt mich von allen Seiten und legst deine Hand auf mich. Zu wunderbar ist für mich dieses Wissen, zu hoch, ich kann es nicht begreifen* (Verse 5-6).

Wir wissen nicht, wie lange Hagar bereits unterwegs ist bzw. wie weit sie von Abrams Zeltlager entfernt ist, als ihr der Herr begegnet. Allein in der Wüste ist sie nicht mehr als ein unbedeutender, winziger Punkt in einer riesigen Sandebene. Ohne Schutz und verlassen. Doch jemand sieht sie! Hagar mag den Augen Abrams und Sarais entzogen sein, den Augen Gottes kann sie nicht entgehen. Er sieht sie, wo immer sie ist. Es kostet ihn überhaupt keine Mühe, sie in der Wüste aufzuspüren, er hat sie dort laufen sehen, er ist ihren Schritten mit seinen Augen und mit seinem Herzen gefolgt.

So ist unser Gott, er folgt uns mit seinen Augen, kein Detail unseres Lebens entgeht ihm. Er sieht jede Träne, hört jeden Seufzer, selbst unsere Haare sind gezählt. *Wohin könnte ich fliehen vor deinem Geist, wohin mich vor deinem Angesicht flüchten? Steige ich hinauf in den Himmel, so bist du dort; bette ich mich in der Unterwelt, bist du zugegen. Nehme ich die Flügel des Morgenrots und lasse mich nieder am äußersten Meer, auch dort wird deine Hand mich ergreifen und deine Rechte mich fassen* (Psalm 139,7-10).

Hagar erfährt das am eigenen Leib. In einem unerwarteten Moment kommt der Herr ihr in ihrer Wüste entgegen und erweist ihr seine unendliche Fürsorge und Liebe. Und – gibt ihr den Schlüssel zum Frieden.

Sich für Gottes Weg entscheiden

Es ist ein schwieriger Auftrag, den der Herr Hagar gibt. Er fordert sie auf zurückzukehren, woher sie gekommen ist, die Probleme und die Scherben anzuschauen und den Menschen, denen sie entfliehen wollte, erneut zu begegnen. Ja, noch mehr: sich vor ihrer Herrin zu demütigen. Zurückzukehren also mit gesenktem Haupt, in der Bereitschaft, aufs Neue ihren Platz als Dienerin, als Untergebene einzunehmen. Auf diese Weise ihren Teil beizutragen, das, was zerstört worden ist, wiederherzustellen. Ohne Fragen, ohne Klagen.

Wenn ich an Hagars Stelle gewesen wäre, hätte ich mich sicher schwergetan, mich ohne Weiteres auf das einzulassen, was Gott da von mir verlangt. Was er Hagar aufträgt, scheint so einseitig, so ungerecht! Wie ist das möglich, dass Hagar nicht in eine Diskussion mit dem Herrn einsteigt und etwa Folgendes sagt: »Herr, ich werde tun, was du von mir verlangst, wenn ich die Zusicherung bekomme, dass Sarai und Abram …«? Oder: »Herr, gibt es noch eine andere Wahl? Kannst du mich nicht auf eine Karawane stoßen lassen, die mich nach Ägypten mitnimmt?«

Ich vermute, dass Hagars Begegnung mit dem Herrn so überwältigend ist, dass diese Fragen bei ihr nicht mehr aufkommen oder dass ihr klar wird: Wozu Gott sie auffordert, das ist nicht nur der einzige, sondern auch der beste Weg. Gehorsam heißt, das zu tun, was Gott will, ohne daran Vorbedingungen oder Forderungen zu knüpfen. Wir tun, was er sagt, weil er es ist, der es sagt, und weil das, was er uns aufträgt, das Beste ist.

Trotzdem ist es ein äußerst schwerer Auftrag. Sich selbst demütigen bedeutet, dass ich die Geringste bin, dass ich den anderen hoch achte, dass ich diejenige bin, die nachgibt … Menschlich gesehen hat Hagar Grund, nach dem, was ihr angetan worden ist, zutiefst gekränkt und Sarai böse zu sein. Die Magd als »Ersatzfrau« mag ein allgemein akzeptierter Brauch in jener Kultur gewesen sein, in der Abram und Sarai lebten; das ändert jedoch nichts daran, dass Hagars »Arbeitgeber« die entstandene Situation und vor allem die Spannungen in einer anderen Weise hätten angehen können. Hätte Abram als Familienoberhaupt seine Verantwortung gegenüber beiden Frauen wahrgenommen, wäre die Situation vielleicht nicht in der Weise eskaliert. Wäre Sarai nicht so voll gewesen von ihrem eigenen Kummer und ihrer Empörung und hätte sie Hagars Hochmut durchschaut, hätte sie möglicherweise einen verletzten Menschen gesehen und darüber hinaus eine Frau, die sich in den ersten Monaten ihrer Schwangerschaft befand und emotional ziemlich viel zu verkraften hatte. Wenn Hagar ihrerseits Sarais Reaktion durchschaut hätte ... Wenn ...

Konfliktlösungen werden dadurch so schwierig, dass jeder Beteiligte sich meist eher als Opfer denn als (Mit-)Täter oder Verantwortlicher fühlt. Sarai empfindet sich als Opfer; Abram steht als Zuschauer hilflos dabei, und Hagar deutet mit ihrer Flucht in die gleiche Richtung: »Die Situation war untragbar, ich konnte nicht anders ...«

Wer vor dem Herrn steht, kann eine solche Argumentation nicht aufrechterhalten. Wer seine Barmherzigkeit erfährt, der kann nicht in eigener Unbarmherzigkeit verharren. Wer gesegnet wird, kann den anderen nicht länger verfluchen. *Lasst uns den Blick auf Jesus richten*, so wird uns in Hebräer 12,2 empfohlen. Und was sehen wir? Den Sohn Gottes, der das absolute Recht hatte, sich selbst zu erhöhen, aber sich dennoch dafür entschied, sich zu erniedrigen und Diener zu sein (siehe Philipper 2,3-8)! Er ließ sich beschuldigen und sogar bestrafen, obwohl ihm nichts vorzuwerfen war und ihn keine Schuld traf. Wenn er beschimpft wurde, erwiderte er das nicht mit gleicher Münze. Er drohte nicht, wenn er litt. Petrus erwähnt diese Dinge und fügt hinzu, dass Christus *euch ein Beispiel gegeben hat, damit ihr seinen Spuren folgt* (1. Petrus 2,21-23)!

Worauf Gott Hagar und uns anspricht, das ist die persönliche Einstellung. Es ist ihre Aufgabe, ihre eigene Verantwortung wahrzunehmen, und nicht ihre Aufgabe, sich umzuschauen, ob der andere das auch (und zuerst!) tut. Aus diesem Grund wird uns auch nicht mitgeteilt, ob Gott nur mit Hagar gesprochen hat oder auch mit Sarai und Abram. Das geht uns nichts an, das ging Hagar nichts an. Was sie anging, war das, was Gott von ihr persönlich forderte: »*Geh zurück zu deiner Herrin und demütige dich unter ihre Hand!* (1. Mose 16,9). Hagar, Davonlaufen ist der Weg des geringsten Widerstandes, im Übrigen löst es nichts. Es ist besser, sich für den Königsweg zu entscheiden!«

Gottes Weg ist ein schwieriger Weg, der persönliches Leid mit sich bringen kann, aber es ist der allerbeste Weg. Sich selbst zu erniedrigen gibt einem vielleicht das Gefühl des Verlierens, doch es bringt Gewinn – für einen selbst wie für andere. Wenn man umkehrt, trägt man wesentlich dazu bei, dass in eine negative und festgefahrene Situation wieder Bewegung kommt. Wenn wir den Seitenweg eigensinnigen Handelns verlassen und auf den Königsweg zurückkehren, bahnen wir den Weg zum Frieden.

Vielleicht hätte Hagar ihre Reise schaffen und Ägypten erreichen können. Eine vorbeiziehende Karawane hätte sie mitnehmen können und sie hätte in ihrem Heimatland sehr wahrscheinlich eine Unterkunft für sich und ihr Kind gefunden. Aber auch wenn sie in diesem Fall – menschlich gesehen – gut zurechtgekommen wäre: Hagar hätte sich mit ihrer Rückkehr nach Ägypten, mit der Flucht vor den Problemen einen wichtigen Lernschritt verbaut und damit auch, persönlich reifer zu werden. Gehorsam gegenüber Gott bringt diesen Gewinn. Aber das ist nicht einfach! Was Gott von uns verlangt, steht manchmal in krassem Gegensatz zu unserem Empfinden und Wollen. Das gilt auch hier, ja, vor allem in einer Konfliktsituation.

Konflikte rufen meist starke Emotionen hervor; da kommt es zu gegenseitigen Anschuldigungen und zum Wunsch nach Vergeltung. Wir fühlen uns verletzt oder beleidigt und wollen uns verteidigen, uns verwahren und … unser Recht behaupten. Wie schwer ist es in einer solchen Situation, dem Herrn die Dinge zu überlassen, seinen Weg zu gehen, ohne daran Forderungen zu knüpfen, um der Geringste zu sein und auf den anderen zuzugehen. Es gibt fast nichts, was so stark ist wie der Hochmut unserer Rechthaberei und die damit verbundene Forderung, dass der andere uns entgegenzukommen hat und den ersten Schritt zur Versöhnung tun muss.

Solange beide Parteien in diesem Hochmut verharren und an ihren eigenen Forderungen festhalten, wird das Feuer des Konflikts genährt. Dann ist auf beiden Seiten Stillstand, dann gibt es Stagnation statt Wachstum. Auch wenn Stagnation »passiv« ist, wirkt sie sich dennoch aus, nämlich in einem Fäulnisprozess. Ein Weiher, der nie gesäubert wird, wird zu einer schleimigen Algenbrühe und das Leben darin stirbt ab. Von außen betrachtet mag der Weiher vielleicht noch einigermaßen gut aussehen, die Wasseroberfläche ist ganz glatt, aber darunter fault es.

Wir dürfen nie vergessen, dass ein zwischenmenschlicher Konflikt ein starkes Werkzeug in den Händen des Widersachers ist. Streit und Unfrieden reißen auseinander und entfremden, sie lähmen Menschen und rauben ihnen die Energie. Aus diesem Grunde ist der Teufel darauf aus, böse Gefühle anzufachen und zu nähren, bis er ein Feuer der Bitterkeit angezündet hat, aus dem die Flammen nach allen Seiten schlagen und kaum mehr zu bändigen, geschweige denn zu löschen sind. Zweifellos wird sich der Satan die Hände gerieben haben angesichts des emotionalen Chaos, das im Hause Abrams entstanden war, und gehofft haben, dass Gottes Pläne durch die entstandene Situation gründlich zunichtegemacht wurden. Aber glücklicherweise war er nicht der Einzige, der einen Blick für das Geschehene und für die Tatsache hatte, dass Hagar in einer ausweglosen Situation war. Auch Gott sah das. Er sah, dass sie von sich aus keine positiven Entscheidungen treffen konnte. Hagar lief enorme Gefahr, vom Bösen in ihr vereinnahmt und überwältigt zu werden. Bosheit und Zorn können so tief Wurzeln schlagen, dass wir in eine ausweglose Lage geraten.

Das Gleiche gilt übrigens für Abram und Sarai. Deren Situation sah ebenfalls nicht rosig aus, auch bei ihnen in der Familie werden die Wellen hoch geschlagen sein. Ich denke, dass Abram und Sarai noch längst nicht über alles gesprochen hatten und dass Bosheit, Frustration und Vorwürfe – im Herzen oder ausgesprochen – auch in ihrem Haus ihr vernichtendes Werk begonnen hatten. Vielleicht versuchten sie, alles ungeschehen zu machen, indem sie nicht mehr darüber redeten. Aber das, was zugedeckt und nicht gelöst wird, wuchert weiter. Vor den Problemen davonzulaufen oder hinterher so zu tun, als sei nichts geschehen, ist keine gute Lösung. Diese Dinge müssen aufgearbeitet werden. Und es gibt jemanden, der dabei helfen kann.

Hagar bekam mit ihrem Auftrag zurückzukehren keinerlei Garantien, dass sie mit offenen Armen empfangen würde, dass Sarai wie auch Abram ihr Bedauern bekunden und sie rehabilitieren, ja ihr sogar einen höheren Rang in der Familie geben würden, zum Ausgleich für das ihr angetane Leid. Aller Wahrscheinlichkeit nach war da bei ihrer Rückkehr kein dampfendes Aromabad für sie bereit, damit sie sich von allen Aufregungen erholen konnte. Abends lag kein Zettel auf ihrem Kopfkissen mit den Worten: »Willkommen daheim!« Vielleicht wünschte sie sich solche Dinge, erwartete sie einen herzlichen Empfang, vielleicht war das eine unausgesprochene Vorbedingung für ihren guten Willen und ihr Wohlverhalten in der Zukunft. Soweit wir wissen, waren ihr diese Dinge jedoch nicht vergönnt (und sicherlich nicht vom Herrn versprochen).

Aber auch wenn Hagar bei ihrer Rückkehr kein herzlicher Empfang bereitet wurde – sie war bereits liebevoll aufgenommen worden. Sie hatte nämlich bei ihrer Begegnung mit dem Engel des Herrn auf dem Weg nach Schur etwas sehr Wesentliches und Kostbares empfangen. <u>Sie hatte dort erfahren, dass der Herr ihre Not wahrgenommen hatte, und sie hatte seine Fürsorge für sie gespürt</u> (siehe 1. Mose 16,11). Das reichte! Damit konnte sie ihren Weg weitergehen, das gab ihr Zukunft.

Wenn wir auf unserer Lebensreise vor scheinbar unüberwindlichen Hindernissen stehen, muss uns das Wissen genügen, dass der

Herr uns sieht und entgegenkommen will. Wenn wir lernen, in solchen Momenten nicht davonzulaufen oder uns in unser Schneckenhaus zurückzuziehen, sondern uns bewusst für den Weg Gottes entscheiden und uns auf seine Gegenwart und Kraft stützen, werden wir buchstäblich weiterkommen. Eine der wichtigsten Lektionen, die wir auf dem Weg mit Gott lernen, ist die Erkenntnis unserer eigenen Unzulänglichkeit und seiner Allmacht, unserer eigenen Kurzsichtigkeit und seiner unendlichen Weisheit. In dem Maße, wie wir mehr von Gott entdecken und erkennen, wer er ist, wachsen wir im Glauben und Vertrauen. Das Bewusstsein der Gegenwart Gottes und seiner Größe gibt uns einen neuen Impuls, wodurch wir im Glauben weiterzugehen wagen und Schritte tun, die normalerweise für uns zu schwer oder sogar undenkbar wären.

Das erfährt und lernt Hagar hier. In der Wüste vernimmt sie Gottes Stimme, sie hört ihren Namen. Sie bekommt vom Herrn die Zusage, dass sie einen Sohn bekommen wird und eine sehr zahlreiche Nachkommenschaft (siehe 1. Mose 16,10). Wohlgemerkt: Es geht hier um ihre Nachkommenschaft, um den Sohn von ihr und Abram. Nicht um ein Kind, das sie für Sarai gebären wird; Ismael ist *ihr* Kind. Auch wenn Hagar sich vielleicht wie eine Marionette in den Händen ihrer Herrin gefühlt haben mag – Gott sah sie.

Gottes feinfühlige Liebe heilt

Wir lesen nichts über die Umstände von Hagars Rückkehr in das Haus Abrams und Sarais. Ich denke, dass das Wichtigste in 1. Mose 16,13 ausgesagt ist, wo Hagar Gott »El Roï« nennt (Gott, der nach mir schaut). Hagar spricht dieses Wort mit einer gewissen Verwunderung: *Habe ich hier nicht nach dem geschaut, der nach mir schaut?* Sie hatte Gottes liebevolle Annäherung nicht erwartet, auch nicht »verdient«. Aber ist das nicht der Kerngehalt von Gnade, dass der Herr uns entgegenkommt, auch in Momenten, in denen wir ihn nicht direkt suchen?

Es war Gottes feinfühlige Liebe, die Hagar nach dem Konflikt in 1. Mose 16 nicht nur wieder auf die Beine half, sondern ihr auch den Mut gab zurückzukehren. Wäre das nicht geschehen, dann wäre sie möglicherweise zu einem verbitterten und Hass verbreitenden Menschen geworden.

Verbitterung ist ein intensives Gefühl, das uns vergiften und unser ganzes Wesen und Leben durchziehen kann. Wenn wir zutiefst verletzt worden sind und die Folgen eines Vorfalls schmerzlich spürbar bleiben, braucht es manchmal nur wenig, um unsere Bosheit und Bitterkeit wieder aufflammen zu lassen. Diese negativen Emotionen werden in dem Bad der Liebe Gottes gleichsam abgespült; nicht immer mit einem Mal, aber schrittweise. Es war Gottes feinfühlige Liebe, die nach dem schlimmen Vorfall in 1. Mose 16 Hagars Verbitterung im Keim erstickte. Sonst hätte sie nicht zurückkehren können. Jetzt aber ging sie einen königlichen Weg. Sie leistete dem Herrn Gehorsam und bekam von ihm die Kraft, in die Situation zurückzugehen, der sie vorher entflohen war, mehr noch: aufs Neue der Frau zu dienen, gegen die sie vorher rebelliert hatte. Gott lud sie ein, das Recht nicht in die eigenen Hände zu nehmen, sondern aus der Hand zu geben. Nicht an irgendwen, sondern an den, der gerecht urteilt! Hagar wurde eingeladen, das Negative loszulassen. Sie brauchte den anderen nicht zu bestrafen, sie brauchte den anderen nicht zu verändern, das ist alles Sache Gottes. Sie konnte ihre geballten Fäuste wieder öffnen und ihre Bosheit und Rache ziehen lassen, um anschließend in ihren geöffneten Händen Gottes Barmherzigkeit und Liebe entgegenzunehmen. Damit wurde hinter ihre einsame Wüstenerfahrung des Unfriedens ein Schlusspunkt gesetzt; sie wurde befreit und konnte erneut ihren Platz als Dienerin einnehmen.

Hagar musste ihre Erfahrung bei der Quelle am Weg nach Schur in den kommenden Jahren gut bewahren. Sie musste sich in Zeiten der Bedrängnis bewusst festhalten an dem, was sie von Gott gesehen und gehört hatte. Sie musste sich, wenn er weit weg zu sein schien oder schwieg, vergegenwärtigen, dass er sie sah, in der Freude wie im Schmerz. Sie musste sich selbst an die besondere Begegnung mit dem Herrn während ihrer Schwangerschaft erinnern und den Namen, den sie ihm so spontan gab, in ihrem Herzen bewahren: Er ist ein Gott, der nach jedem Einzelnen schaut, ein Gott, der unsere Not sieht und sich um uns kümmert.

Fürs Erste kehrte Hagar zurück, und zu Hause bei Abram und Sarai wurde ihr Sohn Ismael geboren. Sie brachte ihn *dem Abram* zur Welt (und nicht Abram und Sarai), so heißt es in bedeutungsvollen Worten am Schluss von 1. Mose 16. Hagar und ihr Sohn blieben etwa 17 Jahre im Hause Abrams wohnen, bevor sie ihre eigenen Wege gingen.

Auseinander?

Konflikte können uns in unabsehbarem Maße auf unserer Lebensreise aufhalten und uns Kraft und Freude rauben. Gelegentlich ist eine Lösung möglich; manchmal aber ist ein Bruch endgültig und Beziehungen werden nicht wiederhergestellt. Es ist bitter, Letzteres sagen zu müssen, doch in unserer Welt mit all ihrer Zerrissenheit ist das eine Tatsache.

Hagar und Sara gingen etwa 17 Jahre nach ihrem ersten Konflikt endgültig auseinander (siehe 1. Mose 21,8-21). Während eines Familienfests kam es dazu, dass sie einander erneut mit erhitzten Gemütern gegenüberstanden. Hagars Sohn Ismael war mittlerweile ein halbwüchsiger junger Mann, und Saras Sohn Isaak, etwa 14 Jahre nach Ismael geboren, dürfte etwa drei Jahre alt gewesen sein. An Isaaks Entwöhnungsfest (man feierte, dass er nicht mehr an der Brust gestillt wurde) gab Ismaels Verhalten Anlass zu einem Streit zwischen den beiden Müttern. Die Wellen schlugen auch diesmal ziemlich hoch, und Sara forderte ihren Mann auf, er solle Hagar fortschicken.

Dieses Mal versuchte Abraham zu verhindern, dass Hagar wegging, auch wenn es nur wegen seines Sohnes Ismael war. Es war Gott selbst, der ihm in der Situation zu verstehen gab, er müsse auf Sara hören. Und so geschah es. Das Letzte, was Abraham für seine Nebenfrau und seinen Sohn tun konnte, war, das Proviant für ihre Reise vorzubereiten. Danach schickte er sie fort und Hagar fand sich erneut in der Wüste wieder. Diesmal war es die Wüste der Ohnmacht; Hagar war ganz auf sich allein gestellt und am Ende ihrer Kräfte. Durch das Eingreifen des Herrn wurde sie vor dem sicheren Tod bewahrt.

In der zweiten Wüste ihres Lebens bekam Hagar nicht den Auftrag, zu Sara und Abraham zurückzukehren. Gott gebrauchte diesen zweiten Konflikt, um Hagar und Sara endgültig voneinander zu trennen. Wie schwer das auch sein mochte – dieser Schritt war in seinem Gesamtplan notwendig. Hagar und Ismael mussten buchstäblich aus dem Haus von Sara und Abraham entfernt werden, damit Raum für Isaak geschaffen werden konnte, den auserwählten Sohn. Er und nicht Ismael sollte für die Nachkommenschaft sorgen, die Gott Abraham verheißen hatte (siehe u.a. 1. Mose 17,20-21).

6. Lebe vor meinem Angesicht

Wir haben uns im vorigen Kapitel vor allem mit dem ersten Konflikt zwischen Sara und Hagar befasst und gesehen, wie Hagar im Auftrag Gottes in den Haushalt Abrams zurückkehrte und unter seinem Dach Mutter von Ismael wurde. 1. Mose 17 nimmt den Faden wieder auf. Es dauert 13 Jahre und Abram ist mittlerweile 99 Jahre alt, als ihm der Herr erneut erscheint. Hat Gott so lange (und möglicherweise länger) geschwiegen? Und … hat die Familie einigermaßen wieder zur Ruhe gefunden? Wie dem auch sei, Gott lässt erneut und stark von sich hören.

1. Mose 17,1: *Ich bin Gott, der Allmächtige. Geh deinen Weg vor mir und sei rechtschaffen.*

Bemerkenswert ist, dass dieses Kapitel in 1. Mose mit dem Gottesnamen »der Allmächtige« beginnt, also mit der Übersetzung des hebräischen El Shaddaj. Ein großes Geschehen steht bevor: Gott schließt seinen Bund mit Abram. Es ist ein ganz entscheidender Moment in Gottes Heilsgeschichte, der durch eine Reihe von Gegebenheiten deutlich markiert wird (siehe 16,16; 17,1.17.24).

1. Mose 17 enthält fünf Gottesworte (Verse 1-2.4-8.9-14.15-16.19-21) über Gottes einzigartigen und ewigen Bund mit Abram und seiner Nachkommenschaft. Zunächst bemerkt Abram, dass seine Frau und er neue Namen bekommen, die ein Versprechen beinhalten: Abram (»[Mein] Vater ist erhaben«) wird Abraham (»Vater einer Menge«), Sarai wird Sara (»Fürstin«). Sie werden gemeinsam einen Sohn bekommen, mit dem Gott einen Bund stiften wird. Isaak (und nicht Ismael) ist derjenige, aus dem der Herr ein »großes Volk« hervorgehen lassen will, worüber er bereits in 1. Mose 12,2 mit Abram gesprochen hat. Jetzt aber wird deutlich, dass Gottes Pläne noch mehr beinhalten: Abraham soll zum Vater »einer Menge von Völkern« werden (siehe 1. Mose 17,5).

In 1. Mose 17 vernimmt Abraham die freudige Botschaft des Evangeliums (siehe Galater 3,8). Seinem Sohn Isaak wird ein besonderer Nachkomme geboren werden: Jesus. Er wird der Weg zu Gott sein für jeden, der glaubt, für Juden wie Heiden. Der Einzige, der diese große Verheißung aussprechen und verwirklichen kann, ist der Allmächtige selbst. Und Abraham ist ein wichtiges Werkzeug bei der Verwirklichung seiner Pläne.

Der zweifache Lebensauftrag eines Christen

Was hat Abraham zu tun? Nun, in 1. Mose 17,1 bekommt er einen zweifachen Auftrag, in dem zusammengefasst ist, was der Herr von seinen Kindern will. Der Auftrag *Wandle vor mir und sei fromm (rechtschaffen)* fordert auf, die Gemeinschaft mit Gott zu suchen und ein Leben im Gehorsam zu führen. Abram wird dazu angespornt, ein Freund Gottes zu sein, ein Mensch, der einen persönlichen, intimen Umgang mit Gott pflegt. Er wird gleichfalls dazu angespornt, ein Jünger zu sein, ein Mensch des Gehorsams.

In der Praxis unseres Lebens kann es passieren, dass einer von beiden Aspekten verglichen mit dem anderen Vorrang bekommt, wodurch im Reifungsprozess eine gewisse Unausgeglichenheit entstehen kann. Manche Menschen neigen dazu, das Leben nach Gottes Geboten (tadelloses Verhalten) so stark in den Vordergrund zu rücken, dass ihre persönliche Beziehung mit dem Herrn (die Gemeinschaft mit Gott) beeinträchtigt wird. Andere betonen besonders die Beziehung und die Gnade und nehmen es mit dem persönlichen Gehorsam im Alltag nicht so genau. Für einen gesunden geistlichen Reifungsprozess und ein ausgeglichenes christliches Leben ist es ganz wesentlich, dass sich beide Aspekte die Waage halten. Der britische Theologe James Packer sagt: »Spiritualität ohne Ethik richtet sich selbst zugrunde, indem sie gefühllos und gesetzlos wird; es geht dann mehr um das Bewusstsein der Gegenwart Gottes als um die Einhaltung seiner Gebote. Ethik ohne Spiritualität richtet sich selbst zugrunde, indem sie zu einem Automatismus und Formalismus, zu Hochmut und Geistlosigkeit führt. Ebenso wie der Pharisäer folgt man dann den Wegen selbstherrlichen Starrsinns und vergisst, dass Heiligkeit ein demütiges Herz voraussetzt.«

Er sagt weiter: »Heiligung ist wie ein Rundbogen, der auf den beiden Pfeilern Spiritualität und Ethik ruht; sobald einer der beiden Pfeiler einstürzt, bricht der ganze Bogen zusammen.«[5] Kurz gesagt: Unsere persönliche Beziehung mit dem Herrn und unser tägliches Tun und Lassen sind nicht voneinander zu trennen; sie sind wie die beiden Beine, die wir brauchen, um richtig gehen zu können. Fehlt eines oder ist das eine schwächer als das andere, geraten wir aus dem Gleichgewicht.

Lebe vor meinem Angesicht

In diesem Kapitel wollen wir den ersten Teil der zweifachen Berufung eines Christen betrachten: das **Leben vor Gottes Angesicht.**

Im Alten Testament war das Erscheinen vor dem Angesicht Gottes ein heiliger und feierlicher Moment, der mit Ehrfurcht, Erkenntnis der eigenen Nichtigkeit vor Gott und Opfern verbunden war. In 1. Samuel 6,20 wird diese heilige Ehrfurcht zum Ausdruck gebracht: *Wer kann vor dem Herrn, diesem heiligen Gott, bestehen?* Die Gottesfurcht, die aus diesen Worten spricht, meint eine tiefe Achtung vor der Größe und Heiligkeit Gottes und Respekt vor seinem Zorn wegen unserer Sünden.

Gleichzeitig sehen wir Menschen mit großem *Vertrauen* Gottes Angesicht suchen. In 1. Samuel 1,12-15 ist es Hanna, die im Tempel ihr Herz vor dem Herrn ausschüttet. Wie sie das tut, deutet darauf hin, dass der Herr kein Fremder für sie war. Hanna pflegte vertraulichen Umgang mit dem Heiligen; sie suchte mit ehrfürchtigem Freimut seine Nähe.

Ein Leben vor dem Angesicht Gottes beginnt mit der Gnade Gottes. Erst auf seine Einladung hin dürfen wir in seine Nähe kommen. Weil er sein Angesicht über uns leuchten lassen möchte, können wir sein Angesicht suchen (vgl. 4. Mose 6,24-26). Gott will uns mit seiner Gegenwart segnen. Unsere Antwort besteht darin, dass wir seine Gegenwart auch bewusst suchen und uns Tag für Tag neu nach ihm ausrichten. Das meint der Psalmist, wenn er sagt: *So gehe ich meinen Weg vor dem Herrn* (Psalm 116,9). Er beginnt seinen Psalm mit den Worten: *Ich liebe den Herrn* (Vers 1).

Ein vertraulicher Umgang mit Gott landet nicht als schönes, fertiges Päckchen in unserem Briefkasten. Eine tiefe und beständige Beziehung mit dem Allmächtigen ist nicht im Handumdrehen zu haben. Glauben führt nicht automatisch zu einem intimen, vertrauten Lebenswandel mit Gott, ebenso wenig wie eine Heirat automatisch zu einer innigen, vertrauten Beziehung zwischen den Partnern führt. Es erfordert, aktiv nach der Gemeinschaft miteinander und dem Herzen des jeweils anderen zu suchen – mit Ausdauer, und zwar ernsthaft, aufrichtig und ganz bewusst.

Wenn wir lernen wollen, mit Gott zu gehen, spielen Bibellesen und Beten eine zentrale Rolle; ohne diese Dinge ist ein ausgeprägtes geistliches Leben nicht möglich. Wer seine Beziehung mit Gott vertiefen will, wird Raum schaffen müssen für tägliche persönliche Begegnungen unter vier Augen, in denen wir die Kommunikation mit dem Allmächtigen erlernen. Kommt es nicht zu solchen Begegnungen oder sind sie nur sporadisch, dann wird die Beziehung oberflächlich bleiben. Bleibt die Heilige Schrift im Regal stehen, dann versagen wir uns selbst ein wichtiges Mittel, um Gott besser kennenzulernen. Üben wir uns nicht im persönlichen Gebet und im Hören auf Gott, dann entbehren wir etwas ganz Kostbares: einen persönlichen Dialog mit unserem himmlischen Vater.

Neben dem persönlichen Bibellesen und dem Gebet ist eine ganze Reihe von Dingen zu nennen, die unseren Lebensweg mit Gott beeinflussen. So kann die Wahl, wer unsere nächsten Freunde sind – die Menschen, mit denen wir regelmäßig, intensiv und tief gehend umgehen –, unsere geistliche Reifung fördern, aber auch beeinträchtigen. Die Bibel rückt die Bedeutung gläubiger Freunde in den Vordergrund und warnt vor (zu) großem Einfluss ungläubiger Freunde. *Ich bin ein Freund all derer, die dich fürchten und ehren, und aller, die deine Befehle befolgen*, heißt es in Psalm 119,63. Und in Psalm 1,1: *Wohl dem Mann, der nicht dem Rat der Frevler folgt, nicht auf dem Weg der Sünder geht, nicht im Kreis der Spötter sitzt.* Hatten diese Menschen keine ungläubigen Freunde oder Bekannten? Doch, ganz sicher, und daran ist auch nichts auszusetzen. Aber wenn man stark werden will im Glauben, braucht man unbedingt auch gläubige Freunde. Kurz: Ihre Freunde, aber auch die Bücher, die Sie lesen, die Fernsehprogramme, die Sie sich anschauen, und die Art und Weise, wie Sie Ihre Freizeit gestalten und wie Sie Ihren Urlaub verbringen – all das hat Einfluss auf Ihren Weg mit Gott. Ein Christ, der wachsen will, muss für die richtige Nahrung und die richtige »Bewegung« sorgen.

Absonderung

Wir haben oben gesehen, dass Gott sich nach der Freundschaft mit seinen Kindern sehnt. Machen wir einen kurzen Ausflug und besuchen Mose, der in dieser Beziehung ein starkes Vorbild ist. Der Engel des Herrn offenbart sich ihm in einem brennenden Dornbusch in der Wüste: *Ich bin der Gott deines Vaters, der Gott Abrahams, der Gott Isaaks und der Gott Jakobs.* Mose erhält dort den Auftrag, das Volk Israel aus Ägypten zu befreien und ins Gelobte Land zu führen. Der Auftrag ist mit einem Versprechen verbunden: *Ich bin mit dir!* (2. Mose 3,6-12).

Hier in 2. Mose 3 beginnt die Freundschaft zwischen dem Herrn und Mose. Die Vertraulichkeit, die ihren Umgang auszeichnet, entstand übrigens nicht von selbst; es war ein jahrelanger Prozess, in dem Mose viel abverlangt wurde. Zweifellos waren die Phasen, die er mit dem Herrn auf dem Berg Horeb verbrachte, von großer Bedeutung, ebenso wie die Momente, in denen er sich bewusst zurückzog, um den Herrn zu suchen.

In 2. Mose 32 schlägt Mose ein Zelt außerhalb des Lagers auf. Er nennt es Offenbarungszelt (nicht zu verwechseln mit der späteren Stiftshütte, die auch Offenbarungszelt genannt wird – siehe 2. Mose 36 und 40,2.6). Dieses Zelt wird zu einem heiligen Ort für

Menschen, die den Herrn suchen. Es ist der Ort, wo Mose Gott in der Abgeschiedenheit begegnet, und da geschieht es: *Der Herr redete mit Mose von Angesicht zu Angesicht, wie ein Mann mit seinem **Freunde** redet* (2. Mose 33,11; Hervorhebung durch die Autorin).

Moses Zelt außerhalb des Lagers war nötig für ungestörte Gemeinschaft mit dem Herrn. Im Lager selbst gelang das nicht. Im Wohnzimmer, wo Kinder aus und ein gehen und der Fernseher läuft, gelingt das auch nicht. Selbst wenn man allein zu Hause ist, gelingt das nicht ohne Weiteres. Irgendwo aber muss ein »heiliger Ort« sein, wo wir ungestört sind und Zeit mit Gott verbringen können.

Um dieses Kapitel zu schreiben, habe ich die Abgeschiedenheit meines Arbeitszimmers gesucht. Ich habe beschlossen, nicht ans Telefon zu gehen (aber jedes Mal, wenn es klingelt, fühle ich mich schuldig und ein bisschen neugierig). Ich kann nicht vermeiden, dass an der Haustür geklingelt wird (jemand sammelt Geld, die Nachbarin, ein Päckchen, unerwarteter Besuch), und gerade ist hinter meinem Rücken ein Fax angekommen. Wenn ich mich umdrehe und anfange, es zu lesen, weiß ich, dass ich abgelenkt bin und mich selbst genötigt fühle zu reagieren. Ich weiß auch (aber versuche den Gedanken nicht aufkommen zu lassen), dass auf dem PC, an dem ich arbeite, E-Mails für mich eintreffen können. Wenn ich mir die anschauen würde ...

Wie schwierig ist es in der Praxis des alltäglichen Lebens, sich abzusondern! Es erfordert eine bewusste Entscheidung und anschließend den Entschluss, sich nicht von dieser Entscheidung abbringen zu lassen durch unerwartete Dinge, die zwar schön und vielleicht auch notwendig, aber nicht dringend sind. Das Schreiben dieses Buches erfordert all diese Dinge und darüber hinaus die Disziplin, nicht gleich aufzugeben, wenn es mal nicht so gut läuft.

Wenn diese sichtbaren Dinge schon solche Schwierigkeiten bereiten, wie schwer wird es dann erst sein, sich abzusondern, um jemanden zu suchen, der nicht sichtbar ist und manchmal unerreichbar zu sein scheint? Ja, es fordert Einsatz und Übung, um die unsichtbare Realität zu entdecken und den persönlichen Umgang mit Gott zu lernen. Aber das ist es wert! Es ist ein Wunder und ein großes Vorrecht, dass wir überhaupt Anteil haben dürfen an Gottes Wirklichkeit.

Zeige mir deine Herrlichkeit ...

Moses Sehnsucht nach Gott ist groß, er begnügt sich nicht mit dem, was er bereits weiß, er will weiterkommen mit dem Herrn. In 2. Mose 33,18 bittet er Gott, dass dieser ihm seine Herrlichkeit offenbart. Gottes Antwort ist ernüchternd: Kein Mensch kann sein Angesicht sehen, aus dem einfachen Grund, weil er das nicht überleben würde. Heiligkeit und Sünde vertragen einander nicht. Aber der Herr lässt es dabei nicht bewenden. Er ist nicht nur heilig, sondern auch barmherzig. Er kommt seinen Kindern entgegen! In Vers 19 verspricht er Mose »all seine Güte« (Luther) an ihm vorüberziehen zu lassen. Aber er geht noch weiter: Er verspricht Mose, dass er seinen Namen vor ihm ausrufen wird, was bedeutet, dass er sich ihm offenbaren will. Kurz: Gott will sich seinem Freund zeigen.

»Ich möchte dich sehen, erkennen« ist eigentlich die Bitte, die Mose an den Herrn richtet. Und das darf sein, es ist möglich! Doch es wird wohl eine Vorbedingung daran geknüpft: Mose soll sich aufs Neue absondern. Er soll abermals den Berg besteigen, und zwar diesmal ganz allein, kein Mensch oder Tier darf mit. Er soll sich auf den Gipfel des Berges zum Herrn begeben. Und dann kommt das wunderschöne Versprechen: *Hier, diese Stelle da! Stell dich an diesen Felsen. Wenn meine Herrlichkeit vorüberzieht, stelle ich dich in den Felsspalt und halte meine Hand über dich, bis ich vorüber bin.* Auch der Zeitpunkt ist vom Herrn bestimmt: *Halte dich für morgen früh bereit!* (siehe 2. Mose 33,18-34,3).

Früh am Morgen besteigt Mose erneut den Berg Sinai. Er hat zwei neue, unbeschriebene Steintafeln dabei, auf die der Herr seine Worte schreiben wird. Dann steigt Gott herab und stellt sich *neben ihn hin*. Mose ist losgezogen, um Gott zu begegnen, und er wird nicht enttäuscht: *Der Herr stieg in der Wolke herab und stellte sich dort neben ihn hin. Er rief den Namen Jahwe aus.* Hier, in 2. Mose 34,5-6, offenbart Gott seinem Freund sein Wesen. Er stellt sich vor: *Jahwe ist ein barmherziger und gnädiger Gott, langmütig, reich an Huld und Treue: Er bewahrt Tausenden Huld, nimmt Schuld, Frevel und Sünde weg, lässt aber den Sünder nicht ungestraft ...*

Diese Begegnung, in der der Herr seine Herrlichkeit und Barmherzigkeit über Mose ausbreitet, muss überwältigend gewesen sein. Als Mose später zum Volk zurückkehrt, ist er ein anderer Mensch. *Er wusste nicht, dass die Haut seines Gesichtes Licht ausstrahlte, weil er mit dem Herrn geredet hatte,* so lesen wir in 2. Mose 34,29. Mose trägt die Spuren seiner persönlichen Begegnung mit dem Herrn mit sich; es ist, als wäre etwas von Gottes Herrlichkeit an ihm hängen geblieben.

Beim Lesen dieser Abschnitte in der Bibel bin ich immer wieder tief beeindruckt von der Gnade Gottes und von der Kraft, die von einer persönlichen Begegnung mit ihm ausgeht. Es wird deutlich, dass Mose die nötige Mühe für diese Begegnung auf sich nehmen musste: Er stand in aller Frühe dafür auf, vergewisserte sich, dass er allein war, und es war ihm eine anstrengende Bergbesteigung wert. Auf dem Gipfel des Berges angekommen, zog er sich in einen Felsspalt zurück und wartete. Er hat Gottes Auftrag entsprochen und sich für eine Begegnung unter vier Augen abgesondert. Gott selbst hielt seine Hand über den Felsspalt. So, als habe er mit eigener Hand eine Tür geschlossen und Mose für ein ungestörtes Beisammensein von der Außenwelt abgeschnitten. Aber auch, damit er nicht abgelenkt wurde von anderen Dingen. Als diese Bedingungen erfüllt waren, besuchte er Mose und teilte ihm sich mit. Er zeigte ihm, wer und wie er ist.

Dieses Geschehen erinnert an die Worte Jesu in Matthäus 6,6. Er lebte wie kein anderer vor, was ein persönlicher Umgang mit dem Herrn und das Suchen nach ihm in Abgeschiedenheit und Stille bedeuten. Auch er nutzte dafür hauptsächlich die frühen Morgenstunden. Jesus fordert uns auf, in unsere »Kammer« zu gehen und die Tür hinter uns zu schließen, um im Verborgenen mit dem Vater zu reden, um dort sein Wesen zu entdecken, seine Barmherzigkeit, seine Gnade, Geduld, Güte und Treue. Um dabei innezuhalten, davon zu »kosten« und darüber nachzudenken. Um sich die Zeit zu nehmen, damit sich sein Charakter tief in unsere Seele eingräbt. Darüber spricht David in Psalm 27,4. Er schreibt von seiner Sehnsucht, Gottes wunderbares Wesen zu betrachten und darüber in seinem Tempel nachzusinnen. In meinem Buch *Wenn du dich nur noch machtlos fühlst* (Brunnen Verlag) bin ich ausführlicher darauf eingegangen.

Nebenbei ist es schön zu wissen, dass das griechische Wort, das im Deutschen mit »Kammer« übersetzt ist (siehe Matthäus 6,6), einen Vorratsraum meint, wie es ihn in der damaligen Zeit in den meisten Häusern im Orient gab. Es war ein kühler Raum, meist in der Mitte des Hauses, der zur Aufbewahrung verschiedenster Lebensmittel diente. Ich stelle mir vor, dass da eine Menge köstlicher Dinge gelagert waren: ein Korb mit Rosinen, Kannen voll Olivenöl, eine Kiste mit Granatäpfeln, vielleicht eine abgedeckte Kanne mit Ziegen- oder Eselinnenmilch.

So ist es auch in Gottes Kammer: Dort sind viele seiner herrlichen Gaben zu entdecken. Da steht ein Korb voll Gnade, ein Krug mit Balsam für unsere Wunden, ein Fass voll Liebe und Vergebung, eine Kiste mit Trost, ein Behälter mit Mut, einige Dosen mit kostbaren Lernschritten. Ich sehne mich nach diesen Dingen und brauche sie, aber nehme mir nicht immer die Zeit und mache mir nicht immer die Mühe, sie zu suchen. Ich bin ein Marta-Typ, die durch viele Tätigkeiten in Beschlag genommen wird, wenn ich nicht aufpasse. Ich möchte gerne lernen, eine Frau zu werden, die das Handeln nicht vernachlässigt, aber die das Verweilen zu Füßen des Herrn wichtig genug findet, um dafür regelmäßig ganz bewusst anderes hintanzustellen.

Weil Absonderung und Stille in der Praxis so schwer zu verwirklichen sind, werden uns in der Heiligen Schrift besonders die frühen Morgenstunden dafür empfohlen. Mose musste für seine Begegnung mit dem Herrn früh aus den Federn. Auch Jesus ist uns ein Vorbild für das frühe Aufstehen. Ich finde das nicht immer schön, aber sehr weise, jedenfalls für Menschen mit einem dicht gedrängten Tagesprogramm. In der Nacht sind die Geräusche der Welt allmählich aus den Ohren verklungen, die aufdringlichen Bilder des Alltagslebens haben sich verflüchtigt. Früh am Morgen ist man an einem Punkt, wo sich noch nicht die täglichen Beschäftigungen aufdrängen und einen in Beschlag nehmen. Frühmorgens läuft man am wenigsten Gefahr, gestört zu werden. Es ist gut, als Erstes den Herrn zu suchen, den Tag vor ihn zu tragen und danach darauf zu achten, was er wirkt. David fasst das in seinem Morgengebet in Worte: *Herr, am Morgen hörst du mein Rufen, am Morgen rüst ich das Opfer zu, halte Ausschau nach dir* (Psalm 5,4), und ein anderes Mal in Psalm 143,8: *Lass mich deine Huld erfahren am frühen Morgen*. Mose erfuhr diese Huld (und mehr als das) am frühen Morgen in seinem Felsspalt auf dem Berg und konnte als ein erneuerter Mensch dem Tag entgegensehen.

Sprechen und schweigen

Gott hat Freude daran, wenn sich seine Kinder an ihn wenden und unbefangen äußern, was sie bewegt. Wir können Gebete sprechen, in denen wir Gott lobpreisen und ihm danken, in denen wir unsere Sünden bekennen, in denen wir für uns selbst und andere beten. Gott gegenüber das auszusprechen, was uns beschäftigt, muss erlernt und geübt werden. Die schwerere Übung liegt jedoch im Stillwerden, im anschließenden Verharren, wenn wir selbst alles ausgesprochen haben, im wortlosen Verweilen bei Gott. Das kann ein Stillsein unter Tränen sein, vielleicht aber auch ein hilfloses Schweigen, weil wir nicht mehr weiterwissen. Lernen Sie, sich selbst in diesem Stillsein dem Allmächtigen hinzugeben. Wenn es nichts mehr zu sagen gibt, steht man an der Grenze des Übergangs zu einer neuen und anderen Intimität mit Gott. Es ist so wie mit sehr guten Freunden oder Verliebten, für die Stille nicht nur nicht bedrohlich ist, sondern gerade sehr vertraut und ein Austausch ohne Worte. Auch in solchen Momenten kann man aufeinander hören, und vielleicht findet man gerade dann näher zusammen, weil man jeweils das Herz des anderen hört. Es ist eine Stille, in der Staunen liegt.

Verlassen Sie die innere »Kammer« nicht, bevor Sie still vor Gott geworden sind. Entdecken Sie die Freude und Kraft, die sich im Ruhen in ihm verbergen. Gehen Sie nicht fort, sondern bleiben Sie und lernen Sie zu kommunizieren auf jener unbekannten, aber kostbaren Ebene, wo Gottes Berührung sehr greifbar sein kann und auf der er spricht!

David fasst das Stillsein bei Gott in Psalm 131,2 in Worte: *Ich ließ meine Seele ruhig werden und still, wie ein kleines* (oder: *entwöhntes*) *Kind bei der Mutter ist meine Seele still in mir.* Ein entwöhntes Kind ist vom Gestilltwerden an der Mutterbrust zu fester Nahrung übergegangen. Wenn es seine Mutter sucht, geschieht das nicht mehr mit der früheren Gier, und es greift auch nicht mehr nach der Brust, um zu trinken. Das Kind sucht seine Mutter nicht mehr in erster Linie, um etwas für sich selbst zu holen, sondern um bei ihr zu sein. Dafür bedarf es keiner Worte; es sucht ihre Nähe, das Geborgensein bei ihr, ihre Liebe. Dorthin will uns Gott führen. Seine Einladung lautet: »Komm nicht nur dann, wenn dringende Probleme zu lösen sind oder schwierige Fragen im Raum stehen. Komm einfach, um bei mir zu sein.«

Wage, zu (er)warten!

Der Gott der Bibel sucht ein stilles und empfängliches Herz eines Menschen ohne Eile. Er gibt immer Antwort, nur … auf seine Weise und zu seiner Zeit. Nicht selten ist sie anders und kommt später, als wir denken. Die innere Kammer ist kein Drive-in, wo wir eben mal schnell am Schalter vorbeifahren, um Gottes fix und fertige Antworten, hübsch in einer Kunststoffdose verpackt, entgegenzunehmen. Es gibt auch keinen Monitor, auf dem wir Gottes Handeln via Mausklick sofort sichtbar machen können. Gott hat es nicht eilig, und wir, seine Kinder, gewinnen viel, wenn wir es lernen (und wagen), auf ihn zu warten.

Die Wartezeit, die Gott uns schenkt (!), ist nie sinnlos oder leer, sondern oft notwendig, um unser Herz auf ein bestimmtes Ereignis oder einen Schritt vorzubereiten und unser eigenes Denken und Wollen nach seinem Willen zu formen. Manchmal ist die Wartezeit auch erforderlich, um anderswo Menschen und Dinge vorzubereiten. Dieses Vorgehen Gottes ist längst nicht immer offensichtlich. Glaube bedeutet, dass wir daran festhalten: Gott ist treu, auch mir gegenüber und in seinen Plänen mit mir und für mich. Und es bedeutet, dass wir bereit sind, auf ihn zu warten. *Hoffe auf den Herrn, und sei stark. Hab festen Mut ...*, sagt David in Psalm 27,14. Jesaja drückt das Gleiche aus, allerdings in der Form eines Tadels: *... nur Stille und Vertrauen verleihen euch Kraft. Doch ihr habt nicht gewollt* (Jesaja 30,15).

Wir werden alle die nötigen Anstrengungen unternehmen müssen, um gehen zu lernen in einer Zeit, wo rennen an der Tagesordnung ist, um still zu sein in einer Zeit, die vom Lärm dröhnt, um Muße zu finden in einer Zeit, wo man »keine Zeit« hat, um Abgeschiedenheit zu leben in einer übervollen Welt und um mit Gott zu reden in einer Kultur, wo man Kommunikation fast verlernt hat und diese größtenteils virtuell (d.h. Pseudokommunikation) ist. Der Gewinn jedoch, den wir daraus ziehen, ist etwas Großartiges: *Kommt zu mir* ist verknüpft mit dem Versprechen: *... so werdet ihr Ruhe finden für eure Seele* (Matthäus 11,28-29).

Einen Raum zu schaffen, wo wir nicht nur Gott, sondern auch uns selbst begegnen, ist wesentlich, um ein eigenes inneres Zentrum der Stille aufzubauen, das wir mit uns tragen. Die Stille muss verinnerlicht werden, das heißt, sie muss in unser Herz, unsere Seele hinabsinken. Wenn dort Ruhe ist, werden wir durch die Unruhe unserer Zeit weniger verletzbar sein. Wenn dort Stille herrscht, hat der Lärm der Umgebung weniger Einfluss auf uns. Mit anderen Worten: Wenn Gott mit seinem Frieden in uns hinabgestiegen ist, stehen wir ganz anders in diesem Leben. Dann bekommen wir einen Blick für all das andere Schöne, das er uns in der sichtbaren und unsichtbaren Welt präsentiert. Dann bekommen wir immer mehr ein Auge und ein Herz für ihn und erfüllen Schritt für Schritt seinen Auftrag: Lebe vor meinem Angesicht.

7. Sei rechtschaffen!

Der Auftrag, vor Gottes Angesicht zu leben, ist unlösbar mit dem Auftrag verbunden, rechtschaffen zu sein (1. Mose 17,1). Es wären viele Männer und Frauen aus der Bibel zu nennen, die diesen zweifachen Lebensauftrag in ihrem Leben konkret verwirklicht haben, aber von niemandem wird das so direkt und ausdrücklich gesagt wie von Noah in 1. Mose 6,9: *Noah war ein gerechter, untadeliger Mann unter seinen Zeitgenossen; er ging seinen Weg* (oder: *er wandelte*) *mit Gott.*

Der Begriff »untadelig« wird in einem Wörterbuch umschrieben mit »so rein, so gut, so wahr usw., dass man nichts mehr daran auszusetzen hat«. Ein Synonym für das Wort »untadelig« ist »vollkommen«. Das sind große Worte, die wir uns selbst nicht so schnell zuschreiben, und dennoch ist es Gottes Ziel, dass seine Kinder sich gerade hierdurch von der Welt unterscheiden. Er selbst verwendet den Ausdruck »heilig«, und Petrus greift das auf: *Wie er, der euch berufen hat, heilig ist, so soll auch euer ganzes Leben heilig werden. Denn es heißt in der Schrift: Seid heilig, denn ich bin heilig* (1. Petrus 1,15-16; siehe auch 3. Mose 19,2). »Heilig« und »vollkommen« beschreiben Gott, aber auch seine Kinder! Christen sollen durch die Art, wie sie sind (ihre Persönlichkeit) und wie sie leben (ihr Verhalten), zeigen, dass sie einem heiligen Gott angehören.

Das Wort »heilig« ist nicht besonders populär, und Heiligkeit wird häufig mit Fadheit und Bravheit gleichgesetzt. Hier geht es aber um etwas ganz anderes. Die eigentliche Bedeutung von »heilig« ist: »abgesondert für Gott«. Gott wünscht sich ein Volk, das inmitten anderer Völker auffällt, weil es ihm angehört. Es besteht aus Menschen, die die Finsternis hinter sich gelassen haben und im Licht wandeln. Sie dürfen im positiven Sinne des Wortes auffallen: Als Kinder des Lichts verbreiten sie Gottes Licht.

Heiligkeit ist etwas sehr Lebendiges, sie strahlt aus und ist anziehend, weil sie schön ist. Das geht übrigens nicht von selbst, es muss gelernt werden und bedarf der Übung. Von daher der Ansporn: *Euer ganzes Leben soll heilig werden* (1. Petrus 1,15), oder: *Strebt nach der Heiligung* (Hebräer 12,14). An den Verben sieht man, dass es sich um eine Entwicklung, einen Wachstumsprozess handelt.

Heiligkeit – unsere Stellung, Heiligung – unser Auftrag

Bevor wir näher auf die praktische Bedeutung eines untadeligen oder heiligen Lebens eingehen, ist es wichtig zu wissen, dass Gott die Christen aufgrund ihres Glaubens an Jesus Christus für heilig erklärt. Das bedeutet, dass Gott, wenn er auf uns schaut, uns als reingewaschene, geheiligte und gerechtfertigte Menschen sieht (siehe 1. Korinther 6,11). Als Heilige also, denn darauf läuft das hinaus! Paulus richtet seinen Brief an die Korinther deshalb auch freimütig an *die Geheiligten in Christus Jesus, berufen als Heilige mit allen, die den Namen Jesu Christi, unseres Herrn, überall anrufen* ... Auch an anderen Stellen im Neuen Testament werden Christen unbefangen als »Heilige« angeredet. Gleichzeitig werden wir aufgerufen, nach Heiligung zu streben. Das erscheint wie ein Widerspruch, aber das ist es nicht.

Ein Mann wird Vater und eine Frau wird Mutter in dem Moment, wenn sie ein Kind bekommen; ihr Vater- und Muttersein ist mit der Geburt ihres Kindes eine Tatsache geworden. Jetzt jedoch müssen sie als Vater und Mutter zu leben beginnen und ihre Stellung als Eltern in der Praxis ihres alltäglichen Lebens unter Beweis stellen. Ebenso ist es mit unserer Heiligkeit. Sie ist unsere Stellung: Wer Jesu Opfer für sich angenommen hat, der steht *heilig, untadelig und schuldlos* vor Gott (siehe Kolosser 1,22). Aber unsere *Heiligkeit vom Status her* erfordert die Umsetzung, und das ist unsere »praktische Heiligung«. Tatsächlich werden wir dazu herausgefordert, in der Praxis zu verwirklichen, was bereits vorhanden ist: Wir werden als Heilige zu einem heiligen Leben angespornt. Das bedeutet, dass wir danach trachten, anders zu werden und in das Bild verwandelt zu werden, das Gott vor Augen hat, wenn er auf uns schaut. Es ist das Bild seines (heiligen) Sohnes.

Mit der Entdeckung, dass es nicht allein darum geht, was wir tun und wie wir uns verhalten, sondern in erster Linie darum, wer wir in Christus *sind,* berühren wir den Kern unserer Heiligung. Es geht nicht um pflichtschuldiges »Wohlverhalten«. Es betrifft nicht unser Äußeres, sondern ist eine tief greifende Erneuerung von innen heraus, die eine schrittweise Anpassung an unseren neuen Status bewirkt. Heiligung ist einerseits eine Frucht des Heiligen Geistes, der in uns wohnt und dieses große Werk vollbringt. Andererseits erfordert Heiligung aktiven Einsatz von uns. *Jetzt, da ihr aus der Macht der Sünde befreit und in den Dienst Gottes getreten seid, habt ihr einen* **Gewinn** *(oder: eine Frucht), der zu eurer Heiligung führt ...*, sagt Paulus in Römer 6,22 (Hervorhebung durch die Autorin), während in Hebräer 12,14 zu lesen ist: **Strebt** *... nach der Heiligung* (Hervorhebung durch die Autorin). Kurz zuvor, in Hebräer 12, spricht der Schreiber ab Vers 7 über Dinge wie »Züchtigung« und »Übung«, die nötig sind, *damit wir Anteil an seiner* (Gottes) *Heiligkeit gewinnen*.

Paulus ermahnt Christen, *ein Leben zu führen, das des Rufes würdig ist, der an euch erging* (Epheser 4,1). In Philipper 1,27 sagt er, dass sie sich so verhalten sollen, *wie es dem Evangelium Christi entspricht*, und in Kolosser 1,10, dass sie ein Leben führen sollen, *das des Herrn würdig ist*. In 1. Thessalonicher 2,12 fordert er sie auf, *zu leben, wie es Gottes würdig ist, der euch zu seinem Reich und zu seiner Herrlichkeit beruft*. Christen wurde aufgrund ihres Glaubens königliche Würde zuteil, aber jetzt müssen sie lernen, sich wie Königskinder zu verhalten bzw. so, wie es einer *königlichen Priesterschaft, einem heiligen Stamm, einem Volk, das sein besonderes Eigentum wurde,* zukommt (1. Petrus 2,9). Wer auserwählt ist, muss sich auch in einer besonderen Weise verhalten. Das ist ein enormes Privileg und eine große Verantwortung.

Eine neue Liebe für das Gute

In Lukas 19,1-9 wird die Begegnung des Zachäus mit Jesus geschildert. Sie suchen sich gegenseitig: Zachäus ist auf einen Baum geklettert, um Jesus sehen zu können, wenn er vorbeikommt, und Jesus sieht ihn, sucht ihn mit seinen Augen. *Komm schnell herunter! Denn ich muss heute in deinem Haus zu Gast sein*, so klingen die überraschenden Worte, die den Oberzöllner blitzschnell den Baum herunterklettern lassen. Zachäus *nahm Jesus freudig bei sich auf*, schreibt Lukas. Das ist Offenbarung 3,20 in der Praxis: *Ich stehe vor der Tür und klopfe an. Wer meine Stimme hört und die Tür öffnet, bei dem werde ich eintreten, und wir werden Mahl halten, ich mit ihm und er mit mir.*

Jetzt passiert etwas sehr Erstaunliches: Zachäus stellt sich hin und sagt zu Jesus, dass er die Hälfte seines Besitzes den Armen geben und vierfach zurückgeben wird, was er anderen abgenötigt hat. Von solchen Dingen war gar nicht die Rede. Wieso kommt Zachäus darauf? Und warum bringt er das überhaupt zur Sprache? Erpressung gehörte sozusagen zu seinem Beruf, alle Zöllner machten das. Zweifellos hat Zachäus vielen Menschen Schaden zugefügt, ohne dass ihn das je beunruhigt hätte. Und jetzt meldet sich plötzlich sein Gewissen?

Hier sehen wir, wie Heiligung in der Praxis wirkt. Die Begegnung mit Jesus machte aus Zachäus einen neuen Menschen. Die Folge war, dass er, anders als früher, jetzt das Falsche in seinem Gewissen spürte und den Wunsch hatte, die Dinge in Ordnung zu bringen. In Jesu Nähe war es nicht mehr möglich, so weiterzuleben, wie er es gewohnt war und wie es in seiner Umgebung üblich war.

Wir werden durch die Wiedergeburt zu neuen Menschen mit einem neuen »Instinkt«, den man umschreiben könnte als eine *neue Liebe zur Reinheit und einen Widerwillen gegen Sünde*.[6] Ein Christ hat ein Bündnis mit dem Heiligen Geist geschlossen, der in ihm wohnt, ihn fortwährend begleitet und sich brennend danach sehnt, dass Christus in ihm Gestalt annimmt. Wenn seine Sehnsucht auf einen Christen »übergreift« und in seinem Herzen Aufnahme findet, wächst dort ein heiliges *Wollen*!

Leider kommt es vor, dass der Veränderungsprozess in einem Menschen stagniert oder sogar abgebrochen wird. Das liegt nicht am Heiligen Geist, sondern an dem Menschen, in dem er lebt. Gleichgültigkeit, Lauheit und vor allem Ungehorsam sind Dinge, die Gottes Geist daran hindern, sein Werk in uns zu tun.

»Die Grenzen unseres Gewissens werden fortwährend auf dem Treibsand moralischer Neutralität verschoben«, so las ich einmal. Auch Christen sind in Bezug auf einige Dinge bequemer geworden. Wir wissen es: Der Herr hat uns mit seinen Zehn Geboten klare Gesetze gegeben, an die wir uns halten sollten. Es sind Gesetze zum Leben, die nicht einschränken, sondern beschützen und daher Raum schaffen. Trotzdem halten wir uns nicht an sie. Auch als bekehrte Menschen tun wir öfter das, was wir gut finden oder als gut empfinden, als das, was gut ist, und unterscheiden uns als Gemeinde Christi im Verhalten nicht mehr besonders von den anderen. Da wir nicht die Einzigen sind, die nach und nach Grenzen verschoben haben, machen wir uns keine allzu großen Gedanken darüber. Wir meinen sogar, dass der Herr mit uns mitgegangen ist, dass er das alles versteht und akzeptiert. Aber … auch wenn die Welt in ihrem Denken lockerere Maßstäbe ansetzt, Gottes Sicht der Heiligkeit hat sich nicht geändert. Diese Heiligkeit betrifft unser ganzes Leben – Denken, Reden, Tun und Lassen. Wir wollen nicht vergessen: Es geht letztlich darum, dass wir zu den Männern und Frauen werden, die Gott vor Augen hat – Menschen nach seinem Herzen, die ein Verhalten zeigen, das ihres Königs und ihrer Stellung als Königskinder würdig ist. Noblesse oblige – Adel verpflichtet!

Streben nach Heiligung bedeutet, dass wir unseren Begierden den Kampf ansagen und uns ständig (und immer aufs Neue) auf ein heiliges und reines Leben ausrichten. Gewohnheit kann gefährlich sein, und das Abgewöhnen falscher Verhaltensmuster erfordert eine radikale Entziehungskur, bei der der eigene Einsatz (und Selbstdisziplin) unentbehrlich ist. Wenn man aufhören will zu rauchen, muss man die Finger von den Zigaretten lassen. Will man Übergewicht reduzieren, muss man beim Einkaufen verführerische Dinge vermeiden und den Kühlschrank oder die Plätzchendose nicht mehr so oft öffnen. Anfangs klappt das vielleicht gut, aber bevor man sich versieht, fällt man in seine alten Gewohnheiten zurück. So ist es auf anderen Gebieten auch. Geldgier z.B. kann tief verwurzelt sein, Unreinheit oder Unfreundlichkeit ebenso.

Gnade

Heiligung ist kein automatisch ablaufender Prozess; es ist harte Arbeit, denn unsere alte Natur trumpft regelmäßig auf und weist uns in eine andere Richtung. Wir sind unsere schlechten Neigungen nicht ohne Weiteres los, so gern wir das möchten. Es hat deshalb auch seine Bedeutung, dass Petrus' Ansporn *Seid heilig* eine andere Empfehlung vorangeht: ... *setzt eure Hoffnung ganz auf die Gnade, die euch bei der Offenbarung Jesu Christi geschenkt wird* (1. Petrus 1,13).

Gott weiß, dass wir sein Gesetz nicht halten können, und – Gott sei Dank – unser Leben hängt nicht davon ab. Es gab nicht nur den Berg Sinai (den Berg des Gesetzes), sondern danach auch Golgatha (den Berg der Gnade). Dort wurde das Kreuz Jesu zwischen dem Gesetz und Gott errichtet. Golgatha hat bewirkt, dass wir – in Christus – befreit sind von einem verkrampften Leben nach seinen Gesetzen, in der Hoffnung, Gottes Gunst und Zuneigung zu verdienen. Wir sind befreit von der quälenden Unsicherheit im Blick auf unser Heil, vom alles beherrschenden Schuldgefühl, dass wir es nie recht machen können und deshalb auch nicht schaffen. Wir schaffen es auch nicht, und aus diesem Grunde ist Jesus gestorben! Sein Tod und seine Auferstehung haben bewirkt, dass wir trotz mangelnder Einhaltung des Gesetzes gerettet werden. Wir sind davon befreit in dem Sinne, dass wir unsere Gerechtigkeit nicht von dort zu erwarten brauchen. Mit dieser Erkenntnis dürfen wir uns dankbar, getrost und mutig danach ausstrecken, nach seinem Willen zu leben und die Menschen zu werden, die er vor Augen hat.

Die Frucht des Geistes

Derselbe Paulus, der immer wieder auf unsere Freiheit hinweist, zählt in seinen Briefen eine ganze Reihe von Dingen auf, deren wir uns als heiliges Volk enthalten sollten. Es sieht so aus, als würde er uns allerlei neue Regeln auferlegen, denn seine Verbotslisten haben es in sich! Was wir ablegen müssen? *Unzucht, Unsittlichkeit, ausschweifendes Leben, Götzendienst, Zauberei, Feindschaften, Streit, Eifersucht, Jähzorn, Eigennutz, Spaltungen, Parteiungen, Neid, Trink- und Fressgelage* (siehe Galater 5,19-21); *Bitterkeit, Wut, Zorn, Geschrei, Lästerung und alles Böse* (siehe Epheser 4,31); *Habgier, Sittenlosigkeit sowie albernes oder zweideutiges Geschwätz* (siehe Epheser 5,3-4). Und als ob das alles noch nicht reichen würde, nennt Paulus auch noch Wutausbrüche, Bosheit, Lästerungen, Zoten und Lügen (siehe Kolosser 3,8-9). Derartige Dinge sollten, so sagt er, unter Christen nicht vorkommen, *wie es sich für die Heiligen gehört* (Epheser 5,3).

Die Listen des Paulus sind lang und detailliert, aber sicher vom Apostel nicht als neues Gesetz gemeint. Es ist eine persönliche Checkliste für unser Verhalten im Privatleben, in der Öffentlichkeit und der Gemeinde. Ich vermute, dass Paulus jene Dinge beim Namen genannt hat, denen er ständig unter Christen begegnete. Vielleicht waren sie sich selbst dessen gar nicht so bewusst, aber er wurde wiederholt damit konfrontiert.

Immer wenn Paulus eine Reihe tadelnswerter Dinge nennt, stellt er ihnen schöne gegenüber. Das Ablegen oder Ausrotten des Bösen ist kein Ziel in sich, es geht darum, dass wir uns mit dem Guten bekleiden: *Liebe, Freude, Friede, Langmut, Freundlichkeit, Güte, Treue, Sanftmut und Selbstbeherrschung (die Frucht des Geistes;* siehe Galater 5,22); *Barmherzigkeit und Vergebung* (siehe Epheser 4,32); *aufrichtiges Erbarmen, Güte, Demut, Milde und Geduld* (siehe Kolosser 3,12-14). Diese Eigenschaften – deren Krönung die Liebe *als Band der Vollkommenheit* (Elberfelder) ist – gehören zu von Gott auserwählten Heiligen und Geliebten. So steht es auch in Kolosser 3,12: *Bekleidet euch damit, denn ihr seid **seine auserwählten Heiligen** ...* (Hervorhebung durch die Autorin.)

Ganz frappierend ist, dass die Dinge, die wir ablegen müssen, fast ausschließlich das *Verhalten* betreffen, während es sich bei den Dingen, mit denen wir uns bekleiden sollen, um *Haltungen* (bzw. eine Gesinnung) handelt. Unser Verhalten ist etwas, worüber wir ein gewisses Maß an Kontrolle ausüben; wir können uns darum bemühen, nicht gleich wütend loszubrüllen, freundlicher zu sprechen, uns auf sexuellem Gebiet zu beherrschen und bestimmte negative Verhaltensmuster zu durchbrechen. Wir können unser Verhalten nötigenfalls mithilfe anderer korrigieren. Uns selbst (bzw. unser Wesen) können wir jedoch nicht neu »programmieren«, in dem Sinne, dass wir von innen heraus neu werden.

Für den, der Jesus kennengelernt hat, sieht das ganz anders aus. Er hat, so sagt Paulus, bei seiner Wiedergeburt den alten Menschen abgelegt (sogar begraben) und sich mit dem neuen Menschen bekleidet (siehe Epheser 4,20-24). Der neue Mensch ist nicht einfach die Summe der guten Eigenschaften, die wir uns nach und nach zu eigen machen sollen. *Es ist Jesus selbst,* mit dem wir uns bekleiden müssen (siehe Römer 13,14); und mit ihm bekleiden wir uns mit seiner Gesinnung, mit seiner Liebe, Geduld, Freundlichkeit, Demut, Barmherzigkeit usw. Losgelöst von ihm sind sie nicht zu bekommen. In und mit ihm sind sie aber potenziell in uns vorhanden. Sie wachsen in uns als Frucht des Heiligen Geistes.

Neue Menschen, neue Kleidung

Die Begriffe »legt ab« und »bekleidet euch mit«, die in den Paulusbriefen häufig wiederkehren, lassen ans An- und Ausziehen von Kleidung denken. Und so ist es: Als Heilige sollen wir Kleidung tragen, die zu unsrem Status passt. Wenn wir als neue Menschen in unseren »Kleiderschrank« schauen, entdecken wir Kleidungsstücke, die angesichts unseres neuen Status' eigentlich ausrangiert werden müssten. Da liegt ein Pullover, der sich Bitterkeit nennt, eine Bluse mit dem Namen Habgier. Da hängt eine Jacke, die Laster heißt. Es ist sicherlich am Anfang schwierig, nicht mit einem gewissen Automatismus nach diesen alten, vertrauten Kleidungsstücken zu greifen. Wir sind fast damit verwachsen. Aber in dem Moment, in dem wir diesen Kleidungsstücken den Vorzug geben vor unserer neuen Garderobe, haben wir unsere alte Natur über unsere neue siegen lassen. Und eigentlich ... können wir uns in der alten Kleidung nicht mehr sehen lassen! Habsucht, Neid, Laster, das passt nicht zu Heiligen! Heiligung bedeutet, dass wir nach und nach mit unserer neuen Kleidung vertraut werden. Mit dem Pullover der Freundlichkeit, der Weste der Geduld oder der Jacke der Liebe.

Wir müssen lernen, uns diese schöne Kleidung bewusst anzuziehen und sie nicht nur zu tragen, wenn wir unter Menschen sind, sondern auch dort, wo wir von anderen nicht gesehen werden (aber nie vor Gott verborgen sind). Nach einiger Zeit werden wir dann entdecken: Was zunächst ungewohnt war, wird immer mehr unser Eigenes. In dem Maße nämlich, wie wir Jesus mehr lieb gewinnen, werden wir einen immer stärkeren Widerwillen gegen die Dinge bekommen, die in seinen Augen falsch sind. Wir werden erfahren, dass unser Verstand und unsere Empfindungen in eine andere Richtung gewiesen werden und dass sich unser Verhalten diesem inneren Orientierungswandel anpasst. Wir werden nach und nach stärker nach dem Guten streben, im Denken wie im Verhalten. Das geschieht nicht nur, weil die Gesinnung Christi in uns wächst (siehe Philipper 2,5), sondern weil Christus selbst in uns Gestalt annimmt (siehe Galater 4,19).

Das meint Paulus, wenn er ausruft: *Nicht mehr ich lebe, sondern Christus lebt in mir* (Galater 2,20). Und darauf wies Johannes der Täufer hin, als er äußerte, Jesus müsse wachsen und er selbst abnehmen (siehe Johannes 3,30). Es ist ein Prozess, der das ganze Leben andauert. Ein Prozess, in dem ein Christ allmählich ein schönerer Mensch wird, mit Eigenschaften, die ihn schmücken. Unser Herr wird unsere guten Entscheidungen segnen und *das Wollen und das Vollbringen* bewirken, mit einem Ziel: dass sein Wesen in all seiner Vielseitigkeit und Vielfarbigkeit in seinen

Kindern sichtbar wird (siehe Philipper 2,12-13). Nicht zu unserer größeren Ehre, sondern zur Ehre Gottes.

Denken wir wieder an unsere zweifache Berufung: *Geh deinen Weg vor mir, und sei rechtschaffen!* (1. Mose 17,1). »Geh deinen Weg vor mir« – darin atmet die bedingungslose Liebe eines Vaters, der Freude schöpft aus einem persönlichen und vertraulichen Umgang mit seinen Kindern. »Sei rechtschaffen!« – darin atmet sein Wunsch, dass wir seinem Sohn immer ähnlicher werden. Königskinder, die auffallen in dieser Welt. Menschen, die weder weltkonform noch weltfremd, sondern Christus ähnlich sind. Nahe bei Gott und nahe bei den Menschen. Seine große Liebe und Barmherzigkeit spornen uns an, danach zu streben und ihm durch unser Leben Ehre und Freude zu bereiten.

8. Gott hält sein Wort

Alles hat seine Stunde. Für jedes Geschehen unter dem Himmel gibt es eine bestimmte Zeit, sagt Salomo im Buch Prediger. *Es gibt eine Zeit zum Gebären und eine Zeit zum Sterben, eine Zeit zum Pflanzen und eine Zeit zum Abernten der Pflanzen, eine Zeit zum Töten und eine Zeit zum Heilen, eine Zeit zum Niederreißen und eine Zeit zum Bauen, eine Zeit zum Weinen und eine Zeit zum Lachen, eine Zeit für die Klage und eine Zeit für den Tanz, eine Zeit zum Steinewerfen und eine Zeit zum Steinesammeln, eine Zeit zum Umarmen und eine Zeit, die Umarmung zu lösen, eine Zeit zum Suchen und eine Zeit zum Verlieren, eine Zeit zum Behalten und eine Zeit zum Wegwerfen, eine Zeit zum Zerreißen und eine Zeit zum Zusammennähen, eine Zeit zum Schweigen und eine Zeit zum Reden, eine Zeit zum Lieben und eine Zeit zum Hassen, eine Zeit für den Krieg und eine Zeit für den Frieden* (Prediger 3,1-8).

Wenn wir Abraham in 1. Mose 18 begegnen, sehen wir einen Menschen, der viele der Dinge erfahren hat, die Salomo hier nennt. Er ist fast 100 Jahre alt und seit etwa 25 Jahren unterwegs mit dem Herrn. Einschneidende Ereignisse wie sein Wegzug aus Ur, der Abschied von seinem Vater in Haran, das Abenteuer in Ägypten, der Abschied von Lot, die ganze Aufregung wegen Hagars Schwangerschaft und die Geburt Ismaels – das sind alles Dinge, die ihn zutiefst berührt haben. Vor nicht so langer Zeit hat Gott seinen Bund mit ihm geschlossen; er und alle Männer seiner Sippe wurden beschnitten. Wenn man alles auf einen Nenner bringt und Abrahams hohes Alter mit einbezieht, liegt der Gedanke nahe, dass er allmählich genug mitgemacht hat, genug für ein Menschenleben. Nur eines fehlt noch immer: Es ist Sara nicht vergönnt gewesen, ein Kind zu gebären. Sie haben sich nach all den Jahren gedanklich davon verabschiedet, wie sich kurz darauf zeigen wird. Mit Hagars Sohn Ismael ist ein Nachkomme im Haus, und das ist gut so.

Es gibt für alles eine Zeit, heißt es im Prediger. Hier, in 1. Mose 18,1, ist es Zeit für ein Mittagsschläfchen. In Mamre bei Hebron, ungefähr 32 Kilometer südlich von Jerusalem, ist es ein Mittag wie jeder andere. Die Sonne steht hoch am Himmel, sengende Hitze. Jeder vernünftige Mensch hat sich in den Schatten seines Zeltes oder unter Bäume auf dem Feld zurückgezogen. Abraham sitzt am Zelteingang und döst: Es gibt eine Zeit zum Arbeiten und eine Zeit zum Ruhen.

In Mamre wird die Ruhe durch unerwarteten Besuch gestört. *Der Herr erschien Abraham*, so heißt es in 1. Mose 18,1; doch was Abraham sieht, sind drei unbekannte Männer, die aus dem Nichts auftauchen. Als Abraham seinen Blick aufrichtet, stehen sie bereits vor ihm, so geräuschlos sind sie gekommen. Mit einem Male hellwach, tritt er ihnen entgegen und verbeugt sich vor ihnen mit den Worten: *Mein Herr, wenn ich dein Wohlwollen gefunden habe, geh doch an deinem Knecht nicht vorbei!* (Vers 3).

Die drei Männer werden in der Einzahl angeredet: »Mein Herr!« Einer dieser drei Engel (denn es handelt sich um Boten Gottes) ist der Engel des Herrn. Dieser bleibt bei Abraham, als die anderen beiden später nach Sodom weiterziehen (siehe Vers 22). In jenem Moment jedoch sind sie als Botschafter einer frohen Nachricht gemeinsam gekommen.

Seid gastfreundlich ...

Die Gastfreundschaft, die Abraham und Sara ihren unerwarteten Gästen erweisen, ist großherzig und freigebig. Abraham fordert seine Besucher auf zu bleiben, damit sie sich ausruhen, sich frisch machen und es sich bei Essen und Trinken gut gehen lassen können. Sie bekommen Wasser, um ihre Füße zu waschen, und einen angenehm kühlen Rastplatz unter einem Baum. In der Zwischenzeit macht sich Sara an die Arbeit und backt Fladenbrote. Auch Abraham beteiligt sich an der Betreuung der Besucher; er wählt ein prächtiges Kalb aus, lässt es zubereiten und bedient seine Gäste nach ihren Wünschen (*... er wartete ihnen unter dem Baum auf, während sie aßen*, Vers 8).

»Gastfreundschaft ist eine Gabe«, so hört man gelegentlich (und manchmal wird angefügt: »die ich nicht habe«). Die Heilige Schrift weckt eher den Eindruck, dass es sich hier um einen Auftrag handelt, der Teil des umfassenderen Gebots der gegenseitigen Liebe ist. In 1. Petrus 4,8-9 spricht Petrus über die Liebe zueinander und eine *Gastfreundschaft, ohne zu murren*. Es geht hier um *Agape,* Liebe, die sich nach außen richtet und bereit ist, auf die Not eines anderen zu antworten.

Noch immer ist orientalische Gastfreundlichkeit sprichwörtlich, der Gast ist König. Auch wenn er unerwartet vor der Tür steht oder unbekannt ist, lässt man im Haus alles stehen und liegen, um ihm einen würdigen Empfang zu bereiten. In unserer westlichen, egozentrischen Kultur sieht das meist anders aus. Ich weiß nicht, wie ich an Abrahams Stelle reagiert hätte. Ich bin mir allerdings ziemlich sicher, dass ich nicht vor Begeisterung Freudensprünge machen würde, wenn ich während meines Mittagsschläfchens von drei unbekannten Besuchern an der Haustür überrascht würde.

Abraham sieht das anders. Er ist in seiner Gastfreundschaft gegenüber anderen sehr großzügig. Er leidet nicht am westlichen Individualismus. Ihm wird es nicht zur Last, wenn er gestört wird. Er ist ein Mann Gottes, der sein Herz und sein Haus für andere öffnet. Er ist nicht nur ein Segen, sondern wird selbst auch gesegnet. Denn mit seinen drei unerwarteten Gästen holt er sich den Herrn selbst (siehe Vers 13) und mit ihm die Verheißung neuen Lebens in sein Haus.

Die Botschaft, die Abrahams Gäste mitbringen, ist an sich nicht neu. Gott hat Abraham in 1. Mose 17,19 wissen lassen, dass seine Frau Sara einen Sohn bekommen wird. Sara selbst weiß davon offenbar nichts. Das entnehme ich ihrer überraschten Reaktion (siehe 1. Mose 18,12), aber auch der Tatsache, dass sich der Engel vergewissert, dass Sara in Hörweite ist, bevor er seine Botschaft verkündet (siehe Vers 9). Es ist nicht unmöglich, dass sie vor allem ihretwegen gekommen sind. Ein weiterer Grund für den Besuch könnte sein: Die Botschaft wird wiederholt, um deutlich zu machen, dass die Sache bei Gott feststeht. So hat der Pharao Jahre später zweimal den gleichen Traum: *Dass der Pharao gleich zweimal träumte, bedeutet: Die Sache steht bei Gott fest, und Gott wird sie bald ausführen* (1. Mose 41,32). Hier, in 1. Mose 18,10, wird Gottes Versprechen eines Sohnes wiederholt und somit bekräftigt, und dem wird angefügt: *Nächstes Jahr um diese Zeit werde ich wieder zu dir kommen; dann wird Sara einen Sohn haben* (Vers 14). Die Sache steht bei Gott fest und wird zur gegebenen Zeit ausgeführt.

Die Engel bringen eine frohe Botschaft; trotzdem ist Sara, die hinter dem Zeltvorhang dem Gespräch zuhört, nicht hellauf begeistert, als sie hört, dass sie noch ein Kind bekommen wird. Sie braucht daran im Alter von 90 Jahren nicht mehr zu denken. Abraham und Sara sind alt und *in die Jahre gekommen. Sara erging es längst nicht mehr, wie es Frauen zu ergehen pflegt* (Vers 11). Die Jahre der Menstruation liegen weit hinter ihr, auch die Wechseljahre hat sie bereits durchlebt. Sara muss deshalb über die unerwartete Nachricht lachen und denkt: *Ich bin doch schon alt und verbraucht und soll noch das Glück der Liebe erfahren? Auch ist mein Herr doch schon ein alter Mann!* (Vers 12). Das Lachen vergeht ihr mit einem Schlag, als der Herr (in Vers 13 wird er als solcher identifiziert) Abraham auf ihre Reaktion anspricht und sagt: *Ist beim Herrn etwas unmöglich?* Darauf folgen die Worte: *Nächstes Jahr um diese Zeit werde ich ...* (Vers 14).

Abraham und Sara begegnen dem Allmächtigen. Ihre Unfruchtbarkeit zu heilen übersteigt nicht seine Macht; ihr Alter ist ebenso wenig ein Hindernis für ihn. Jahrelang haben sie mit ihrem eigenen Unvermögen gehadert, und jetzt wird das Unmögliche sozusagen im Handumdrehen durch den Herrn möglich! In diesem kurzen Gespräch stehen sie Auge in Auge mit Gottes Allmacht. Von Abraham wird gesagt, dass er Gott glaubte, von Sara hören wir das nicht ausdrücklich, obwohl Petrus sie zu den Frauen zählt, die ihre Hoffnung auf Gott setzten (siehe 1. Petrus 3,5-6). Soweit wir wissen, ist dieses Ereignis das erste und vielleicht auch das einzige Mal gewesen, wo sie Gott selbst hat sprechen hören. Zunächst fehlen ihr die Worte und sie ist vielleicht etwas beschämt hinter das Zelttuch gekrochen, überwältigt von dem, was da gerade passiert ist. Nach den Worten des Engels hat sie in sich hineingelacht und bei sich gedacht: »Das ist absurd.« Sie hat das nicht laut geäußert, aber der Engel scheint ihre Gedanken gelesen zu haben. Ein Jahr darauf wird Isaak geboren, der Sohn des Wunders.

Unvermögen akzeptieren

Abraham und Sara hatten alle Hebel in Bewegung gesetzt, um die Geburt eines Sohnes zu ermöglichen. Voreilig hatten sie selbst die Regie übernommen. Nach der Geburt Ismaels hatten sie den Gedanken an einen gemeinsamen Sohn endgültig aufgegeben. Sie hatten sich davon verabschiedet, es gab nichts mehr zu überlegen oder zu regeln. Sara war ihr ganzes Leben lang unfruchtbar gewesen, und jetzt waren sie obendrein alt. Zu alt, um an eine Wende zu denken. Sie hatten sich damit abgefunden, dass Ismael ihr Erbe sein würde; sie hatten es akzeptiert. Genau dieser Moment, in dem sie ihr Unvermögen akzeptierten, war das Tor zum Wunder und der Zeitpunkt, wo Gott auf den Plan trat. Gottes Allmacht wurde sichtbar und greifbar, als sie ihre eigene Ohnmacht erkannt und alle Hoffnung auf menschliches Eingreifen aufgegeben hatten.

Ich hörte einmal jemanden sagen, einer der bedeutsamsten Beiträge Saras in der Geschichte sei ihr erstauntes Lachen gewesen, mit dem sie der Überzeugung ihres eigenen Unvermögens Ausdruck verlieh. Wenn sie nicht gelacht hätte, dann hätten wir die kräftigen Worte des Herrn vielleicht nie so deutlich gehört: »Ist beim Herrn etwas unmöglich?« Die Worte sind ein Ansporn, weiter an Wunder zu glauben, weiter zu hoffen, auch wenn sich menschliche Hoffnung verflüchtigt hat. Weil der Herr der ist, der er ist, gibt es in der Welt noch Wunder und können wir auch dort, wo unsere eigene Ohnmacht erwiesen ist, noch hoffen und glauben. Gott kann Dinge tun, die unser eigenes Vermögen und unseren Verstand übersteigen (siehe Epheser 3,20).

Gott lässt sich durch unsere Begrenztheit nicht hindern; er ist auf unsere Kraft nicht angewiesen. Er geht seinen Weg mit uns trotz allem. Durch ihn kann in unserem Leben geschehen, was normalerweise unmöglich ist. Wo wir vor verschlossenen Türen stehen und nicht weiterwissen oder -können, wo wir mit den Worten am Ende sind, da ist es Gott, der weitergeht! Abraham und Sara brauchten lediglich auf die Allmacht und Kraft Gottes in ihrem Leben zu setzen. Sie brauchten nur im Glauben die Tür zu öffnen und so den Weg für Gott frei zu machen. Er aber ging nicht unabhängig von ihnen vor! Gott bezog Abraham und Sara bei der Ausführung seiner Pläne mit ein. Er ließ sie seine Macht am eigenen Leibe erfahren, indem er ihnen Kraft gab, selbst Vater und Mutter zu werden.

Gott steht zu seinem Wort

In den Monaten nach dem Besuch der Engel ist es keineswegs friedlich und ruhig. Sodom und Gomorra werden durch eine Feuersbrunst verwüstet. Am Morgen nach der Katastrophe geht Abraham bereits früh zu dem Ort, wo zuvor ein sehr intensiver Dialog zwischen dem Herrn und ihm stattgefunden hat (siehe 1. Mose 18,16-33). Mit Entsetzen sieht er, dass das ganze Land in der Gegend um Sodom und Gomorra nach dem alles vernichtenden Brand unter glühender Asche liegt. Sein Neffe Lot, der sich mit seinen Töchtern mit knapper Not gerettet hat, hat in einer Höhle in den Bergen Zuflucht gefunden, während Abraham selbst von Mamre in den Süden fortzieht. Er lässt sich als Fremder in Gerar nieder und erlebt dort ein gefährliches Abenteuer, vergleichbar mit seinem früheren Abenteuer in Ägypten. Kurzum, es spielen sich genug Tragödien ab, die Gottes Verheißung eines Sohnes ein wenig in den Hintergrund rücken könnten. Aber in 1. Mose 21 ist es endlich so weit.

Der Herr nahm sich Saras an, wie er gesagt hatte, und er tat Sara so, wie er versprochen hatte. Sara wurde schwanger und gebar dem Abraham noch in seinem Alter einen Sohn zu der Zeit, die Gott angegeben hatte, so lesen wir in Vers 1-2. Dreimal wird hier hervorgehoben, dass der Herr seine Versprechen erfüllt; dreimal, was gleichzeitig unterstreicht, dass die Geburt dieses Kindes der Verheißung Gottes ganz wichtig ist.

»Isaak« bedeutet »Er lacht«, und Sara lacht erneut, aber diesmal geschieht das aus reiner Freude und tiefer Dankbarkeit gegenüber Gott (*Gott ließ mich lachen*, Vers 6). In ihrem 90. Lebensjahr erhebt sie stolz ihr Haupt: Sie ist Mutter geworden.

Leider wird ihr das Lachen bald vergehen, denn ihr steht ein sehr schmerzliches Geschehen bevor, auf das wir im nächsten Kapitel näher eingehen werden.

Ist beim Herrn etwas unmöglich?

Ist beim Herrn etwas unmöglich? Nächstes Jahr um diese Zeit werde ich wieder zu dir kommen; dann wird Sara einen Sohn haben. Wer mit der Heiligen Schrift vertraut ist, wird bei den Worten Gottes in 1. Mose 18,14 eine gewisse Übereinstimmung mit einem Ereignis entdecken, das im Lukasevangelium beschrieben ist. Im Gegensatz zu 1. Mose 18 begegnen wir dort nicht einer alten verheirateten Frau, die unfruchtbar ist, sondern einem jungen ledigen Mädchen, das Jungfrau ist. Ihr Name ist Maria.

Alles hat seine Stunde. Für jedes Geschehen unter dem Himmel gibt es eine bestimmte Zeit, sagt der Prediger Salomo. Nun, Maria hat, so wie wir ihr in Lukas 1,27 begegnen, noch nicht so ganz viel mitgemacht, denn sie ist erst etwa 16 Jahre alt. Und wo Abraham auf seine alten Tage im Vorzelt döste und ein wenig über frühere Zeiten nachsann, träumt die junge Maria von ihrer Zukunft. Sie ist mit einem Zimmermann verlobt und vielleicht im Haus oder in der Küche beschäftigt, versunken in Gedanken über ihre Aussteuer, die Gästeliste für die Hochzeit oder den großen Tag selbst, als auch sie durch unerwarteten Besuch überrascht wird. Es ist der

Engel Gabriel, der in der Rangordnung der Engel eine Sonderstellung einnimmt als der Engel, »der vor Gott steht«.[7]

Ich bin immer wieder überrascht darüber, dass Maria nicht außer Fassung geraten ist und total erschrocken war, als sie so plötzlich ihrem unerwarteten hohen Besuch gegenüberstand – ich nehme jedenfalls an, dass Gabriel sichtbar war, er war immerhin »eingetreten« (siehe Lukas 1,28). Er ließ ihr übrigens auch nicht viel Zeit zum Erschrecken, denn er fiel sozusagen mit der Tür ins Haus: *Sei gegrüßt, du Begnadete, der Herr ist mit dir.*

So etwas sollte einem mal passieren! Man ist gerade mit irgendwelchen Alltagsdingen beschäftigt, und plötzlich wird man völlig überrascht von jemandem, der eine andere, größere Welt verkörpert und etwas ausspricht, was bestimmt nicht alltäglich ist. Auge in Auge mit diesem »Höheren« scheinen unsere Beschäftigungen mit normalen Dingen und unsere Gedanken z.B. über eine Trauung oder die Gästeliste für das Hochzeitsfest mit einem Mal fast profan.

Maria *erschrak* bei den Worten Gabriels, und während sie noch damit beschäftigt ist, deren Bedeutung zu erfassen, ergreift der Engel erneut das Wort: *Fürchte dich nicht ...* (Vers 30). Hat sie Angst oder ist sie vor allem überwältigt von der Größe dieser Begrüßung, in der sie als Gottes Begnadete bezeichnet wird? Ihre Regung deutet darauf, dass sie tief bewegt ist, völlig überwältigt. Es ist klar, dass das, was hier passiert, auf sie einen tiefen Eindruck macht.

In unserem Sprachgebrauch wird das Wort »begnadet« manchmal verwendet, um jemanden als sehr begabt zu charakterisieren. Du bist ein begnadeter Künstler, Maler oder ein Pianist mit besonderen Gaben. Das ist hier im Lukasevangelium nicht so zu verstehen; Maria ist nicht begnadet aufgrund von etwas in ihr selbst, worauf sie sich berufen könnte, sondern dank der Gnade Gottes, die ihr zuteilwird. Dies, und nicht die Tatsache, dass sie viel geleistet hat oder wegen ihrer Gaben besonders angesehen ist, macht ihr Begnadetsein aus: Gott sieht etwas in ihr. Er sieht ein Herz, das für ihn empfänglich ist; so, wie er seinerzeit in Ur den Viehzüchter Abram sah und in ihm das Potenzial, ein Mann Gottes zu werden.

Als Maria die freudige Botschaft vernimmt, ist sie ebenso verwundert wie vor ihr Sara. Es ist nicht so, dass der Gedanke ans Kinderkriegen bei ihr nie aufgekommen wäre; in ihrer Aussteuer werden sicher Tücher und Windeln für diesen Fall bereitgelegen haben. Doch in dem Moment ist das nicht aktuell, und deshalb fragt sie den Engel, wie das geschehen soll, da sie noch nicht mit einem Mann zusammen war. Die Antwort ist möglicherweise noch verwirrender: *Der Heilige Geist wird über dich kommen ...* Fast beiläufig wird ihr auch gesagt, dass ihre viel ältere und bis dahin kinderlose Cousine Elisabeth inzwischen im sechsten Monat schwanger ist. Und darauf folgen diese Worte: *... für Gott ist nichts unmöglich* (Verse 35-37).

»Fürchte dich nicht«, mit diesen Worten hat der Engel Gabriel begonnen. Gottes Beruhigung (denn das war es) hat Maria wahrscheinlich die Ruhe gegeben, die nötig war, um die Botschaft ganz aufzunehmen. Denn Maria hört diese enorme Nachricht ohne Zeugen, es sind keine anderen Personen anwesend, die sie nachher befragen kann, ob sie vielleicht geträumt hat und was da genau gesagt wurde. Sie muss die Worte gut in sich aufnehmen und bewahren. Vielleicht ist das auch der Grund, dass sie sich nach dem Besuch des Engels gleich auf den Weg zu Elisabeth macht, weil sie annehmen kann, dass auch die irgendetwas gehört hat. Elisabeth selbst ist jedenfalls auch überrascht, aber wohl sechs Monate weiter, denn ihre unerwartete Schwangerschaft ist so weit, als Maria bei ihr eintrifft. Ja, in der Tat, für Gott ist nichts unmöglich!

Während Sara nach den Worten des Herrn nervös hinter dem Zeltvorhang lacht und später erklärt, sie habe nicht gelacht, reagiert die junge Maria erstaunlich gelassen auf die Botschaft des Engels: *... mir geschehe, wie du es gesagt hast* (Vers 38). Das ist Hingabe! Es ist großartig, weil für dieses junge Mädchen große Dinge auf dem Spiel stehen. Ihre Heirat mit Josef – das an erster Stelle –, denn es ist ja noch fraglich, ob er ihrem Bericht über diese wundersame Begegnung Glauben schenken wird. Ihr Ruf steht auf dem Spiel – denn wenn Josef ihr nicht glaubt, wird sie als ledige Mutter bloßgestellt sein. Auch ihre Beziehungen zu anderen Menschen sind gefährdet – denn wer unverheiratet schwanger ist, bekundet dadurch ein ausschweifendes Leben und läuft Gefahr, verstoßen zu werden. Kurzum, Marias ganze Zukunft steht auf dem Spiel. Jedenfalls nach menschlichem Ermessen!

Durch ihren bedingungslosen Gehorsam gegenüber Gott liegt Marias Zukunft in Gottes Händen. Und wenn für ihn nichts unmöglich ist, dann wird er nicht nur sein Versprechen im Blick auf ihren Sohn erfüllen, sondern auch seine anderen Verheißungen: sein Versprechen der Treue gegenüber allen, die an ihn glauben; das Versprechen seiner Gegenwart in ihrem Leben, seiner Führung und seines Segens. Maria ist beim Herrn in sicheren Händen. Daran wird sie sich klammern und festhalten müssen, denn ihr Weg wird, ebenso wie der von Abraham und Sara, nicht durch einen Rosengarten führen. Ihre Mutterschaft, gerade bei diesem Sohn, wird neben Freude auch sehr viel Kummer in ihrem Leben auslösen. <u>Nicht immer bringt Gehorsam gegenüber Gott die Art Glück, die wir erwarten; er bringt eben häufig Leiden mit sich.</u>

Als Gabriel Maria die Geburt eines Sohnes verheißt, spricht er vom *Sohn des Höchsten*, dem sie den Namen Jesus geben soll (siehe Lukas 1,31-32). Als jüdisches Mädchen wird Maria die Stelle im Buch Jesaja 7,14 gekannt haben, in der die Ankunft des Messias prophezeit wird. Der Zusammenhang zwischen den Worten des Propheten und ihrer eigenen Situation wird ihr in dem Moment wahrscheinlich nicht bewusst gewesen sein, ihr Herz war wohl voll von dem, was sie gerade erfahren hatte.[8] Von einem Moment auf den anderen hat sich sozusagen der ruhig dahinfließende Bach ihres Lebens in eine gigantische Stromschnelle verwandelt. Neun Monate später gebiert sie nach einer langen, ermüdenden Reise in einem Stall in Bethlehem ihren Sohn Jesus.

Die Ewigkeit in unserem Herzen

Ich begann dieses Kapitel mit Worten aus Prediger 3. Salomos Aufzählung der verschiedenen Phasen unseres Lebens und der Ereignisse, die ständig wechseln, endet mit einem Seufzer: *Welchen Vorteil hat jemand davon, wenn er sich anstrengt?* (Vers 9). In Prediger 1 hat Salomo bereits etwas über seinen Versuch gesagt, in dem, was auf der Erde geschieht, einen roten Faden zu entdecken: *Ich hatte mir vorgenommen, das Wissen daraufhin zu untersuchen und zu erforschen, ob nicht alles, was unter dem Himmel getan wurde, ein schlechtes Geschäft war ...* Sein Ergebnis ist nicht positiv. Die Untersuchung als solche ist eine Qual und das Resümee gleichfalls (*Das Ergebnis: Das ist alles Windhauch und Luftgespinst*). Dann kommt er zu dem Schluss, dass zu viel Nachdenken über Dinge nur Kummer mit sich bringt (siehe Verse 13-14.17-18).

Im 3. Kapitel ist Salomo ein Stückchen weitergekommen. Das ist seinen Worten in Vers 11 zu entnehmen: *Gott hat das alles zu seiner Zeit auf vollkommene Weise getan.* Dem fügt er hinzu: *Jetzt erkannte ich: Alles, was Gott tut, geschieht in Ewigkeit. Man kann nichts hinzufügen und nichts abschneiden, und Gott hat bewirkt, dass die Menschen ihn fürchten* (Vers 14).

Der Prediger sagt, dass der Mensch das Werk, das Gott verrichtet, von Anfang bis Ende nicht verstehen kann. Es ist nicht so angenehm, das zu hören, aber dennoch logisch, weil wir nun einmal die Dinge Gottes mit unserem menschlichen Verstand nicht begreifen können. Das ist jedoch nicht ganz wahr. Der Prediger sagt auch, Gott habe die Ewigkeit in unser Herz hineingelegt (siehe 3,11). Das bedeutet: Auch wenn wir das meiste nicht verstehen, haben wir doch eine Ahnung, dass da mehr ist. Mit anderen Worten: *Wir wissen mehr, als wir verstehen.*

Ist das nicht das Geheimnis des Glaubens: *Fest stehen in dem, was man erhofft, Überzeugtsein von Dingen, die man nicht sieht* (Hebräer 11,1)? Weder Abraham noch Sara noch Maria konnten Gottes Pläne ergründen. Aber sie bekamen Anteil daran, als sie dem Ewigen ihr bedingungsloses Ja sagten und damit seinen Plänen mit ihrem Leben vorbehaltlos zustimmten. Auf Abrahams Ja folgte die Geburt Isaaks und auf Marias Ja die Geburt seines Nachkommens Jesus. Beide Geburten waren eine Erfüllung der Verheißungen Gottes an Abraham: Er würde eine große Nachkommenschaft bekommen, die sowohl ein großes Volk wie eine Menge von Völkern umfassen würde (1. Mose 12,2 und 17,4). Das große Volk verweist auf das Volk Israel, dessen Stammvater Abraham ist. Es besteht aus Nachfahren Isaaks. Er war der Sohn des Wunders, von alten Eltern geboren und von einer Mutter, die ihr Leben lang unfruchtbar gewesen war. Die Menge von Völkern verweist auf Menschen aus allen Völkern und Kulturen, die durch den Glauben an Jesus Christus (dessen Geburt auch ein Wunder war, weil seine Mutter Jungfrau war) zum Volk Gottes kommen werden. Als Sohn von Josef und Maria war Jesus Nachkomme Abrahams; die Heilige Schrift nennt ihn »Stern aus Jakob«. Abraham bekommt in Gottes Heilsgeschichte einen besonderen Platz als Stammvater der Juden und Vorfahr von Jesus und außerdem als Mensch, der uns zeigt, was es heißt, an Gott zu glauben. Denken wir an Paulus' Aussage in Galater 3,7: ... *die, die glauben, sind Abrahams Söhne*.

Abraham und Sara, Maria und Josef glaubten Gott auf sein Wort hin und sagten Ja zu seinen Plänen mit ihnen. So wird auch von uns nichts anderes gefordert, als Gottes Wort zu glauben und danach zu leben.

Unser persönlicher Gehorsam dem Herrn gegenüber kann auch uns viel abverlangen; auch wir wissen nicht, welche Konsequenzen es langfristig haben wird bzw. welche Kreise es ziehen wird. Tatsache ist, dass derjenige, der sein Leben in Gottes Hände legt, Anteil bekommt an Dingen, die seinen Verstand übersteigen. Wir dürfen darauf vertrauen, dass unser Leben Sinn hat und dass unser persönlicher Gehorsam Früchte abwerfen wird. Wie das genau aussehen wird, liegt bei Gott. Er hält Ausschau nach offenen Händen und einem freien Terminkalender, in den er seine Pläne eintragen darf. Er wünscht sich ein unbefangenes Ja und ein »Mir geschehe nach deinem Willen«.

9. Von Menschen verlassen

Ich denke, jeder Mensch zweifelt wohl schon manchmal am Sinn seines Lebens oder, stärker noch, kennt das Gefühl, wertlos zu sein. Solche Gedanken können einem tief verwurzelten Minderwertigkeitskomplex entspringen oder die Folge negativer Erfahrungen sein. Nicht selten spielen diese Dinge ineinander.

Es würde mich nicht wundern, wenn Hagar solche Gefühle gehabt hätte. Wir sind ihr in 1. Mose 16 an einem Tiefpunkt in ihrem Leben begegnet. In 1. Mose 21 treffen wir sie aufs Neue, und auch da befindet sie sich (buchstäblich und im übertragenen Sinn) in einer Wüste. Sie ist von ihrem Mann aus dem Haus verstoßen worden. Sie hat nur für ein paar Tage Proviant mitbekommen, und für ihre Zukunft sind keine Vorkehrungen getroffen worden; sie hat keine Aussicht auf eine Arbeit, Unterhalt oder irgendwelche Sozialhilfe. Sie hat darüber hinaus einen Sohn im Teenageralter, für den sie sorgen muss, und dieser Sohn, Ismael, ist ziemlich geknickt durch das, was sie durchlitten haben.

So steht sie da, eine alleinstehende Mutter. Abgelehnt und in die Wüste geschickt. Obdachlos und ihrem Schicksal überlassen. Wie etwas Wertloses auf die Straße geworfen, ohne dass jemand für sie aufgekommen wäre, dass man eine Alternative für sie gesucht und gefunden hätte.

Hagar und ihr Sohn wurden nach dem Entwöhnungsfest von Isaak fortgeschickt, weil Ismael sich dort schlecht benommen hatte. Ach, was heißt schlecht benommen? War es nicht nur pubertäres Benehmen (das übrigens sehr lästig sein kann)? Oder steckte hinter dem provokativen Verhalten ein Stück Schmerz, war es ein Schrei nach Aufmerksamkeit? Als Abrahams erstgeborener und einziger Sohn hatte Ismael immerhin jahrelang eine Sonderstellung in der Familie eingenommen. Er war am selben Tag wie sein Vater beschnitten worden; er trug dadurch an seinem Körper ein

Zeichen, das besagte, dass er dazugehörte (siehe 1. Mose 17,24-27). Doch mit der Geburt seines kleinen Halbbruders wurde er gleichsam vom Thron gestoßen. Und jetzt, etwa drei Jahre später, wird er als »Sohn der Magd« vor die Tür gesetzt.

Welche Hoffnung haben Hagar und Ismael? Welchen Wert hat ihr Leben, welchen Wert haben sie selbst? Mutter und Sohn scheinen lediglich ein Spielball von Menschen und Umständen zu sein. Eben noch schien es, als würde Abraham ihnen helfen. Er tat sich schwer mit ihrem erzwungenen Fortgang, aber auch er tat letztlich nicht mehr, als einen Krug Wasser für sie zu füllen und ein paar Butterbrote für sie zu bereiten. Daraufhin schickte er sie fort, um mit seiner Frau und dem jüngsten Sohn den Faden seines Lebens wieder aufzunehmen.

Es ist ein Szenario, das in unsere Zeit passt. Als alleinstehender Elternteil können Sie sich stark im Stich gelassen fühlen. Ihr ehemaliger Partner scheint sein Leben nach der Scheidung wieder recht gut auf die Reihe gebracht zu haben, Sie sind das Opfer, das mit leeren Händen zurückgeblieben ist. Sie mussten Ihr Haus verlassen, sind in eine Mietwohnung gezogen und müssen schauen, wie Sie mit den Kindern weiterkommen. Sie haben auch Freunde verloren, weil eine Scheidung nun mal mit Parteiungen einhergeht. Es scheint niemanden zu geben, der Ihre Not sieht, niemanden, der für Sie und Ihre Kinder aufkommt. Wie ungerecht kann das Leben sein!

Wir haben weiter oben gesehen, dass Hagar während ihrer Schwangerschaft von ihrer Familie weglief; auch da waren Spannungen zwischen der ersten Frau und der Nebenfrau vorausgegangen. In der Wüste bekam Hagar dann den Auftrag, demütig in den Haushalt zurückzukehren, dem sie einst in Ägypten angegliedert worden war. Das tat sie, aber es wird nichts darüber mitgeteilt, wie es ihr dann weiter ergangen ist. Mit der Geburt Ismaels gab sie ihrem Herrn und ihrer Herrin den von ihnen so ersehnten Sohn. Obwohl …? Der Herr hatte ihr in der Wüste mitgeteilt, dass Ismael *ihr* Sohn sein würde und dass er aus diesem Jungen ein großes Volk entstehen lassen würde. Ob Hagar das in der Familie zur

Sprache gebracht hat? Wahrscheinlich nicht, sie war und blieb eine Magd, und Mägde haben nun mal nicht das Recht, das Wort zu führen. So wird es nicht einfach gewesen sein in den etwa 17 Jahren seit ihrer Rückkehr.

Manchmal findet Versöhnung statt, ohne dass Beziehungen wirklich wieder heilen. Es ist zu viel geschehen, es wurde zu viel Schaden angerichtet, um weiter unbefangen miteinander umgehen zu können. 1. Mose 21 erweckt den Eindruck, dass es zwischen den beiden Frauen nie gut geworden ist. Sie sind vielleicht mit einer bestimmten Distanz miteinander umgegangen, haben einander gegrüßt, aber nicht viel mehr. Hagar hat Sara gedient und hatte im Übrigen nicht viel zu sagen.

Vielleicht konnte man so leben, auch wenn es nicht optimal war. Mit Isaaks Geburt jedoch änderte sich die Situation grundlegend. Sara hatte plötzlich einen eigenen Sohn, und das Kind, das aus ihrem eigenen Schoß geboren war, stand ihr näher als der Sohn der Magd, dessen Geburt durch das ganze Drumherum sowieso schon nicht ohne Spannungen verlaufen war. Und so stehen die beiden Frauen sich in 1. Mose 21 erneut gegenüber – wenn auch nur indirekt, denn Sara macht sich nicht einmal mehr die Mühe, Hagar selbst anzusprechen, sondern regelt das über ihren Mann. Der kleine Vorfall auf dem Entwöhnungsfest wird zu einem bedeutenden Ereignis aufgebauscht; Hagar und Ismael müssen dafür büßen. *Verstoß diese Magd und ihren Sohn!*, fordert Sara in Vers 10. Mit diesen distanzierenden Worten sind Hagar und Ismael plötzlich namenlos geworden. Sara ist dermaßen verbittert, dass sie nur noch neutral und unpersönlich über sie sprechen kann: »die Magd und ihr Sohn«.

Abraham ist entsetzt. Die Aussage in Vers 11, dass Saras Worte ihn sehr verdrossen, ist eine schwache Übersetzung dessen, was tatsächlich vor sich ging. Er ist vor Wut fast explodiert, so der Ton im Originaltext. Verständlich, denn Ismael ist nicht nur der Sohn der Magd, er ist auch sein Sohn. Bereits zuvor ist er für ihn eingetreten, und zwar, als Gott ihm einen eigenen Sohn aus seiner Ehe mit Sara versprach. Er hat gehofft, dass Ismael doch genügen würde, auch in Gottes Augen. Aber Gott hat dann über Isaak gesprochen (1. Mose 17,18-20). Und jetzt, in 1. Mose 21, bestätigt der Herr, dass Ismael weggeschickt werden soll (Vers 12).

Hier stehen vier Menschen vor den Konsequenzen eines eigensinnigen Handelns. Abraham und Sara haben voreilig die Geburt eines Sohnes mithilfe einer Sklavin selbst geregelt. Jetzt sollen diese Magd und deren Sohn davongejagt werden. Doch nicht Ismaels ungehöriges Benehmen auf dem Entwöhnungsfest seines kleinen Bruders ist der Grund dafür. Ebenso wenig ist es so, dass der Herr diesen Menschen nicht zugetan wäre. Nein, da spielt viel mehr mit. Es geht hier im Tiefsten um den Heilsplan Gottes mit der Welt, um die Entstehung des Volkes Israel, dessen Erzväter Abraham, Isaak und Jakob sein sollen, sowie um die Geburt des Messias aus der Nachkommenschaft des Isaak.[9]

Inzwischen hat jede Person ihre eigene Geschichte und ihre eigenen Gedanken und Gefühle. Aus Hagars Blickwinkel ist das, was ihr und ihrem Sohn angetan wird, gemein und ungerecht; sie sind vor allem Opfer Saras, die ihrem eigenen Sohn den Vorzug gibt. Dieser Gedanke ist menschlich gesehen legitim und verständlich. Auch Ismael wird sich vermutlich als Opfer gesehen haben. Begreiflich ist auch Abrahams Mühe mit der entstandenen Situation, und das gilt ebenso für Saras Frustration. Doch es geht hier um die Sichtweise Gottes, um seine Pläne. Er hat sie in 1. Mose 17 klar dargelegt, als Abraham für Ismael eintrat: *Nein, deine Frau Sara wird einen Sohn gebären, und du sollst ihn Isaak nennen. Ich werde meinen Bund mit ihm schließen als einen ewigen Bund für seine Nachkommen* (Vers 19). Hier in 1. Mose 21,12 erklärt es der Herr Abraham erneut: *Sei wegen des Knaben und deiner Magd nicht verdrossen! Hör auf alles, was dir Sara sagt! Denn nach Isaak sollen deine Nachkommen benannt werden.*

Saras schroffe Worte – *Verstoß diese Magd und ihren Sohn!* – werden von Gott bekräftigt; das ist schwer zu verarbeiten. Aber obwohl ihre Worte äußerst unangenehm sind – der Inhalt dessen, was sie sagt, entspricht Gottes Plänen. Vielleicht war diese Krise nötig, um die Familie auseinanderzubrechen, sodass Gott seinen

Weg mit Isaak gehen konnte. Das Maß ist voll für Sara, aber ... eigentlich auch für den Herrn. Die Tatsache, dass Isaak nicht mehr gestillt zu werden braucht, deutet auf eine neue Phase in seinem Leben. Aus dem Säugling ist ein Kleinkind geworden, das vom Schoß der Mutter herunter ist und nun auf eigenen Beinen steht. Es ist die gleiche Lebensphase, in der der junge Samuel für seinen Dienst an Gott abgesondert wurde. So muss jetzt auch Isaak abgesondert werden. Deshalb muss Ismael gehen.

Menschlich gesprochen sieht es so aus, als würde eine Hand achtlos ein paar Figuren auf einem Schachbrett versetzen. Eine davon darf bleiben, die andere wird aus dem Spiel genommen. Aber dem ist nicht so. Es ist Gottes Hand, die hier eingreift. Diese Tatsache wirft ein ganz anderes Licht auf das, was hier passiert. Dass Isaak den Vorzug bekommt, ist notwendig für Gottes ewige und weltumspannende Pläne. »Isaak ist das Kind der Verheißung Gottes, während Ismael Menschenwerk ist«, so las ich einmal. Es klingt grausam, aber im Licht der Pläne Gottes ist das so. Dennoch macht Isaaks Vorrang Ismael nicht überflüssig (auch wenn er das vielleicht so erfahren hat). Der Herr hat Ismaels Vater gesagt, dass er dessen Gebete für seinen ältesten Sohn gehört hat, und er hat ihm versprochen, auch dieses Kind zu segnen, es fruchtbar und sehr zahlreich zu machen und zu einem großen Volk werden zu lassen (siehe 1. Mose 17,20). Hier in 1. Mose 21 beruhigt Gott Abraham ein weiteres Mal: *Aber auch den Sohn der Magd will ich zu einem großen Volk machen, weil auch er dein Nachkomme ist* (Vers 13).

Damit muss sich Abraham begnügen. Und ... damit muss sich Hagar begnügen. Auch sie hat jedenfalls aus dem Mund des Engels vernommen, dass Gott ihren Sohn sieht. Er selbst hat ihr aufgetragen, ihn Ismael (das bedeutet »Gott hört«) zu nennen. Er hat auch zu ihr persönlich gesagt: *Deine Nachkommen werde ich zahlreich machen* (1. Mose 16,10-11).

Es ist schwierig, an solchen Dingen in einer Situation festzuhalten, die nur negativ und schmerzlich ist. Hagar erfährt, dass sie abgeschoben wird. Es verstößt darüber hinaus auch noch gegen die Regeln, denn eine Nebenfrau hatte bestimmte Rechte in der Familie, der sie angehörte. Sie hatte das Recht auf Unterkunft und Schutz, was hier mit Füßen getreten wurde.

Gottes Quellen

Es ist Abraham (und nicht Sara), der am Morgen nach dem Entwöhnungsfest früh aufsteht, um Hagars Proviant fertig zu machen; es ist Abraham, der sie dann fortschickt (siehe Vers 14). Es ist nur eine Nacht vergangen, eine Nacht, in der niemand gut geschlafen haben dürfte, in der vielleicht viel gebetet wurde, aber in der sich nichts änderte, denn Hagar muss weg. Und so geht sie erneut in die Wüste. Mit einem großen Unterschied, wenn man das mit ihrem Weggang in 1. Mose 16 vergleicht; diesmal gibt es kein Zurück!

In 1. Mose 21,14 sehen wir Hagar in der Wüste von Beerscheba umherirren. Wir sehen, dass ihr Wasservorrat ausgeht und dass sie in ein bereits bekanntes Verhaltensmuster verfällt: Sie kehrt ihren Problemen den Rücken zu. Einst lief sie von Sara weg, jetzt läuft sie von ihrem sterbenden Sohn weg. Sie setzt sich einen Bogenschuss weit entfernt von ihm hin, weil sie sein Leiden nicht mitansehen kann. Und dann weint sie laut (siehe Verse 15-17). In dem Moment geschieht etwas ganz Bemerkenswertes. In Vers 17 steht, dass Gott die Stimme des Knaben hörte und dass der Engel Gottes danach Hagar aus dem Himmel zurief. Auffallend ist, dass Gott die Stimme des Jungen hörte, obwohl der, soweit wir wissen, nichts sagte (das ist auch schwierig, wenn man im Sterben liegt).

Gott kann unausgesprochene, ja, sogar noch nicht in Worte gefasste Gedanken lesen, er kann einen Seufzer oder ein Wimmern wahrnehmen. Er sah Ismael und »hörte« seine Not. Er hörte auch seine Mutter. Entdecken wir hier etwas von der Kraft des Gebets für andere? War es vor allem Hagars Fürbitte für Ismael, die Gott hörte? Sie und nicht Ismael ist diejenige, die Antwort bekommt. Eine Antwort, die auf den ersten Blick seltsam ist, denn die Frage, die der Herr stellt – *Was hast du, Hagar?* –, klingt wie die Frage nach dem Weg, den man schon kennt! Der Herr sieht doch, wie die Situation ist.

»Was hast du, Hagar?« mag wie eine überflüssige Frage erscheinen, sie ist jedoch einfühlsam. Vielleicht können wir sie so interpretieren: »Hagar, was ist mit dir? Du brauchst keine Angst zu haben. Ich bin doch da.« Und in der Tat, die folgenden Worte lauten: *Fürchte dich nicht, Gott hat den Knaben dort schreien gehört, wo er liegt* (Vers 17). Es sind unglaublich beruhigende Worte, ausgesprochen von derselben Stimme, die schon früher zu ihr sprach in jener anderen Wüstenerfahrung, die Jahre zurückliegt. Vielleicht hat sie bei aller Rührung und allen Emotionen vergessen, dass sie damals selbst gesagt hat, sie habe den Gott Israels kennengelernt als einen Gott, der sieht. Sie hatte ihn als *Gott, der nach mir schaut* bezeichnet (siehe 16,13). Durch negative Erfahrungen ist diese Erinnerung vielleicht in den Hintergrund gerückt. Aber der Gott aus dieser Erinnerung ist nicht verschwunden, er ist keine Vergangenheit, nein, er lebt! Und ... er sieht diese Frau, die von Menschen beschämt und verlassen worden und im Begriff ist, jetzt auch noch ihren einzigen Sohn zu verlieren.

Erneut bekommt Hagar den Auftrag umzukehren, das heißt, ihren Problemen nicht zu entfliehen, sondern sich mit ihnen auseinanderzusetzen und eine Lösung zu finden. Erneut bekommt sie diesen Auftrag in dem sicheren Rahmen der Gegenwart und Fürsorge Gottes.

War der Auftrag Jahre zuvor schon schwierig gewesen (*Geh zurück zu deiner Herrin und ertrag ihre harte Behandlung* – 16,9), diesmal ist er möglicherweise noch schwieriger. *Steh auf, nimm den Knaben und halt ihn fest an deiner Hand* (21,18). Es erscheint angesichts der Umstände zu viel verlangt, und ich könnte mir vorstellen, dass Hagar so hätte reagieren können: »›Steh auf?‹ Herr, ich kann nicht mehr! ›Nimm den Knaben und halt ihn fest an deiner Hand‹? Herr, er liegt im Sterben! Außerdem bin ich nicht mehr in der Lage, für ihn zu sorgen, denn meine Vorräte sind aufgebraucht und auch ich selbst habe keine Kraft mehr!«

Hagar war am Ende, als Frau und als Mutter. Sie trug auch Ismaels Kummer mit, und dieser Kummer war überwältigend! Ismael wurde genauso abgelehnt wie sie, er litt unter der Abweisung seines Vaters. Seine Trauer hatte schon viel früher begonnen. Es muss ihm wehgetan haben, seinen kleinen Halbbruder auf den Schultern seines Vaters zu sehen, die Zuneigung Saras zu dem kleinen Kerlchen zu spüren. Er wusste, dass seinem Vater mehr an der Verbindung mit Sara gelegen war als an der Beziehung zu seiner Mutter Hagar. Ihm war klar, dass er weniger wichtig war als dieser kleine Junge, den Sara noch in ihrem hohen Alter geboren hatte.

Ich sehe in Ismael das von Sehnsucht erfüllte Kind, das seinen Vater mit seiner neuen Familie sieht, während es selbst mit seiner Mutter beiseitegeschoben wird. Wie sehr sich seine Mutter auch darum bemüht, mit ihm eine neue Familie zu bilden – sie bleibt unvollständig und unvollkommen. Es ist, als fehle ein Rand um das Nest, und der Junge fühlt sich unsicher.

Was hat Hagar ihrem Kind zu bieten? Was kann sie überhaupt noch aufbringen? Wie soll sie auf die Worte des Engels des Herrn reagieren, der ihr aufträgt, aufzustehen und ihr Kind fest an die Hand zu nehmen? Sie selbst ist zu nichts imstande, aber … hier steht sie Auge in Auge mit dem Allmächtigen, der ihr die Hand reicht. Es ist ein großer Moment, in dem Hagars Situation als alleinstehende Mutter sich tief greifend wandeln kann. Wenn …! Wenn sie die zu ihr ausgestreckte Hand greift und festhält. Denn wenn sie das tut, wird aus dieser alleinstehenden Mutter eine Alleinstehende-Mutter-mit-Gott. Hier stehen wir unmittelbar vor einer großen Wahrheit: dem Wirken der Kraft Gottes. In dem Moment, als Hagar Gottes ausgestreckte Hand festhält, verändert sich etwas Wesentliches. Auch wenn sie eine alleinstehende Mutter bleibt, ist sie trotzdem nicht allein. Wenn sie erneut erkennt, dass Gott sie sieht, und wenn sie im Gehorsam gegen ihn wieder aufsteht, wird sie die notwendige Kraft bekommen, um weiterzugehen, Kraft für sich selbst und für Ismael.

In 1. Mose 21 geschieht ein Wunder. In Vers 19 lesen wir, dass Gott Hagars Augen öffnete und sie einen Brunnen sah. Im übertragenen Sinne gedeutet: Er öffnete ihr die Augen für die Quelle seiner Kraft. Ich weiß nicht, ob Hagar diesen Brunnen entdeckt hatte, bevor oder nachdem sie aufgestanden war; vielleicht geschah das, als sie sich bewegte. Vielleicht begann Hagar sich aufzurichten und ihre Augen wurden allmählich geöffnet. In jedem Fall entdeckte sie einen Wasserbrunnen, und damit die Antwort auf ihr erstes Lebensbedürfnis: Wasser, Kraft zum Leben!

Es ist sehr wahrscheinlich, dass dieser Brunnen immer schon da war, Hagar ihn aber nicht bemerkt hatte, weil sie durch ihre Tränen und ihre Not nicht mehr viel wahrnahm. An verschiedenen Orten in der Wüste befanden sich Brunnen, von denen jene Menschen, die regelmäßig durch die Wüste zogen, genau wussten. Diese Brunnen, auf denen ein Deckel lag, waren nicht selten von einer Sandschicht überdeckt und dadurch nicht direkt sichtbar. Aber da die Stellen bekannt waren, wurden sie von denen, die in der Wüste unterwegs waren, aufgespürt, geöffnet und benutzt, um Menschen mit Wasser zu versorgen und die Kamele zu tränken. Hagar aber hatte sie nicht bemerkt.

Die Parallele ist eindeutig. Gott gibt uns seine Wasserbrunnen, sogar in der Wüste. Nur muss man ein Auge dafür bekommen, das heißt darauf vertrauen, dass Gott für alles sorgen wird, was nötig ist (siehe Philipper 4,19). Wenn Sie sich also selbst in einer Wüste befinden, müssen Sie es wagen aufzustehen, im Wissen, dass Sie beim Tun Kraft für das bekommen werden, was vor Ihnen liegt. Heute bekommen Sie Kraft für heute, morgen für morgen. Auch in der Wüste Ihres Lebens! Wo der Herr ist, wird selbst die Steppe »blühen wie eine Lilie«. *In der Wüste brechen Quellen hervor und Bäche fließen in der Steppe; der glühende Sand wird zum Teich und das durstige Land zu sprudelnden Quellen*, sagt der Prophet Jesaja (Jesaja 35,2.6-7). Er unterstreicht diese Wahrheit: Gott bringt Leben und Heilung. Aus diesem Grunde sagt Jesaja in demselben Kapitel: *Macht die erschlafften Hände wieder stark und die wankenden Knie wieder fest!* (Vers 3). Es ist ein Ansporn, nicht zu resignieren, sondern weiterzugehen, mit Ausdauer den Wettlauf zu laufen, der vor uns liegt, und unser Auge allein auf Jesus zu richten, weil wir ohne ihn nichts vermögen (siehe Hebräer 12,12)!

Hagar braucht Glauben, um wieder aufzustehen. Sie muss bewusst auf den Herrn schauen und seine Worte festhalten: *Fürchte dich nicht, denn Gott ...; Steh auf, ... denn ich will ...* (1. Mose 21,17-18). Als sie verwundert ihr Gesicht hebt und ihm ihr Ohr zuwendet, öffnet er ihre Augen für das, was bislang unsichtbar war: sein Brunnen in ihrer Wüste. In Vers 19 tut sie das, was jede Mutter tun würde: *Sie ging hin, füllte den Schlauch mit Wasser und gab dem Knaben zu trinken.* Ihr erster Gedanke richtet sich auf ihr Kind, erst danach kommt sie selbst an die Reihe. Oder? Nein, sie ist bereits an der Reihe gewesen, denn Gott hat ihr Kraft gegeben, um zu tun, was getan werden muss. In dem Moment, als sie im Gehorsam aufgestanden ist, hat er ihre Knie gestärkt und ihre Augen geöffnet für seinen Beistand. Diese Unterstützung erweist sich als so stark, dass genug da ist für sie selbst und für ihr Kind. Da ist mehr, als sie für sich allein braucht, sie kann auch dem Kind geben, was es braucht.

Das Geheimnis der Wasserbrunnen Gottes ist der Herr selbst. Er ist diese Quelle. Das sagt Jesus auch viele Jahre später in Samaria zu einer Frau, die ebenfalls am Ende ist. Wenn sie von dem Wasser trinkt, das er ihr geben will, wird sie keinen Durst mehr haben. Er wird ihre Kraft sein und ihr helfen aufzustehen (siehe Johannes 4,13-14; siehe auch 7,37).

Ist der Herr uns genug? Haben wir entdeckt, dass er für alles sorgt, was wir brauchen, und dass er unsere Kraft ist? Jesaja sagt: *So spricht der Herr, dein Schöpfer, der dich im Mutterleib geformt hat, der dir hilft: Fürchte dich nicht ...* (44,2). Hier sehen wir von Neuem die feinfühlige Liebe des Allmächtigen. Er will uns als unser Vater beschützen, er will uns helfen und trösten. Auch wenn wir wie Hagar von Menschen verlassen sind und nicht mehr wissen, wie es weitergehen soll.

In unserer Sehnsucht nach menschlicher Nähe und Trost übersehen wir bisweilen denjenigen, der sich unser Tröster nennt. Menschlicher Trost schenkt Geborgenheit und baut auf, kann aber nicht unsere Seele heilen, unsere Einsamkeit und unseren

Schmerz. Menschen können einer Witwe einen Gefallen tun und ein wenig Trost bieten, indem sie sie besuchen, ihr zuhören, vielleicht auch mit ihr beten. Doch wenn sie fortgegangen sind, ist sie wieder allein und schweigen die Wände wie vorher. Es gibt nur einen, der bleibt: er, unser Vater, der sich unser Arzt (siehe 2. Mose 15,26) und Hirte nennt. Er will unsere Wunden mit dem Balsam seiner liebevollen Gegenwart verbinden. Er will uns wie seine Lämmer in seine Arme nehmen und uns, wenn wir uns ausgeweint haben, mit seinem Trost stärken und mit seinem Frieden erfüllen. Jesu Worte *Kommt her zu mir alle, die ihr mühselig und beladen seid* (Matthäus 11,28) sind keine bloßen Worte, sondern Wirklichkeit. Menschlicher Trost ist beschränkt und zeitlich, der himmlische Trost ist vollkommen und dauerhaft. Er richtet uns auf.

Wir finden beim Herrn nicht eine kurzfristige Zuflucht, sondern einen dauerhaften Ort der Geborgenheit, weil er selbst diese Zuflucht ist. Wir finden bei ihm die Antwort auf unsere Verzweiflung – er schenkt uns Sicherheit und darin auch liebevolle Zuwendung. Ja, auch liebevolle Zuwendung! In Jesaja 66,12-13 ist die Rede davon, dass wir auf den Armen getragen und auf den Knien geschaukelt werden, und es ist der Herr, der diese Worte von sich selbst sagt: *Wie eine Mutter ihren Sohn tröstet, so tröste ich euch.* Auch ein Erwachsener darf bei ihm Kind sein, darf sogar in vielerlei Hinsicht Kind bleiben, solange das Reifen weitergeht.

Das Schöne ist, dass wir fortwährend von Gottes Trost »trinken« dürfen und können, ohne unselbstständig zu werden. In seiner tröstlichen, liebevollen Zuwendung nämlich liegt auch der kraftvoll-zärtliche Ansporn, wieder aufzustehen. Es ist kein Entweder-oder, beides ist in vollkommenem Gleichgewicht. Das ist auch die wahre Bedeutung von Trost, dass Liebe konkret erfahrbar wird, aber nicht übertrieben. Dass der andere Gelegenheit bekommt aufzustehen – nicht gezwungenermaßen, sondern begleitet. Trost ist ein Auffangen in Liebe und ein Anspornen aus Liebe.

Wir kehren zurück zu Hagar, über die wir nach ihrer zweiten Wüstenerfahrung nicht mehr viel hören. In 1. Mose 21,20 lesen wir, dass Gott mit ihrem Sohn war, dass er heranwuchs, sich in der

Wüste niederließ und dort ein Bogenschütze wurde. Seine Mutter vermittelte seine Heirat mit einer Frau aus Ägypten (siehe Vers 21). In 1. Mose 25 sehen wir Ismael wieder beim Begräbnis seines Vaters Abraham (siehe Vers 9), und im selben Kapitel lesen wir, dass er zwölf Söhne bekam (die »zwölf Fürsten«, je einer für einen Stamm); wir erfahren weiter, dass Ismael starb, als er 137 Jahre alt war, und mit seinen Vorfahren vereint wurde (siehe Verse 12-17). Eine der Töchter Ismaels heiratete später Isaaks Sohn Esau (1. Mose 28,9).

10. Liebst du mich?

Abraham ist schon viele Jahre mit dem Herrn unterwegs, als dieser ihn einer sehr schweren Prüfung unterzieht. Der Ausgang soll zeigen, wie es um Abrahams Vertrauen und seine Liebe zu Gott bestellt ist. Ist er in diesen Dingen gewachsen? Ist sein Glaube an Gott so gefestigt, dass er in die Tiefe zu springen wagt? Ist seine Liebe zu Gott so stark geworden, dass er ihm mehr wert ist als irgendetwas sonst? Dass er bereit ist, ihm alles zu geben?

Abraham wird auf die Probe gestellt

Abraham ist in hohem Alter und Isaak ein junger Erwachsener, als Gott von Neuem spricht. Er sagt lediglich *Abraham*, und dieser reagiert sofort mit den Worten: *Hier bin ich* (1. Mose 22,1). Es ist eine Reaktion, die viel über Abrahams gewachsenes Vertrauen und seine unbefangene Beziehung zu Gott aussagt. Gleich darauf kommt Gottes Auftrag: *Nimm deinen Sohn, deinen einzigen, den du liebst, Isaak, und bring ihn ... als Brandopfer dar* (Vers 2). Es ist wahr, zu dem Zeitpunkt ist Isaak Abrahams einziger Sohn, denn Ismael ist schon vor einer Weile mit seiner Mutter Hagar fortgegangen. Abraham liebt dieses einzige übrig gebliebene Kind, den Sohn seiner alten Jahre und das Kind der Verheißung Gottes, in besonderer Weise.

Wenn Gott mir etwas gegeben hätte, wonach ich mich jahrelang gesehnt habe, und mich dann auffordern würde, das (buchstäblich) wieder zu opfern, würde mir diese Aufforderung den Atem nehmen, mehr noch, ich wäre völlig entsetzt. Ich würde denken (oder sagen): »Wie ist das möglich? Das habe ich nicht richtig verstanden! Warte einen Moment, Herr, das kannst du so nicht gemeint haben! Alles will ich tun, aber das? Jahrelang hast du mich warten lassen, und jetzt willst du mir wieder nehmen, was du mir endlich gegeben hast!«

Es ist sehr auffällig, dass in Abrahams Reaktion kein Hauch von Stress oder Panik zu spüren ist. Das liegt nicht daran, dass ihm an seinem Sohn nicht viel lag. Isaak war die Erfüllung eines 25 Jahre lang gehegten Traums. Er war ein Geschenk Gottes. Abraham wusste, dass seine Nachkommenschaft von diesem Jungen abhing. Isaak war in der Tat das Liebste, was er hatte.

Und dennoch ... als Gott ihm sagt, dass er Isaak als Brandopfer hingeben soll, macht er sich, ohne zu zögern, daran, das zu tun. Abraham stellt keine Frage, er sträubt sich nicht. Er geht, wie damals. Denn als Gott Abram in 1. Mose 12 rief, reagierte er ebenfalls sofort: *Da zog Abram weg, wie der Herr ihm gesagt hatte.* Auch da scheint es kein Zögern gegeben zu haben, wenngleich wir aus dem Verlauf der Geschichte wissen, dass Abrams Nachfolge und Hingabe mit Sicherheit nicht einfach waren.

Jetzt, in 1. Mose 22,2, sind wir viele Jahre und Erfahrungen weiter und ist der Auftrag weitaus schwieriger, eigentlich unmenschlich: *Nimm deinen einzigen Sohn ... und geh ... und opfere ihn.* Nüchtern und sachlich steht in Vers 3: *Frühmorgens stand Abraham auf, sattelte seinen Esel, holte seine beiden Jungknechte und seinen Sohn Isaak, spaltete Holz zum Opfer und machte sich auf den Weg zu dem Ort, den Gott ihm genannt hatte.* Die Beschreibung mutet fast so an, als sei das ein entspannter Vater-Sohn-Ausflug gewesen. Ein nettes verlängertes Wochenende, denn man brauchte drei Tage, um den Berg Morija zu erreichen, den Ort, den Gott angewiesen hatte. Drei Tage, die Abraham vielleicht wie eine Ewigkeit erfahren haben wird.

Ein englischer Theologe beschreibt dieses Ereignis als eine der dramatischsten und theologisch gewichtigsten Episoden in 1. Mose. Er sagt: »Der grausame Auftrag, Isaak zu opfern; der bewegende Bericht über diesen einsamen Marsch bergauf, den Vater und Sohn auf dem Weg zum Ort für das Opfer unternahmen; den schmerzlichen Vorgang des Fesselns und Niederlegens des Sohnes auf den Altar und das Eingreifen des Himmels in letzter Sekunde; aus all dem entsteht eine der besten Erzählungen in der Weltliteratur. Aber es ist viel mehr als das. Es war die letzte große Glaubensprüfung Abrahams (…). Auch wenn wir wissen, dass Gottes Auftrag ein Test war, für Abraham jedenfalls war dieser Auftrag absolute Realität. Es war sowohl emotional als auch theologisch entsetzlich, denn alle Segensverheißungen Gottes ruhten auf Isaak. Abrahams Zwiespalt zwischen der Liebe zu seinem Kind und seinem Gehorsam gegenüber Gott zerriss ihm das Herz – welche Wahl blieb ihm? Doch Schritt für Schritt triumphierten Glaube und Hoffnung über Furcht und Zweifel.«[10]

Es muss menschlich gesehen so gewesen sein, dass Abraham mit einem von Schmerz erfüllten Herzen den Berg bestieg. Oder hatte er seinen inneren Kampf in der Nacht vor seinem Aufbruch und in den drei Tagen auf dem Weg zu dem Berg ausgefochten? Wir bekommen nichts mit von seinen Gefühlen oder Gedanken. Doch muss ein tiefer innerer Kampf stattgefunden haben, sonst wäre nicht die Rede von einer Prüfung gewesen. Was Gott hier Abraham abverlangt, ist auch der größte Test für einen Vater oder eine Mutter; alles im Menschen lehnt sich dagegen auf.

Als Abraham mit seinem Sohn den Berg besteigt, trägt Isaak das Holz und er selbst das Becken mit glühenden Kohlen und das Messer. Diese Szene ist zutiefst bewegend. Isaak vertraut vollkommen darauf, dass sein Vater weiß, was er tut. Abraham spürt indessen, dass das Messer und das Kohlebecken in seinen Händen brennen. Und dann kommt irgendwo unter dem Holzbündel Isaaks unbefangene Frage hervor: »Papa, wir haben Holz und Feuer, aber kein Opfer!« Und Abraham erwidert: »Mein Junge, Gott selbst wird sich das Opferlamm aussuchen« (Verse 7-8). Es ist ein prophetisches Wort, das aus einem felsenfesten Vertrauen heraus gesagt wird.

Abrahams Antwort gibt auch dem Jungen Vertrauen. Die glaubende und vertrauende Haltung seines Vaters spricht eine deutliche Sprache, Isaak hat keine Fragen mehr. Und so gehen sie zusammen weiter; Isaak mit dem Holzbündel auf den Schultern,

Abraham mit dem Messer und dem Kohlebecken und mit einem Herzen voll ... Ja, wovon ist es erfüllt? Sorgen, Angst, Kummer? Oder war er ruhig, weil er wusste, dass es gut ausgehen würde? Es sieht so aus, als sei Letzteres der Fall gewesen, denn Abraham hat am Fuße dieses Berges zu seinen Knechten gesagt: *Ich will mit dem Knaben hingehen und anbeten; dann kommen **wir** zu euch zurück* (Vers 5; Hervorhebung durch die Autorin).

Das Wort »anbeten« klingt in dieser Situation etwas bizarr. Abraham ist auf dem Weg, seinen Sohn zu opfern, und spricht von Anbetung. Doch genau das ist es! Abraham ist im Begriff, das Liebste, was er hat, Gott zu geben, um dem Herrn mit einem Opfer eine Freude zu bereiten. In seinem Herzen findet sich keine Verbitterung, nur Hingabe. Es ist menschlich unmöglich, das zu verstehen, aber die Bereitschaft, mit der Abraham sich auf den Weg macht, um seinen Sohn zu opfern, ist ein Akt der Liebe par excellence.

Als sie an dem angewiesenen Ort angekommen sind, baut Abraham einen Altar; er schichtet das Holz auf und bindet danach seinen Sohn darauf fest. Nirgendwo steht, dass Isaak sich wehrte, dass er seinen Vater fragte, warum er das tue, dass er nach seiner Mutter gerufen hat. Nirgendwo steht, dass Abraham Gott angefleht hat, er möge eingreifen, dass er, geblendet von seinen eigenen Tränen, sein Messer nicht sehen konnte. Im Gegenteil: *Schon streckte Abraham seine Hand aus und nahm das Messer, um seinen Sohn zu schlachten* (Vers 10). Es ist ein unheimlicher, erschütternder Moment, eine Frage von Sekundenbruchteilen, bevor der Himmel aufreißt. In dem Augenblick, als Abraham im Begriff ist, seinen Sohn zu töten, durchbricht die Stimme des Engels des Herrn die Stille, und Abraham hört erneut seinen Namen: *Abraham, Abraham!* Und wiederum antwortet er nichts anders als: *Hier bin ich* (Vers 11).

Gleich darauf kommt es zur Lösung dieses Dramas; Abraham vernimmt Gottes machtvolle Worte, die sein Herz wahrscheinlich vor Freude fast bersten lassen: *Streck deine Hand nicht gegen den Knaben aus und tu ihm nichts zuleide! Denn jetzt weiß ich, dass du Gott fürchtest; du hast mir deinen einzigen Sohn nicht vorenthalten* (Vers 12). Als Abraham sich umschaut, sieht er einen Widder, der sich mit seinen Hörnern im Gestrüpp verfangen hat. Gott hat für das Opfer gesorgt. Abraham kann seinen Sohn losbinden, vom Altar herunternehmen und an seiner Stelle den Widder töten und opfern. Da gibt er dem Ort einen Namen, der alles sagt: *Der Herr sieht* (oder: *wird ersehen*) (Vers 14).

Vertraust du mir?

Abraham ist in seinem Gottvertrauen enorm gewachsen. Als er zu seinem Sohn sagt: »Gott wird sich das Opferlamm aussuchen«, drückt er damit aus: »Gott hat die Macht, diese Situation zu einem guten Ende zu führen.« Aus Hebräer 11,19 entnehmen wir, dass Abraham tatsächlich so dachte: *Er verließ sich darauf, dass Gott sogar die Macht hat, Tote zum Leben zu erwecken.* Abraham war absolut davon überzeugt, dass Gott seine Versprechen einhalten würde, auch wenn das, was er jetzt tun sollte, in krassem Gegensatz dazu zu stehen schien. Wie sollte sich eine große Nachkommenschaft noch verwirklichen lassen, wenn Isaak nicht mehr da war? Das war eine handfeste Frage, die Abraham aber nicht selbst versuchte zu beantworten. Er wollte nur gehorsam sein, alles Übrige lag bei Gott.

Das ist Hingabe! Und das ist eine ganz andere Haltung, als wir sie früher bei Abraham gesehen haben. Seinerzeit wollte er mit Hagar selbst seine Nachkommenschaft regeln, weil er dachte, dass es auf anderem Wege nicht möglich wäre. Mittlerweile hatte er etwas entdeckt: Gott hat die Macht, viel mehr zu tun, als wir erbitten oder für möglich erachten. Gott ist der Allerhöchste, der Allmächtige, der Ewige. Gott ist derjenige, der für uns sorgt. Aber auch: Gott ist einzigartig, in keiner Weise mit anderen Göttern zu vergleichen. Im Götzendienst zu Abrahams Zeiten waren Menschenopfer, und sicher das Opfern des Erstgeborenen, nicht ungewöhnlich. Vielleicht ist das in Abraham aufgekommen, als Gott von ihm seinen Sohn forderte. Hier jedoch entdeckt er das Wesen

Gottes, dem er dient. Es ist ein Gott, der sich nicht mit anderen Göttern vergleichen lässt. Für ihn zählen unsere Liebe und Treue weit mehr als unsere Opfer.

Gott seinerseits hat die tiefe Liebe Abrahams gesehen. Abraham ist mit Recht ein Mann des Glaubens und ein Freund Gottes; er hat das Liebste, was er besaß, geringer geachtet als seine Beziehung zum Herrn. Dieser gibt Abraham seinen Sohn mit einer Verheißung für die Zukunft zurück.

Wie ist unser Verhältnis zu Menschen und Dingen, die uns unendlich viel bedeuten? Wer oder was ist unser persönlicher Isaak? Halten wir krampfhaft an ihm fest oder können wir loslassen, wenn der Herr das verlangen würde? Ist unsere Liebe zum Herrn so groß, dass wir in einem solchen Moment denken: Lieber verlöre ich alles andere als dich? Haben wir ein so großes Gottvertrauen, dass er unsere Erwartungen und Träume zerstören darf, weil wir auch dann wissen, dass er in jedem Falle das Gute im Sinn hat? Hält unser Vertrauen in seine Güte und die Tatsache, dass er für uns sorgen wird, stand, wenn die Dinge nicht nur noch nicht sichtbar sind, sondern durchkreuzt zu werden scheinen?

Kurz bevor Abraham und Isaak den Rückweg nach Hause antreten, spricht der Herr erneut. Er bekräftigt sein früheres Versprechen, stärker noch: Er schwört einen Eid bei sich selbst, mit dem er garantiert, dass der Erfüllung seiner Verheißungen nichts mehr im Wege steht. Abraham hat die Prüfung bravourös bestanden und sein Gehorsam hat bewirkt, dass Gott sein Versprechen noch einmal endgültig bestätigt: *Weil du das getan hast und deinen einzigen Sohn mir nicht vorenthalten hast, will ich dir Segen schenken in Fülle und deine Nachkommen zahlreich machen wie die Sterne am Himmel und den Sand am Meeresstrand. Deine Nachkommen sollen das Tor ihrer Feinde einnehmen. Segnen sollen sich mit deinen Nachkommen alle Völker der Erde, weil du auf meine Stimme gehört hast* (1. Mose 22,16-18).

Dieses dramatische Geschehen auf dem Berge Morija, wo ein geliebter Sohn als lebendiges Opfer herhalten muss, verweist auf das große Opfer auf Golgatha. Auch dort geht es um einen einzigen Sohn, der von seinem Vater nicht verschont wird (vgl. Römer 8,32 und Johannes 3,16). Es ist Gottes Sohn, Jesus Christus. Wir sahen bei Isaak keinen Protest. Bei Jesus sehen wir das ebenfalls nicht, obwohl sein Kampf unermesslich schwer ist (*Vater, ... nicht mein, sondern dein Wille soll geschehen* – Lukas 22,42). Aber während der Allmächtige eingreift und Isaaks Sterben verhindert, öffnet sich der Himmel beim Sterben Jesu nicht. Umstehende spotten darüber: *Wir wollen sehen, ob Elia kommt und ihm hilft* (Matthäus 27,49). Es geschieht aber nichts. Es gibt kein Eingreifen von oben, keinen Widder, kein anderes Lebewesen, das an Jesu Stelle sterben könnte: Jesus wird als Lamm für unsere Sünden geschlachtet. Die Erde verdunkelt sich, als der geliebte Sohn Gottes stirbt. Paulus sagt in Römer 5,8: *Gott aber erweist seine Liebe zu uns darin, dass Christus, als wir noch Sünder waren, für uns gestorben ist.*

Ein brennendes Herz

Gottes Herz ist voll von uns, und sein Wort atmet seine intensive Liebe zu uns. Es ist eine starke und leidenschaftliche Liebe, die uns fortwährend und dringend sucht. Gottes *Wo bist du?* aus 1. Mose 3,9 ist bis auf die letzten Seiten der Heiligen Schrift hörbar. Die gleiche Liebe sucht Gott in uns: Er möchte, dass unser Herz voll von ihm ist, dass wir ihn dringend suchen. Das wollte er bei Abraham sehen und deswegen stellte er ihn auf die Probe (1. Mose 22,1). Das will er bei uns sehen: eine Liebe zu ihm, die die Merkmale der ersten Liebe hat – unbefangen und stark. Gott sucht ein Herz, das ganz von der Sehnsucht zu ihm erfüllt ist (siehe auch Psalm 42,2 und 143,6). Besonders im Hohelied der Heiligen Schrift wird diese Seite des Allmächtigen beispielhaft beschrieben. Es schildert zwar die exklusive Liebe zwischen Mann und Frau, aber dieses Buch hat noch eine tiefere Schicht: Es geht auch um die Beziehung zwischen Christus und seiner geliebten Gemeinde. Wir sehen ihn da als Bräutigam, der sich leidenschaftlich nach seiner Braut und einer unbefangenen, offenen

Beziehung mit ihr sehnt. Wir sehen, wie er sie lockt und einlädt, zum Vorschein zu kommen (*Meine Taube im Felsennest, versteckt an der Steilwand, dein Gesicht lass mich sehen, deine Stimme hören!* – 2,14). Wir sehen auch, wie er vor den kleinen Dingen warnt, die der Beziehung im Wege stehen können, und sagt, dass diese rigoros beseitigt werden müssen (*Fangt uns die Füchse, die kleinen Füchse! Sie verwüsten die Weinberge, unsere blühenden Reben* – 2,15).

Jede Beziehung ist der Gefahr ausgesetzt, dass man sich an sie gewöhnt. Es kommt vielleicht ein Moment, in dem man miteinander vorliebnimmt, ohne sich noch von ganzem Herzen zu lieben. Dann hat sich bereits eine Entfremdung vollzogen. Vielleicht sind auch Dinge passiert, die in der Beziehung Risse verursacht haben. Vielleicht hat man den Mut verloren, um noch etwas daran zu ändern, oder andere Dinge sind wichtiger geworden. Möglicherweise nimmt man auch die kleinen Ärgernisse oder Spannungen, die regelmäßig in der Beziehung mitspielen, nicht ernst. Das ist keine gute Sache. Und was da gilt, gilt auch für unsere Beziehung zum Herrn: Wir müssen radikal abrechnen mit allem, was unserer Beziehung zu ihm im Wege steht, selbst wenn es scheinbar kleine oder unbedeutende Dinge sind.

Wie steht es um unsere Sehnsucht nach unserem himmlischen Bräutigam? Haben wir ein leidenschaftliches Verlangen nach ihm oder ist unsere Suche eine Nebensache und eher sporadisch (geworden)? Was tun wir dafür, diese Sehnsucht lebendig zu erhalten und zu nähren, damit sie zunimmt? Sind wir darauf bedacht, ihm nicht nur einen Gefallen zu tun, sondern noch mehr: ihm zu gefallen? Ist unsere Liebe zu ihm so tief, dass wir ohne ihn nicht leben können? Sind wir bereit, uns von allem abzuwenden, was unser Einssein mit ihm stören kann? Vertrauen wir ihm so, wie Abraham Gott vertraut hat?

Ich denke an die wunderschönen Worte von zwei Jüngern Jesu, die ihm als Auferstandenem begegnen, als sie – trauernd – auf dem Weg nach Emmaus sind. Sie erkennen Jesus nicht sofort; erst während des gemeinsamen Mahls gehen ihnen die Augen auf. Im selben Augenblick wird Jesus ihrem Blick entzogen. Wie sie dann so dort sitzen, mit offenem Mund und einem Herzen, das ganz aus dem Rhythmus gekommen ist, sagen sie zueinander: *Brannte uns nicht das Herz in der Brust, als er unterwegs mit uns redete und uns den Sinn der Schrift erschloss?* (Lukas 24,32).

»Brannte uns nicht das Herz in der Brust …?« – das sagt etwas über den immensen Eindruck einer Begegnung mit Jesus. Er weckt in uns etwas, das unser Herz schneller schlagen lässt. In der englischen Sprache gibt es das Wort »passion«, ein wunderschöner und starker Ausdruck, der eine leidenschaftliche Zuneigung, ein ungestümes Wünschen der Seele bezeichnet. Solch eine leidenschaftliche Liebe wünscht sich Gott: *Du sollst den Herrn, deinen Gott, lieben mit ganzem Herzen, mit ganzer Seele und mit ganzer Kraft* (5. Mose 6,4-5; Markus 12,30). Es ist nicht möglich, den Herrn mit geteiltem Herzen zu lieben, die Liebe zu Gott ist unteilbar. Und es ist der Heilige Geist, der dieses Feuer der Liebe zu Gott in uns entzünden will.

Zum Schluss

Liebe ist nicht innerhalb eines Tages ausgereift und erwachsen, Liebe wächst. Das Schöne ist, dass Gott sich genauso über das kleine bisschen Liebe von uns freut wie über die reife Liebe eines anderen. Doch bei jedem Menschen sollte die Liebe wachsen. Gott will uns mehr von seiner Liebe zeigen und verlangt danach, dass unsere Liebe zu ihm größer und tiefer wird.

Abraham war zeit seines Lebens Viehzüchter, ein Mann vom Lande. Er hatte sich im Lauf der Jahre einen beachtlichen Wohlstand angeeignet, hatte ziemlich viel Besitz und Personal und einen Sohn, auf den er 25 Jahre lang gewartet hatte. Als der Herr von ihm verlangte, diesen Sohn zu opfern, war er ein alter Mann. Seit über 30 Jahren war er mit Gott unterwegs. Er hatte eine reiche Lebenserfahrung erworben, einschließlich seiner Erfahrungen mit Gott. Diesen alten Freund Gottes konnte so leicht nichts mehr erschüttern; sein Glaube war mittlerweile gefestigt. Das Gleiche gilt für seine Liebe zu Gott, die im Laufe der Jahre immer tiefer geworden war. Und so kam es, dass Abraham mutig auf den Berg stieg, als Gott von ihm verlangte, seinen einzigen Sohn zu opfern. Er tat das aus Liebe, in Gehorsam und mit Vertrauen.

II. Teil

So werden wie er

Einführung

Abraham

Wir haben dieses Buch mit Abraham begonnen und sind ihm einige Jahre gefolgt. Was sein Leben so faszinierend macht, ist die große Geschichte hinter den Ereignissen seines alltäglichen Lebens. Diese große Geschichte ist Gottes allumfassender Plan mit der Welt, den er durch diesen Mann aus Ur in Gang setzt. Das gibt den Ereignissen in 1. Mose 12 (Abrahams Berufung und Gottes Verheißung an ihn) ein ganz besonderes Gewicht: Sie markieren einen Wendepunkt in der Menschheitsgeschichte.

Die ersten elf Kapitel der Bibel beschreiben die Schöpfung, den Sündenfall (Hochmut, dem Verderben und Untergang folgen), die Sintflut (ein Neubeginn mit Noah und den Seinen) und den Turmbau zu Babel (erneut Hochmut). Der Weg der Menschen ist für den Herrn nicht überraschend. Er weiß auch, wohin er führt. Er weiß, dass sich die Welt in eine ausweglose Situation manövriert, es sei denn, dass eine Lösung »von oben« kommt; davon hat er bereits in 1. Mose 3,14-15 gesprochen.

In 1. Mose 12 beginnt der Herr mit der Verwirklichung seines universellen Heilsplans mit Abraham. Aus der Nachkommenschaft dieses Mannes, der »dem Herrn glaubte« (siehe 1. Mose 15,6), wird Jahrhunderte später der Messias geboren. Jeder, der an Jesus glaubt, wird trotz seiner Ungerechtigkeit vor dem Untergang bewahrt werden.

Dass der Herr mit diesem einen Menschen Abraham etwas so Großes vorhat, ist überwältigend. Nicht weniger beeindruckend ist, dass er Abraham seine Pläne mitteilt. Paulus sagt in Galater 3,8-9: *Die Schrift aber hat es vorausgesehen, dass Gott die Heiden durch den Glauben gerecht macht. Darum verkündigte sie dem Abraham: »In dir sollen alle Heiden gesegnet werden.«* So *werden nun die, die aus dem Glauben sind, gesegnet mit dem gläubigen Abraham.*

Die Botschaft des Evangeliums liegt verborgen in Gottes Verheißung an Abraham: *Ich werde dich zu einem großen Volk machen* (1. Mose 12,2), und: *Ich mache dich sehr fruchtbar und lasse Völker* (Mehrzahl!) *aus dir entstehen* (1. Mose 17,6). Der bekannte englische Theologe John Stott nennt 1. Mose 12,1-4 »einen einzigartigen Text, in dem Gottes gesamte Ziele zusammengefasst sind, dass er nämlich die Völker, die aus Abraham hervorgegangen sind, durch Christus segnen wird«.

Jesus, der leuchtende Morgenstern

Was Gott mit Abraham beginnt, findet seinen Höhepunkt in der Geburt Jesu. Sein Herabsteigen auf diese Erde ist der entscheidende Schritt in Gottes universellem Heilsplan, denn durch ihn werden alle Dinge neu.

Frappierend ist, dass das Matthäusevangelium mit dem griechischen Wort »genesis« beginnt: **Stammbaum** *Jesu Christi, des Sohnes Davids, des Sohnes Abrahams ...* (Hervorhebung durch die Autorin). Ein englischer Theologe schreibt dazu: »Ein jüdischer Leser denkt bei diesem Wort unmittelbar an 1. Mose 2,4 und 5,1, wo in der griechischen Übersetzung des hebräischen Textes genau der gleiche Ausdruck verwendet wird. (...) Dieses Echo aus 1. Mose ist beabsichtigt, um uns entdecken zu lassen, dass die Ankunft Jesu des Messias einen Beginn markiert oder, besser, eine neue Schöpfung. Gott beginnt etwas Neues.«[11] Als Jesus auf Erden lebt, wird dieses Neue sichtbar, und die Menschen hören die universelle Botschaft: Alle, die ihn im Glauben annehmen, werden Kinder Gottes und als solche auch Kinder Abrahams.

Die Welt war auf dem Weg zum sicheren Untergang; die Erde war dunkel geworden. Und Finsternis kann nur vom Licht durchbrochen werden. 400 Jahre nachdem der letzte Prophet seine Stimme hatte hören lassen, bricht Gottes Licht kraftvoll herein. Führende Wissenschaftler im Osten sehen einen auffallenden

Stern (»*der Stern des Königs der Juden*« – siehe Matthäus 2,2) und folgern daraus, dass irgendwo auf der Welt die Geburt eines Königs stattgefunden haben muss. Sie brechen sogleich auf zu einem feierlichen Besuch und lassen sich auf ihrer Reise von einer nicht zu erklärenden Erscheinung leiten: ... ***der Stern**, den sie hatten aufgehen sehen, zog vor ihnen her bis zu dem Ort, wo das Kind war* (Matthäus 2,9; Hervorhebung durch die Autorin). Auch einfache Hirten sehen das Licht und finden zu Jesus (siehe Lukas 2,8-11).

Von Sternen ist im Zusammenhang mit Jesus häufiger die Rede. So wird er selbst als »Stern, der in Jakob aufgeht« *(oder: Stern aus Jakob)* bezeichnet (siehe 4. Mose 24,17) und nennt sich strahlender Morgenstern (siehe Offenbarung 22,16). Der erste Name *(Stern aus Jakob)* verweist auf die leiblichen Vorfahren Jesu; Jakob war Isaaks Sohn und demnach ein Enkelkind Abrahams. Diese drei Männer, Abraham, Isaak und Jakob, werden als die Erzväter des Volkes Israel betrachtet. Der zweite Name *(der strahlende Morgenstern)* verweist auf das einzigartige Wesen Jesu und somit auch auf seine Abstammung von Gott her. Mit dem Morgenstern wird traditionell der Planet Venus bezeichnet, der kurz vor Sonnenaufgang besonders hell leuchtet. Es ist das Licht, das die Finsternis durchbricht. Die Parallele ist eindeutig: Jesus ist das Licht (siehe Johannes 8,12; auch 12,46).

Wir, Gottes Kinder

Bevor Jesus diese Erde verließ, um zu seinem Vater zurückzukehren, gab er seinen Jüngern, »Abrahams Söhnen« (siehe Galater 3,7), den Auftrag, sein Werk auf Erden fortzusetzen und in seinem Namen und in seiner Kraft selbst das Licht der Welt zu sein (siehe Matthäus 5,14). Paulus spiegelt das gleichsam wie in einem Echo, wenn er im Philipperbrief sagt, dass wir gerufen sind, *als Himmelslichter* (oder Sterne) *in der Welt* (2,15) zu leuchten. Wir sind dazu berufen, durch unser Leben Jesus auf dieser Erde sichtbar zu machen, sein Licht leuchten zu lassen, bis er wiederkommt.

In den nächsten, abschließenden Kapiteln dieses Buches denken wir über diesen Auftrag nach und orientieren uns am Leben Jesu, als er auf Erden wandelte. Wodurch zeichnete er sich aus und in welcher Weise war er Licht in der Welt? Was können wir, die wir ihm folgen, von ihm lernen?

11. Jesus, der geliebte Sohn
   (Thema: Identität)

Das Wort (Jesus) ... *hat unter uns gewohnt*, sagt Johannes (1,14). Nach seiner Geburt wohnte Jesus kurze Zeit in Ägypten und wuchs anschließend in Nazareth auf. Von seinem 30. Lebensjahr an hatte er drei Jahre lang, während der Zeit seines öffentlichen Wirkens, keinen festen Aufenthalts- und Wohnort (siehe beispielsweise Lukas 3,23). *Ihr wisst, was im ganzen Land der Juden geschehen ist ...*, schreibt Petrus. *Jesus zog umher, tat Gutes und heilte ...* (Apostelgeschichte 10,37-38). Und Matthäus sagt: *Jesus zog durch alle Städte und Dörfer, lehrte in ihren Synagogen, verkündete das Evangelium vom Reich und heilte alle Krankheiten und Leiden* (9,36).

Jesus kam auf die Erde als Sohn Gottes und als Menschensohn. Was zeichnete ihn als Menschen aus? Wer und wie war er? Und was können wir von seinem Leben auf der Erde lernen? In den folgenden drei Kapiteln achten wir bei Jesus auf drei Dinge: seine Identität, seine Sendung und seinen Lebensstil.

Identität

Du bist mein geliebter Sohn ... (Lukas 3,22)

Wenn Menschen einander vorgestellt werden, so werden meist zusätzlich zum Namen ein paar Dinge gesagt, womit man jemanden besser einordnen kann. Wir sagen etwas über seine oder ihre familiäre Situation, über seinen oder ihren Beruf oder erwähnen ein markantes Ereignis, in dem dieser Mensch eine bestimmte Rolle spielte. Es ist schon bezeichnend, dass wir immer nach Titeln, Beruf oder Aktivitäten suchen, um ein Bild von jemandem (oder von uns selbst) zu machen. Diese Etiketten beschreiben aber lediglich einen Teil von uns und nicht unser Wesen. Sie sagen nicht, wer wir wirklich sind.

Als Jesus auf Erden lebte, versuchten die Menschen auch ihn in eine bestimmte Schublade zu stecken. Immer wieder wurde gefragt: »Ist das nicht der Sohn Josefs, des Zimmermanns?« (siehe Lukas 4,22) – »Kommt er nicht aus Nazareth?« – *»Ist das nicht der Zimmermann, der Sohn der Maria und der Bruder von Jakobus, Joses, Judas und Simon? Leben nicht seine Schwestern hier unter uns?«* (siehe Markus 6,3).

In Lukas 4 betritt Jesus die Kanzel in dem Ort, wo er aufgewachsen ist. Es ist Sabbat und er ist, wie gewohnt, in die Synagoge gegangen. Er hat gerade eine sehr einschneidende Zeit hinter sich: 40 Tage der Einsamkeit in der Wüste, 40 Tage, in denen er vom Teufel versucht worden ist. Er hat diese Prüfungen glänzend bestanden, und jetzt steht er am Beginn seines öffentlichen Wirkens auf Erden.

Als Jesus in Nazareth vor den Gottesdienstbesuchern steht, wird ihm der Bibelabschnitt für diesen Tag gereicht. Es ist eine Prophezeiung über den kommenden Messias aus dem Buch des Propheten Jesaja. Es kann kein Zufall sein, dass gerade Jesus diesen Text vorliest: *Der Geist Gottes, des Herrn, ruht auf mir; denn der Herr hat mich gesalbt. Er hat mich gesandt, damit ich den Armen eine frohe Botschaft bringe ...* (61,1-2).

Als Jesus das Buch geschlossen und Platz genommen hat, sind die Augen aller Anwesenden erwartungsvoll auf ihn gerichtet (siehe Lukas 4,21). Seine ersten Worte finden ihre Zustimmung: *Heute hat sich das Schriftwort, das ihr eben gehört habt, erfüllt.* Die Menschen nicken und sind neugierig, was jetzt kommt. Erstaunt *darüber, wie begnadet er redete* (Vers 22), flüstern sie: *Ist das nicht der Sohn Josefs?* Ein paar Sekunden später jedoch weicht ihr Erstaunen Abscheu und Feindseligkeit. Jesus, der Junge, der bei ihnen aufgewachsen ist und mit ihnen auf der Straße gespielt hat, besitzt die Unverschämtheit zu behaupten, er sei die Erfüllung der Prophezeiung des Jesaja! Er sei der erwartete Messias!

Die zunächst gelassene Atmosphäre ist mit einem Mal äußerst angespannt. Die Anwesenden sind über die Anmaßung Jesu empört und tief erzürnt. Sie springen auf, treiben ihn aus der Stadt hinaus und wollen ihn von einem steilen Bergabhang hinunterstürzen. Aber ebenso ruhig, wie Jesus die Synagoge betreten hatte, aufstand und vorlas, schreitet er nun mitten durch die Menge und geht fort (siehe Lukas 4,14-30). Dieses Ereignis, wie schrecklich es auch sein mag, rüttelt in keiner Weise an seiner Identität. Jesus weiß, wer er ist: Gottes Sohn, der verheißene Messias.

Einige Zeit später, während eines Gesprächs mit einer samaritischen Frau, zeigt Jesus dieselbe ruhige Sicherheit im Blick darauf, wer er ist. Als sie zu erkennen gibt, dass sie weiß, dass der Messias kommen wird, der Christus genannt wird, sagt er: *Ich bin es, ich, der mit dir spricht* (Johannes 4,26). Und als Philippus ihn später bittet: *Zeig uns den Vater!*, antwortet er, ohne einen Moment zu zögern: *Wer mich gesehen hat, hat den Vater gesehen ... Glaubst du nicht, dass ich im Vater bin und dass der Vater in mir ist?* (Johannes 14,8-10).

Nach und nach kommt es zu Konfrontationen und Streitgesprächen. Vor allem die Geistlichen sind überhaupt nicht von der Botschaft Jesu angetan. Abgesehen davon, dass er in ihren Augen ein Gotteslästerer ist, stellt das, was er verkündet und vorlebt, ihr sorgfältig errichtetes religiöses System komplett infrage. Jesus untergräbt ihre bis dahin unangefochtene Stellung unter den Juden. Aber auch jetzt, da die Spannungen zunehmen, bleibt seine Botschaft eindeutig: »Ich bin es!« Es ist dasselbe »Ich bin«, mit dem sich Gott einst dem Mose vorstellte (siehe 2. Mose 3,14).

In Johannes 8 werden wir Zeugen eines Streitgesprächs, das sich immer mehr zuspitzt. Die Juden berufen sich darauf, dass sie Abrahams Nachkommen sind, und fragen Jesus, ob er sich etwa einbilde, er sei mehr als ihr hochverehrter Vorvater (siehe Verse 39 und 53). Sie unterstreichen, dass sie alle letztlich einen Vater haben: Gott (siehe Vers 41). Ihre hitzigen Worte: *Wir stammen nicht aus einem Ehebruch*, sind eine Reaktion auf seine Äußerung in Vers 39: *Wenn ihr Kinder Abrahams wärt ...* Könnte ihre Bemerkung sogar suggestiv im Blick auf Jesu Geburt und Abstammung sein? Jesus lässt sich jedoch in keiner Weise beirren. Er unterstreicht, dass er mehr ist als die Erzväter, indem er unumwunden sagt: *Noch ehe Abraham wurde, bin ich* (Vers 58), und festhält: *Ich bin von Gott ausgegangen und gekommen* (Vers 42).

Wie heftig die Kritik auch sein mag, wie schwer die Beschuldigungen und wie verletzend die Anklagen auch sein mögen – Jesus lässt sich nicht aus der Fassung bringen und bleibt er selbst. Seine Überzeugung, dass er zu seinem himmlischen Vater gehört, hat ganz tiefe Wurzeln; nichts und niemand kann diese Wahrheit untergraben. Hier steht ein Mensch, der keine Bestätigung von außen braucht, keine Lobeshymnen, um ihm das Gefühl zu vermitteln, dass er jemand ist. Er braucht sich nicht auf eine bestimmte Ausbildung, auf Titel oder Leistungen zu berufen. Jesus ist der, der er ist. Dieses tiefe Wissen ist die Basis seiner Unerschütterlichkeit; sein innerer Friede beruht darauf, dass er Gottes Sohn ist, vom Vater gekannt und geliebt. Jesus ist in der Welt, aber er ist nicht abhängig von der Meinung, Bestätigung oder Billigung der Welt, weil nicht von der Welt ist. Jesu Identität reicht viel weiter als seine irdischen Wurzeln. Er ist zwar Josefs Sohn, aber vor allem ist er Gottes geliebter Sohn. Gottes Zusage bei seiner Taufe ist fest in seinem Herzen verankert: *Du bist mein geliebter Sohn, an dir habe ich Gefallen gefunden* (Lukas 3,22).

Wissen, wer man ist

Meine Ehre empfange ich nicht von Menschen, sagt Jesus in Johannes 5,41. Darauf ist er nicht angewiesen, weil er weiß, wer er ist: Gottes Sohn. Natürlich, das »Hosanna« ist erfreulich zu hören und das »Tötet ihn« abscheulich. Aber das eine bringt ihm nicht mehr für seine Identität und das andere nimmt sie ihm nicht. Das eine schafft nicht sein Selbstvertrauen, und das andere bricht ihn nicht. Jesus ruht in dem, was er vor Gott ist. Das und nichts anderes macht ihn unerschütterlich.

Würden Psychologen Jesu früheste Erfahrungen untersuchen, so würden sie dort zweifellos Auslöser für mögliche spätere Probleme finden. Es wäre für sie keine Überraschung, hätte sich Jesus zu einer unsicheren Persönlichkeit entwickelt. Ich sehe das psychologische Gutachten schon vor mir: »Der Patient hatte einen schwierigen Start ins Leben. Die Schwangerschaft kam für die Eltern unerwartet, die Entbindung fand unter schwierigen Umständen statt. Gleich darauf mussten die Eltern im Zusammenhang mit einer lebensbedrohlichen Situation flüchten. In den ersten Jahren Asylbewerber in Ägypten.« Das ist alles wahr, aber Gott begleitete sie!

Vielleicht waren die Umstände unserer Geburt auch nicht ideal, möglicherweise waren wir sogar unerwünscht in der Familie, in die wir hineingeboren wurden. Ein Mensch kann das Gefühl haben, dass er oder sie nicht hätte sein dürfen. Und dennoch! Psalm 139 macht deutlich, dass wir unsere Existenz dem Herrn verdanken, wir sind von ihm erschaffen. Der Gott des Himmels und der Erde hat sich uns gewünscht, er hat unsere Entwicklung im Mutterleib verfolgt und Sehnsucht nach unserem Geborenwerden gehabt. Er war dabei, als wir auf die Welt kamen. Diese Tatsache ist ein solides Fundament für unser Dasein.

Aber da ist noch mehr! Vom Tag unserer Geburt an hat sich unser Schöpfer danach gesehnt, dass wir unser Leben in seine Hände legen. Wer Jesus als Heiland und Herrn persönlich annimmt, empfängt neues Leben und wird ein Sohn oder eine Tochter Gottes (siehe Johannes 1,12). Unser himmlischer Vater hat unsere Geburt zu diesem neuen Leben eingeleitet und begleitet. Er will, dass wir sein Vaterherz immer tiefer kennenlernen und dass so für uns immer greifbarer wird, wer wir als Sohn oder Tochter Gottes sind. Unsere Identität als sein Kind soll ganz tief in unserem Bewusstsein verankert werden, wie das Wissen seiner vorbehaltlosen Liebe, in der wir geborgen sind.

Heimkehren zu Gott bedeutet, zum Ursprung und zu den Wurzeln zurückzukehren und … Wurzeln zu schlagen (siehe Epheser 3,17-19). Es bedeutet, festen Boden unter den Füßen und ein Dach über dem Kopf zu haben. In 5. Mose 33,27 ist die Rede von den Armen des Ewigen, die uns tragen. Vielleicht wurde uns die menschliche Heimat genommen oder sie erbebt in diesem Moment in ihren Grundfesten. Vielleicht sind wir von Menschen beschämt und verlassen worden und haben das Gefühl, nicht nur rechtlos und geächtet, sondern auch bedeutungslos zu sein. Es könnte sein, dass wir keine allzu hohe Selbstachtung haben und mit Minderwertigkeitsgefühlen kämpfen. Vielleicht aber fühlen wir uns selbst gerade ziemlich wichtig in einer bestimmten Rolle oder Funktion und zehren davon, solange das dauert.

Wem oder was verdanken wir unsere Identität? Was geschieht mit uns und in uns, wenn wir bestimmte »Mäntelchen« verlieren? Wenn andere uns nicht mehr schätzen, wenn wir nicht mehr eine bestimmte Rolle erfüllen oder unsere Arbeit verlieren, wenn wir vor anderen oder in unseren eigenen Augen versagen ... Was bleibt dann übrig von uns?

Wir wissen alle, wie das ist, wenn man unsicher ist. Innere Unsicherheit kann ein Hindernis oder vielleicht sogar eine Achillesferse sein. Sie erklärt unsere Empfindlichkeit für Kritik, dass wir so schnell beleidigt sind, wenn uns jemand auf Dinge anspricht, die einer Korrektur bedürfen. Aus innerer Unsicherheit heraus legen wir so viel Wert auf unseren sozialen Status und meinen so oft, uns selbst beweisen (oder das große Wort führen) zu müssen. Die Unsicherheit flüstert uns auch ein, dass wir Masken tragen sollen, um jemand zu sein.

Titel und Rollen mögen in den Augen der Welt zählen, aber daran können wir nicht unsere Identität festmachen, allein schon, weil jeder in seinem Leben wechselnde Rollen und Funktionen hat. Wer seine Identität und Sicherheit darauf baut, dass er Gärtner, Lehrer oder Medizinstudent ist, dass er Vater oder Mutter ist, dass er ein Amt in der Kirche hat oder es auf der gesellschaftlichen Leiter ziemlich weit gebracht hat, der verliert sich selbst, sobald sich diese Rolle ändert oder jemand anderes den Platz einnimmt. Wer seine Identität auf seinen geschäftlichen Erfolg aufbaut oder auf die Wertschätzung, die er durch die Arbeit erntet, die er macht, ist ein armer Mensch, wenn dieser Erfolg oder diese Wertschätzung irgendwann zu Ende sind. Wer jemand zu sein glaubt, weil er ein blendendes Aussehen und einen gesunden Körper hat, wird alles tun müssen, um das Älterwerden hinauszuzögern, weil das Altern und Nachlassen der Kräfte eine persönliche Bedrohung darstellen. All diese Dinge sind relativ und unbeständig. Unsere Identität findet sich hinter oder unter unseren Etiketten, im Innersten unseres Wesens.

Hundertprozentig immun gegen die Meinung anderer werden wir nie sein, weil wir auch als Christen gewöhnliche Menschen mit normalen emotionalen Bedürfnissen sind. Aber wir können weniger verletzbar werden von den Meinungen anderer in dem Sinne, dass wir nicht automatisch am Boden zerstört sind, wenn Menschen uns wehtun oder ablehnen, und nicht nur dann glücklich, wenn wir bestätigt und bejubelt werden. Der Schlüssel dafür liegt darin, in Christus verankert zu sein. Wer damit vertraut ist (und sich darin übt), den wirft es nicht um, wenn andere ihn enttäuschen oder wenn Rollen oder Titel wegfallen. Er weiß sich als wertvolles und hoch geschätztes Menschenkind (siehe Jesaja 31,1-7), als geliebtes Kind Gottes. Dieses Wissen ist übrigens nicht etwas, was wir von einem Tag auf den anderen erwerben und nie mehr verlieren; wir müssen es immer wieder neu bewusst ergreifen. In dem Maße, wie wir in diesen Dingen wachsen, werden wir uns nach und nach wohler in unserer Haut fühlen. Seine Wurzeln in Christus haben ist ein Prozess, der Früchte abwirft: Wir werden stärker und unerschütterlicher.

In Jesus gegründet und verwurzelt

Wie findet ein Mensch seine Wurzeln in Jesus? Wir lesen in Kolosser 2,6-7: *Ihr habt Christus Jesus als Herrn angenommen. Darum lebt auch in ihm! Bleibt in ihm verwurzelt und auf ihn gegründet.* Der Prozess des Wurzelnschlagens beginnt mit unserer (Wieder-)Geburt zum neuen Leben, mit unserem Ja zu Christus und wird anschließend verstärkt durch unseren Lebenswandel in ihm. Wohlgemerkt: Wandelt *in* ihm!

Kürzlich habe ich in meinem Garten einen Pflaumenbaum gepflanzt. Er wurde in gute Erde gesetzt und bekam einen Stützpfahl. Ich behalte ihn im Auge und sorge dafür, dass er hin und wieder gedüngt wird und bei Trockenheit extra Wasser bekommt. Mehr kann ich nicht tun. Es ist die Sache des Baumes, seine Wurzeln immer tiefer in den Boden zu schlagen und sich die Nährstoffe aus der Erde zu holen. Er muss Sauerstoff aufnehmen und sich dem Licht zuwenden. Wenn das geschieht, wird er in absehbarer Zeit die ersten Blüten treiben und danach die ersten Früchte tragen.

Wenn wir starke Männer und Frauen Gottes werden wollen, müssen wir »oben« Wurzeln schlagen. Wir sind dort eingepflanzt durch unsere Wiedergeburt, jetzt müssen wir wurzeln und gedeihen. *Richtet euren Sinn auf das Himmlische und nicht auf das Irdische!*, sagt Paulus in Kolosser 3,2. Dort ist Ihr Zuhause, denn ... *euer Leben ist mit Christus verborgen in Gott* (Vers 3). Schlagen Sie also dort Wurzeln, in der »himmlischen Erde« bzw. in Christus. Ernähren Sie sich mit der Nahrung, die Gott gibt, das heißt: Suchen Sie Gemeinschaft mit ihm und leben Sie aus seinem Wort und von ihm selbst.

In seinem Brief an die Epheser spricht Paulus vom Gegründetsein und Wurzeln in der Liebe Christi. Er drückt zunächst einen Wunsch aus: *Durch den Glauben wohne Christus in eurem Herzen.* Darauf sagt er: *In der Liebe verwurzelt und auf sie gegründet, sollt ihr ... dazu fähig sein, die Länge und Breite, die Höhe und Tiefe zu ermessen und die Liebe Christi zu verstehen, die alle Erkenntnis übersteigt ...* (3,17-18).

Zu Beginn dieses Kapitels habe ich erwähnt: Die Identität Jesu gründet darin, dass er Gottes geliebter Sohn ist – nicht nur Sohn, sondern *geliebter* Sohn! Gott sagt das auch seinen Kindern auf Erden; wir sind in seinen Augen wertvoll. Über die Identität hinaus schenkt unser Sohn- bzw. Tochtersein die tiefste Geborgenheit, die ein Mensch sich wünschen kann. Gott liebt uns! Paulus sagt, dass wir in dem Prozess des Wurzelschlagens in Christus entdecken werden, wie groß diese Liebe ist, wie breit, wie lang, wie hoch und tief, wie vorbehaltlos. Kein Wunder, dass Paulus mit solcher Begeisterung Jesus tiefer kennenlernen möchte. Kein Wunder, dass er in seine Beziehung mit dem Herrn investiert. Er sehnt sich danach, dass ihm Gottes Welt vertraut und sein Eigen wird.

12. Jesus, vom Vater gesandt
(Thema: Berufung)

Im vorigen Kapitel haben wir uns die massive Kritik und Ablehnung vor Augen geführt, die Jesus entgegenschlug, als er als Mensch auf Erden lebte, und gesehen, wie er mit erhobenem Haupt seinen Weg ging: Er war sich seiner Identität bewusst und sagte unumwunden: »Ich bin Gottes einziger und geliebter Sohn.« Wir kommen jetzt zu einem weiteren Aspekt: seiner Sendung. Wozu lebte dieser Mensch, und was können wir als Kinder Gottes daraus lernen über den Sinn unseres eigenen Lebens?

Die Berufung Jesu

Ich bin vom Himmel herabgekommen, um den Willen dessen zu tun, der mich gesandt hat ... (Johannes 6,38)

Jesu Ankunft auf die Erde war Teil (oder lieber: Höhepunkt) eines göttlichen Plans. Seine Geburt war unlösbar mit einer göttlichen *Sendung* verbunden: Jesus kam zur Welt, um Gott sichtbar werden zu lassen und seine Pläne zu vollbringen. Galater 4,4: *Als die Zeit erfüllt war, sandte Gott seinen Sohn, geboren von einer Frau und dem Gesetz unterstellt.* Hier haben wir auf der einen Seite den göttlichen Aspekt (es handelt sich um Gottes Sohn, der von ihm ausgesandt ist) und auf der anderen den menschlichen Aspekt (er ist von einer Frau geboren und untersteht dem Gesetz). Paulus unterstreicht das Menschsein Jesu in Philipper 2,7, als er sagt, dass Jesus *den Menschen gleich* wurde und dass *sein Leben das eines Menschen war*. Hier haben wir einen Menschen wie andere Menschen, und dennoch ist niemand so wie er, denn er ist der Christus.

Der Mensch, dem die Zeitgenossen Jesu begegneten, war ein Mensch aus Fleisch und Blut, er war einer von ihnen. Trotzdem war er ganz anders. Er war ein hoch motivierter Mensch, der sich seiner göttlichen Berufung sehr bewusst war. Von klein auf wusste er, was der Sinn seines Lebens war. Er sprach diese Dinge auch deutlich aus; er sagte, er müsse *in dem sein, was meinem Vater gehört* (Lukas 2,49).

Verschiedentlich wird der missionarische Charakter seines Lebens sichtbar. In dem Streitgespräch mit den Juden in Johannes 8 sagt er beispielsweise: *Ich bin nicht in meinem eigenen Namen gekommen, sondern er* (Gott) *hat mich **gesandt*** (Vers 8; Hervorhebung durch die Autorin). An anderer Stelle sagt er: *Ich bin vom Himmel herabgekommen, um den Willen dessen zu tun, der mich gesandt hat* (Johannes 6,38).

Mit diesen letzten Worten wird sich jeder Christ, der nicht nur Christ, sondern auch Jünger sein will, identifizieren können. Trotzdem ist das ein großes Wort zu sagen: »Ich lebe, um Gottes Willen zu tun.« Wer das sagt, gibt damit zu erkennen, dass alles Übrige, das heißt alle Entscheidungen, die er oder sie im Leben trifft und noch treffen wird, dem Willen Gottes und seinen Plänen mit ihm untergeordnet ist. Denn das gehört zum Kern des Christseins: Wer wirklich Jünger sein will, strebt danach, den Willen Gottes in seinem persönlichen Leben zu erfüllen. Er kann nicht länger eigenmächtige Entscheidungen treffen, sondern lebt in der Abhängigkeit von ihm. Dinge wie die Wahl eines Studiums oder Partners, einer beruflichen Laufbahn, die Weise, wie wir leben und unser Geld ausgeben, werden zu Angelegenheiten, die wir mit dem Herrn überlegen. Die Entscheidung, jenes schöne Haus zu kaufen, an das wir unser Herz gehängt haben, kann nicht getroffen werden, bevor wir sie Gott vorgelegt haben. Wir können nicht sagen: »Und jetzt verbringen wir unser Rentenalter in Spanien«, bevor uns klar geworden ist, dass das auch wirklich der von Gott für uns bestimmte Ort ist.

Der Inhalt der Berufung Jesu

Vom Moment seiner Geburt an ist Jesus unterwegs nach Jerusalem. Die Jahre, in denen er zu Hause bei seinen Eltern aufwächst und den Beruf eines Zimmermanns erlernt, sind Jahre der Vorbereitung auf das, was schließlich nur drei Jahre intensiver Verkündigung werden, die in seine Gefangennahme, Kreuzigung und Auferstehung in Jerusalem münden: *Der Menschensohn ist ... gekommen ..., sein Leben hinzugeben als Lösegeld für viele* (Markus 10,45).

Mit menschlichen Augen betrachtet war Jesus Josefs Sohn, ein Zimmermann (siehe Markus 6,3) und Rabbi oder Lehrer. Aber hinter diesen »Etiketten« steckte die tiefere Schicht seines Wesens und seiner göttlichen Aufgabe auf der Erde: Jesus war auf diese Welt gekommen, um Menschen aus ihren Sünden zu retten und Gottes Reich auf Erden zu errichten. Das Endziel seines irdischen Weges war Jerusalem, wo er sterben und auferstehen sollte. Aus diesem Grund verließ er mit etwa 30 Jahren sein Elternhaus und die Werkstatt seines Vaters; deswegen führte er ein paar Jahre ein Wanderleben und ließ sich nicht dazu bewegen, etwas zu tun, was Gottes Plänen mit ihm im Wege gestanden hätte.

In Lukas 9,51 sind wir Zeugen eines ganz wichtigen Augenblicks, worauf eine neue Phase beginnt: *Als die Zeit herankam, in der er in den Himmel aufgenommen werden sollte, entschloss sich Jesus, nach Jerusalem zu gehen.* Oder, in der Elberfelder Bibel: *... er richtete sein Angesicht fest darauf, nach Jerusalem zu gehen.* Es ist ein bedeutsamer, markanter Moment im Lukasevangelium, in dem Jesus den Gürtel seines Gewands fester schnürt und sich aufmacht für den letzten Teil der Wegstrecke, der großes Leid mit sich bringt. Nicht viel später hören wir, dass er im Garten Gethsemane im Innersten aufgewühlt betet: *Vater, wenn du willst, nimm diesen Kelch von mir!* Es ist ein Moment tiefen Schmerzes und Entsetzens über das, was kommen wird. Aber selbst dann bleibt Jesus seiner Berufung treu: *Nicht mein, sondern dein Wille soll geschehen* (Lukas 22,42-43).

In den Jahren seines öffentlichen Wirkens hat Jesus immer das große Ziel vor Augen. Er tut weit mehr, als nur herumzuziehen: Er sieht ganz klar, was Gott mit der Welt und mit seinem eigenen Leben vorhat, und er trifft seine Entscheidungen (wozu sage ich Ja, wozu Nein?) im Einklang damit. Jesus lässt sich nicht von dem bestimmen, was auf ihn zukommt oder was Menschen von ihm erwarten; er überlegt immer, inwieweit das, was er tut, der Erfüllung seines großen Auftrags dient. Dass Gottes Pläne sein Leben bestimmen, ist das Geheimnis seines ruhigen und gelassenen Lebens. Jesus hat keinen Grund, am Sinn seiner Existenz zu zweifeln. Er ist von Gott gerufen. Die großen Linien der Pläne Gottes mit seinem Leben bieten einen Rahmen und geben Orientierung angesichts all der (großen und kleinen) Dinge, mit denen er sich auf Erden beschäftigen soll. Sie weisen ihn auf ein Ziel hin, geben ihm inneren Frieden und helfen ihm, Prioritäten zu setzen. Sie schaffen auch Raum, flexibel und spontan zu sein.

Die Berufung eines Christen

Was wissen wir von Gottes Plänen mit der Welt und mit unserem eigenen Leben? Wie sehr beschäftigen uns diese Dinge? Inwieweit spielen sie in unserem Tun und Lassen eine Rolle?

Der amerikanische Historiker und Futurologe Tom Sine beobachtet bei vielen Christen einen schmerzlichen Mangel an »Vision«. Wir verwenden, so sagt er, nicht genügend Zeit, darüber nachzudenken, *warum wir tun, was wir tun*.[12] Wir lassen uns in der Strömung mitreißen von dem, was auf uns zukommt und was als »normal« bezeichnet wird; wir tun und unternehmen Dinge, ohne den Herrn zu fragen, ob diese mit seinen Pläne übereinstimmen. Wir folgen dem Trend unserer Kultur und nehmen oft Gewohnheiten an, ohne uns wirklich zu fragen, ob das dahinter stehende Gedankengut im Einklang mit der Bibel steht. Die Folge ist, dass das Leben vieler Christen weit hinter dem zurückbleibt, was es sein könnte, weil ihm die Fülle eines Lebens nach Gottes Plänen fehlt.

Haben Christen eine klare Berufung? Ja! Wir sind gerufen, unseren Weg mit Gott zu gehen, ihn durch unser Leben zu ehren und an seinen Plänen mit der Welt teilzuhaben. Wir tun das auf verschiedenen Gebieten, jeder nach seinen Möglichkeiten. Aber alle haben wir kulturelle, diakonische und missionarische Verantwortung. Jeder von uns soll sich diesen Auftrag nicht nur vor Augen halten, sondern ihn in seinem täglichen Leben verwirklichen.

Der kulturelle Auftrag: Herrschen über die Schöpfung
Der Himmel ist der Himmel des Herrn, die Erde aber gab er den Menschen, so heißt es in Psalm 115,16. Die Menschen haben die Verantwortung für die Verwaltung der Erde aus Gottes Hand empfangen. Sie, die Krone seiner Schöpfung (siehe Psalm 8,6), sollen *herrschen über die ganze Erde* (1. Mose 1,26).

In den ersten Kapiteln der Bibel befindet sich die Schöpfung in optimalem Zustand. Es gibt keinerlei Unvollkommenheiten, da braucht nichts nachgebessert, korrigiert oder repariert zu werden. Adam und Eva dürfen herrschen und weiterbauen an dem, was der Schöpfer perfekt vorbereitet und angelegt hat. Sie dürfen ihren Verstand, ihre Kreativität und Fantasie anwenden, nicht nur um Gottes Schöpfung zu bewahren und zu pflegen, sondern um ihr zusätzlich etwas Eigenes aufzuprägen, das Werk *ihrer* Hände. Dieser kreative Beitrag der Kinder Gottes zur Schöpfung wird manchmal vernachlässigt. Oft sind Christen sich nicht bewusst, wie schön diese Aufgabe ist und welche Herausforderung darin liegt, auch selbst schöpferisch zu sein und unseren einzigartigen Beitrag dieser Welt zu schenken, gemäß den Gaben, die Gott uns geschenkt hat.

Infolge des Sündenfalls leben wir heute mit der Gebrochenheit; seit 1. Mose 3,6 haben Tod und Verderben ihren Einzug gehalten. Auch wir haben Schaden erlitten. Die Unvollkommenheit ist in unserem Alltag schmerzlich präsent; auf allen Gebieten des Lebens gibt es Stückwerk und wird Unvollkommenes produziert. Aber Gott sei Dank ist damit nicht alles gesagt!

Obwohl die Menschen die Schöpfung nie in ihren ursprünglichen Zustand zurückversetzen können, sind wir trotzdem nicht der Gebrochenheit ausgeliefert. *Das Reich Gottes ist in Macht gekommen*, sagt Jesus in Markus 9,1. Die Dinge, die er hier auf Erden gewirkt hat, haben Gottes erneuernde Kraft offenbart. Menschen, die ihn aufnahmen, haben neues Leben empfangen. Sie dürfen sich im Glauben sicher sein, dass der Herr mit ihrer Geburt zum neuen Leben begonnen hat, sie zu heilen. Sie sind eine neue Schöpfung in einer gebrochenen Welt. *Die Schöpfung seufzt*, sagt Paulus in Römer 8,22. Auch Menschen seufzen. Aber Befreiung und Erneuerung haben mit Christus bereits eingesetzt.

Christen spielen dabei eine wichtige Rolle; sie dürfen dieses Neue in der Welt sichtbar werden lassen und von innen heraus an diesem Heilungsprozess mitwirken. Wir müssen von der Ungerechtigkeit ablassen, sagt Paulus. Wir haben eine ehrenvolle Bestimmung. Wir sind geheiligt, nicht nur für uns selbst, sondern damit wir *für den Herrn brauchbar, zu jedem guten Werk tauglich* sind (2. Timotheus 2,21). Man beachte die drei Worte: geheiligt, brauchbar und tauglich!

Unser (kultureller) Auftrag hat sowohl einen physischen wie auch einen moralischen Inhalt. Beim physischen Teil unseres Auftrags geht es um die Sorge für die Umwelt als Lebensraum und als Klima zum Leben. Das betrifft den achtsamen Umgang mit der Erde und den Schutz des Lebens ihrer Bewohner, den Umgang mit Boden, Luft, Wasser, Flora, Fauna und der Krone der Schöpfung Gottes, dem Menschen. Beim moralisch-ethischen Teil unseres Auftrags geht es um das Zusammenleben zwischen Menschen, um unsere Zivilisation, Normen, Werte, Umgangsformen und Lebenskunst. Christen haben den Auftrag, die Welt zu einem Leben nach Gottes Plänen zu inspirieren. Sie sind Vorreiter und ergreifen Initiativen, indem sie in dieser gebrochenen Welt Dinge wie Gerechtigkeit und Wahrheit, Ganzheit und Schönheit sichtbar werden lassen. Nicht in erster Linie predigend, sondern durch ihr tägliches Leben. Gottes Reich wird unter anderem durch heile Beziehungen sichtbar, durch Ehrlichkeit, Kreativität und das Feiern des Lebens, durch Freude und Hoffnung. Der Herr will seine Kinder bahnbrechende Werke für sein Reich tun lassen, um Heilung zu verkünden und zu bringen, um unsere Kultur bzw. unser Lebensumfeld zum Guten hin zu beeinflussen und auf diese Weise erneuernd zu wirken. *In jedem Volk ist, wer ihn fürchtet und tut, was recht ist, ihm* (Gott) *willkommen* (oder: *angenehm*), sagt Petrus in Apostelgeschichte 10,35.

Wenn unser Leben zur weiteren Ausbreitung des Reiches Gottes auf dieser Erde beitragen soll, muss unser Dasein und jeder Lebensbereich der Autorität des Herrn unterstellt werden. Dann kann sich unser Christsein nicht auf den Sonntag beschränken und auf ein oder zwei andere christliche Aktivitäten pro Woche oder im Monat; es muss unser ganzes Leben prägen, auf jedem erdenklichen Gebiet. Im familiären oder gesellschaftlichen Bereich, im Gesundheitswesen, im Erziehungswesen, in der Kultur, in der Politik, in der Kunst oder Ökologie übernehmen wir unsere Verantwortung, die Gott uns anvertraut hat, und versuchen, so zu leben, dass er geehrt wird. Diese große Berufung prägt unser ganzes Leben und all unser Tun. Es gibt keinen Lebensbereich, wo das keine Geltung hat.

Wenn wir lernen, mit unserem ganzen Leben Gott zu dienen, entdecken wir, wie vielseitig unser Auftrag ist und wie viele Möglichkeiten wir haben, ihm zu dienen. Es ist eine Herausforderung zu entdecken, wie und wo jeder am besten den Absichten Gottes entsprechen kann. Wir dürfen unsere Gaben und Talente entfalten und Entscheidungen treffen, die unsere Einzigartigkeit ins Licht rücken; wir dürfen tun, was zu uns passt. Wir dürfen unseren Verstand und unsere Kreativität für den Herrn einsetzen – gehorsam gegenüber unserem großen Auftrag, ihn in allen Aspekten des Lebens zu ehren, ihm zu dienen und so unseren König und sein Reich (und dessen Prinzipien und Schönheit) sichtbar werden zu lassen. Schön in diesem Zusammenhang ist ein Wort von Lukas über Maria Magdalena, Johanna, Susanna und viele andere Frauen, die alle Jesus unterstützten *mit dem, was sie besaßen* (Lukas 8,2-3). Für die eine bestand dieses Dienen vielleicht darin, ihn und die, die mit ihm waren, gastfreundlich in ihr Haus aufzunehmen. Für die andere, Reiseproviant mit frischem Brot und Obst vorzubereiten oder ein ausgedehntes Essen zu Hause zu machen, Blasen oder Wunden zu versorgen, Geld für Einkäufe zu besorgen oder anderes zu regeln. Wer weiß schon, was in jenen Jahren alles nötig war, als Jesus umherzog – welche Begabungen und Möglichkeiten all diese verschiedenen Menschen besaßen.

Gott dienen mit allem, was wir haben, weist darauf hin, dass unser Dienst ihm gegenüber einzigartig (denn wir sind verschieden) und ganzheitlich ist. Wir dürfen kreativ und überschwänglich sein. Ein schön gedeckter Tisch oder ein Gästezimmer, in dem nicht nur das Bett gemacht ist, sondern auch eine kleine Blume oder eine hübsche Karte aufgestellt ist, ist ein Zeichen von Lebensfreude. Die Gastgeberin oder der Gastgeber hat mit dieser kleinen Geste etwas sehr Schönes getan. Ein Stadtpark, der ein wenig Ruhe bietet und Menschen einlädt, sich zu entspannen und einander zu begegnen, ist erholsam. Der Landschaftsarchitekt, der ihn entworfen hat, hat damit einen wertvollen Beitrag für die Gemeinschaft geleistet. Der Bildhauer oder der Anstreicher, die beide ein Stück Arbeit abliefern, oder das Mädchen, das im Gottesdienst (oder in einem großen Orchester) Querflöte spielt – sie alle tragen ihren einzigartigen Teil bei. Ebenso der Lehrer, der seinen Schülern durch seine Haltung und sein Leben neben dem Lehrstoff auch Impulse zum weiteren Nachdenken gibt, oder der Politiker, der für den Schutz und die Einhaltung von Normen und Werten eintritt. Der Geschäftsmann, der seine Geschäfte gut und ehrlich abwickelt. Die Eltern, die ihrem behinderten Kind helfen, ein menschenwürdiges Leben zu führen. Der Arbeitgeber, der ein Auge für das Wohlergehen seiner Arbeitnehmer hat. Es gibt keine Abstufungen im Sinne von besser oder höher. In Kolosser 3,17 heißt es: *Alles, was ihr in Worten und Werken tut, geschehe im Namen Jesu, des Herrn. Durch ihn dankt Gott, dem Vater!*

Es ist wichtig, dass wir uns bewusst machen: *Die Arbeit, die wir verrichten*, ist Teil unserer gesamten Berufung. Ich erwähne das, weil gerade dieses Element unseres Lebens ein Eigenleben entfalten kann. Wir dürfen nicht aus dem Auge verlieren, dass auf jedem Arbeitsgebiet die potenzielle Gefahr schlummert, dass Prioritäten verschoben werden und unsere große Sendung dem untergeordnet wird, was wir tun. Diese Gefahr ist wahrscheinlich am größten in unserem Beruf oder, präziser ausgedrückt, in unserer Karriere. Sendung und Karriere brauchen einander nicht prinzipiell auszuschließen, aber sie leben oft auf gespanntem Fuße miteinander. Henri Nouwen sagt: »In einer Welt, in der Karrierestreben und Laufbahnplanung einen so hohen Stellenwert einnehmen, kommt das Element der Berufung zu kurz und werden Menschen manipuliert, Dinge zu tun, die dem gesellschaftlichen System entsprechen müssen. (…) Sobald wir meinen, unsere Karriere sei unsere Berufung, entsteht die Gefahr, dass wir zu den gewohnten Orten zurückkehren, die vom menschlichen Konkurrenzkampf regiert werden, und dass wir unsere Talente gebrauchen, um uns von den anderen abzuheben, statt uns mit ihnen zu einem gemeinschaftlichen Leben zu verbünden. Eine Karriere, die losgelöst ist von einer Berufung, trägt zu einer Trennung bei; eine Karriere, in der wir unserer Berufung Gehör schenken, ist die konkrete Weise, um der Gemeinschaft unsere einzigartigen Talente zur Verfügung zu stellen.«[13] Hier werden einige Dinge genannt. Zum Ersten: Christen sollten in erster Linie darauf bedacht sein, Gott zu gefallen und nicht einem gesellschaftlichen System zu entsprechen (das eine muss übrigens das andere nicht ausschließen). Zum Zweiten: Unsere Berufung darf nicht unserem Beruf oder unserer Karriere untergeordnet werden. Mit anderen Worten: Es geht darum, dass wir in dem, was wir tun, und in der Art, wie wir arbeiten, unserer großen Berufung Folge leisten, Gott zu dienen und zu ehren und sein Reich auf der Erde sichtbar werden zu lassen. Zum Dritten: Wir wollen unsere Gaben und Talente nicht nur dafür verwenden, dass es uns selbst besser geht und dass wir dadurch reicher werden, sondern sie bewusst einsetzen, um damit (im Gehorsam gegenüber Gott) anderen zu dienen.

In der internationalen Studentenorganisation IFES gibt es viele Beispiele von Personen, die nach dem Abschluss ihres Studiums eine beachtliche Karriere machten, ohne ihre größere Berufung aus dem Auge zu verlieren. Einer von ihnen, Sir Fred Catherwood, hatte lange Jahre eine einflussreiche Position in der internationalen Politik (u.a. als Mitglied der Europäischen Kommission). Er hat diesen Einfluss auch für das Reich Gottes genutzt. So hat er beispielsweise in Russland und Kasachstan Verhandlungen über Religionsfreiheit geführt. Ich habe Sir Fred als einen scharfsinnigen, wahrhaftigen und liebenswerten Menschen kennengelernt. Er hat eine ganze Reihe von jungen Akademikern inspiriert, ihre Berufung als Christen in dieser Gesellschaft und demnach auch in ihrer Arbeit und Karriere ernst zu nehmen.

Das ist nicht immer leicht. Eine junge Ärztin in Lateinamerika fand eine Anstellung in einer Klinik, in der Korruption und faule Kompromisse an der Tagesordnung waren. Als Christin konnte sie das nicht akzeptieren, und eines Tages bot sie ihre Kündigung an. Es war in ihrer Situation die Konsequenz ihrer persönlichen Integrität. Und es erforderte Mut, diesen Schritt zu tun. Doch es lief ganz anders, als sie erwartet hatte: Man war dermaßen beeindruckt von ihrer Haltung, dass man ihr die Stellung des Chefarztes anbot.

Mittlerweile hat sich die Klinik unter ihrer Leitung zu einem der angesehensten Krankenhäuser in ihrem Land entwickelt. Korruption wird nicht länger toleriert; auch auf den Gebieten der Hygiene, der Achtung vor Frauen und der ethischen Einstellung hat sich ein positiver Wandel vollzogen. Die Treue dieser Ärztin gegenüber Gott hat in ihrer Umgebung etwas Gutes bewirkt.

So kann es gehen, auch in unserem eigenen Land. Auch unter uns gibt es Beispiele von Christen, die eine wichtige Stellung und Einfluss in der Gesellschaft haben. Auch wenn nicht jeder eine Führungsposition erreicht, dürfen wir davon ausgehen, dass engagierte Christen doch einen erheblichen Einfluss in der Gesellschaft haben können. Lindsay Brown, ehemaliger Generalsekretär von IFES, sagt: »Es ist wichtig, dass Christen in allen Bereichen der Gesellschaft ihren Platz einnehmen wie das Salz, das seinen Geschmack gibt, und das Licht, das leuchtet. Abraham Kuyper erklärte: ›Es gibt in unserer menschlichen Existenz keinen Zentimeter, worauf Christus, der Herr von allem, nicht deutet und sagt: Das gehört mir.‹ Wir dürfen uns nicht von der Gesellschaft absondern, sondern müssen versuchen, dauerhaft Einfluss auszuüben. Jemand sagte einmal: ›Evil men try when good men do nothing‹

(Böse Menschen kommen zum Zuge, wenn gute Menschen nichts tun). Und das stimmt!«[14]

Das Leben von Christen ist keine Privatangelegenheit, die nur sie selbst betrifft. Alles, was wir tun und lassen, all unsere Entscheidungen haben Folgen, die weiter reichen, als uns bewusst ist. Ein ehrliches und lauteres Leben in einer gebrochenen, unreinen Welt mag auf den ersten Blick nicht mehr sein als ein Tropfen auf den heißen Stein, doch es ist ein Tropfen, der haarfeine Spuren hinterlässt. Ein Mensch allein kann nicht viel bewirken, aber ein Mensch, der mit Gott lebt – das ist etwas ganz anderes! Ein Leben, inspiriert vom Heiligen Geist, bewirkt etwas in der Welt, es ist wie das kleine Senfkorn, aus dem ein Baum wird, oder wie der Sauerteig, der den ganzen Teig verändert (vgl. Lukas 13,21).

Der diakonische Auftrag: »Gute Werke«

In Matthäus 11,12 wird uns mitgeteilt, dass Johannes der Täufer Jesus fragen lässt, ob er wirklich der erwartete Messias sei. Darauf sagt Jesus: *Geht und berichtet Johannes, was ihr hört und seht.*

Was gibt es zu hören und zu sehen? Zeichen des Reiches Gottes! Wunder, Heilungen, Menschen, die vom Tod auferweckt werden, böse Geister, die ausgetrieben werden. Vor allem aber: ein Mensch, der Gottes Herz offenbart. Ein Mensch, der ein Auge für seine Mitmenschen hat und ihnen Gutes tut. Petrus fasst das in Apostelgeschichte 10,38 in Worte. Er berichtet, dass Jesus während seines Lebens auf Erden *umherzog und Gutes tat*. Der Schreiber des Hebräerbriefs richtet einen eindringlichen Appell an die Christen, sich ebenso zu verhalten: *Lasst uns aufeinander achten und uns zur Liebe und zu guten Taten anspornen* (10,24).

»Gute Werke« oder Wohltätigkeit können sehr verschiedene Ausprägungen haben. Ich beschränke mich im Folgenden auf einige Aspekte, die die praktische Sorge für andere betreffen, auch »Werke der Barmherzigkeit« genannt. Die Kinder Gottes erkennt man an der Nächstenliebe, und dazu gehört auch die Barmherzigkeit. Ein hebräisches Wort für »Barmherzigkeit« kommt von der Wurzel »Mutterschoß«, ein wunderschönes Sinnbild. Es ist der sicherste Ort für ein ungeborenes Kind; darin erfährt es Schutz, Wärme und Nahrung – alles, was es braucht. Eine solche schützende Barmherzigkeit ist ein Kennzeichen unseres himmlischen Vaters (siehe 2. Mose 34,6). Sie ist auch unser Auftrag: *Seid barmherzig, wie es auch euer Vater ist!* (Lukas 6,36).

Das Alte Testament nennt namentlich den Fremden, die Witwe oder das Waisenkind als Menschen, die Anspruch auf unsere Aufmerksamkeit und Unterstützung haben. Ihre Situation machte sie verletzbar, wie das auch heute noch der Fall ist. Im Neuen Testament sehen wir Jesus, der sich um Einsame, Ausgestoßene, Kranke oder Arme kümmert. Er lässt sich von einem blinden Bettler aufhalten und kümmert sich um eine Frau, die schon seit 18 Jahren gekrümmt durchs Leben geht (siehe Markus 10,46-52 und Lukas 13,10-17). Er zieht sich nicht schnell aus der Affäre, indem er nur für das Notwendigste sorgt. Er ist weitherzig, wie der Samariter in seinem Gleichnis. Der versorgt und verbindet die Wunden des unbekannten Reisenden, bringt ihn an einen Ort, wo er sicher untergebracht ist und weiter betreut wird, und ist bereit, das Ganze aus eigener Tasche zu bezahlen. Obendrein verspricht er dem Inhaber der Herberge, eventuelle unerwartete Kosten später auch zu begleichen.

Gutes tun betrifft auch das *Geben von Almosen,* ein Wort, das vom griechischen Wort für Mitleid oder Wohltätigkeit abgeleitet ist. Tabita (oder Dorkas) aus Joppe ist in die Geschichte eingegangen als eine Frau, die *viele gute Werke tat und reichlich Almosen gab* (Apostelgeschichte 9,36). *Reichlich* deutet auf Weitherzigkeit und Freigebigkeit. Tabita stellte ihre Zeit, ihre Talente und ihr Geld großzügig für andere zur Verfügung. Sie war enorm geschickt im Nähen und hat offenbar so manches Kleidungsstück für Witwen angefertigt. Als Petrus nach Tabitas Tod den Raum betrat, wo man sie aufgebahrt hatte, traten all die Witwen *zu ihm, sie weinten und zeigten ihm die Röcke und Mäntel, die Tabita gemacht hatte, als sie noch bei ihnen war* (Apostelgeschichte 9,36.39). Freigebig und großherzig war auch jene arme Witwe, die zwei kleine Münzen in den Opferkasten warf. Sie gab damit ihren Lebensunterhalt weg. Jesus lobte sie, weil sie nicht etwas von ihrem Überfluss hineinwarf, sondern trotz ihrer eigenen Armut reichlich gab, nämlich alles, was sie hatte (siehe Markus 12,41-44).

Gastfreundschaft ist eine weitere Form von Barmherzigkeit. Auch darin sollten sich Christen auszeichnen, denken wir beispielsweise an die Stellen in Römer 12,13 (*Gewährt jederzeit Gastfreundschaft!*) oder in Hebräer 13,2 (*Vergesst die Gastfreundschaft nicht!*). Es geht dabei nicht nur um Menschen, die uns lieb sind, sondern auch um Unbekannte, einschließlich Personen am Rande der Gesellschaft. In Lukas 14,13 heißt es: *Wenn du ein Essen gibst, dann lade Arme, Krüppel, Lahme und Blinde ein.*

Paulus betont, dass wir als Erstes den Glaubensgefährten etwas Gutes tun sollen. Wenn die Gemeinde Christi wachsen und stark werden will, müssen wir sie bzw. einander stärken. Das ist kein Selbstzweck, sondern trägt dazu bei, dass wir unsererseits ein besserer Ort der Geborgenheit werden und Menschen Hilfe anbieten können, die (noch) draußen stehen.

Für die ersten Christen war es selbstverständlich, tatkräftig füreinander einzustehen. Sie hatten alles gemeinsam, *jedem wurde so viel zugeteilt, wie er nötig hatte* (Apostelgeschichte 4,34-35). Das fiel übrigens nicht jedem leicht (siehe Apostelgeschichte 5,1-11). Auch damals gab es gelegentlich Probleme, aber an den Schwachstellen wurde gearbeitet: Es wurden extra sieben Personen eingestellt, weil die griechisch sprechenden Witwen in der Gemeinde bei der Versorgung übersehen wurden (siehe Apostelgeschichte 6,1-6).

Als umherziehender Verkünder des Evangeliums hat auch Paulus mehr als einmal dankbar Gebrauch – nie Missbrauch![15] – von der Hilfe und Gastfreundschaft von Geschwistern gemacht. Eine von ihnen war die Geschäftsfrau Lydia, die ihr Haus für ihn und seine Mitarbeiter öffnete (siehe Apostelgeschichte 16,14-15). Es wird vermutet, dass sie alleinstehend war, möglicherweise war sie Witwe. Sie wird viel zu tun gehabt haben mit ihrem Exportbetrieb von Textilien und mit der Verwaltung ihres Haushalts. Zweifellos hatte sie einen übervollen Terminkalender und besaß ziemlich viele schöne Dinge, doch das alles hielt sie nicht davon ab, Gott auf diese Weise zu dienen und zum Verkünder des Evangeliums zu sagen: »Komm nur herein, nimm dir eine Cola aus dem Kühlschrank oder nutze die Dusche und fühl dich frei, das Wohnzimmer für eure Zusammenkünfte zu nutzen.« Ihre Gastfreundschaft versetzte Paulus und dessen Mitarbeiter in die Lage, sich ganz ihrem Dienst zu widmen.

Schließlich dürfen wir nicht die Worte Jesu übersehen: *Denn ich war hungrig, und ihr habt mir zu essen gegeben; ich war durstig, und ihr habt mir zu trinken gegeben; ich war fremd und obdachlos, und ihr habt mich aufgenommen; ich war nackt, und ihr habt mir Kleidung gegeben; ich war krank, und ihr habt mich besucht; ich war im Gefängnis, und ihr seid zu mir gekommen* (Matthäus 25,35-36). Meist geht man davon aus, Jesu Worte hätten alle Hungrigen, Durstigen, Fremden, Nackten, Kranken und Gefangenen betroffen. Vers 40 (*Was ihr für einen meiner geringsten Brüder getan habt, das habt ihr mir getan*) deutet jedoch auf etwas anderes: »Meine geringsten Brüder« erinnert an Matthäus 10,42, und da sind die Jünger gemeint. Erneut also diese Bekräftigung: Denkt vor allem an eure Brüder und Schwestern. Das heißt selbstverständlich nicht, dass nicht jeder Mensch – ob er gläubig ist oder nicht – wertvoll ist und deshalb unsere Fürsorge und Aufmerksamkeit wert ist.

Der missionarische Auftrag: »Verkündigung des Evangeliums«

Jesus zog umher, tat Gutes und heilte, aber er predigte auch: Er verkündete das Evangelium und erklärte es. Er trug seinen Jüngern auf, das Gleiche zu tun – während seines irdischen Lebens und danach. In Matthäus 28,19 ist der bewegende Augenblick beschrieben, wo Jesus seine Jünger aussendet. Sein Sendungsauftrag hat bis auf den heutigen Tag seine Gültigkeit: *Geht zu allen Völkern, und macht alle Menschen zu meinen Jüngern ...*

Es waren einfache Christen, die in Apostelgeschichte 1,8 beauftragt wurden, das Evangelium zu verbreiten in Jerusalem (also in ihrer Heimat, vor Ort), in ganz Judäa und Samarien (in der weiteren Umgebung, regional) und bis an die Grenzen der Erde (weltweit). Einige von ihnen wurden als Boten ausgesandt, aber die meisten gaben spontan ein Zeugnis von Gott in ihrer eigenen Umgebung. Ein Ehepaar wie Priszilla und Aquila lud Menschen zu sich ins Haus, mit der Absicht, ihnen das Evangelium (eingehender) zu erklären. Andere kamen ins Gespräch am Waschplatz, auf dem Markt beim Einkaufen und wo immer sie sich gerade aufhielten. Ihre Begeisterung für Gott war echt und ansteckend; sie waren so erfüllt von der Frohen Botschaft, dass sie darüber sprechen mussten.

Die Verbreitung des Evangeliums bekam einen enormen Impuls, als die Christen nach dem Märtyrertod des Stephanus durch Verfolgungen vertrieben und zerstreut wurden. In Apostelgeschichte 8,1 ist beschrieben, was in Kapitel 1,8 bereits erwähnt wird: *Alle wurden in die Gegenden von Judäa und Samarien zerstreut*, und Apostelgeschichte 8,4 zeigt, welche Folgen diese Zerstreuung hatte: *Die Gläubigen, die zerstreut worden waren, zogen umher und verkündeten das Wort.*

Viele Christen überlassen ihren Auftrag, von Gott zu erzählen, »professionellen Verkündigern«, wie Pfarrern, Predigern, Gemeindeleitern und Missionaren. Sie sind die Berufenen. Sie sind diejenigen unter unseren Freunden oder Bekannten, die sich dafür entschieden haben, Theologie zu studieren oder eine Bibelschule zu besuchen, um sich zu Verkündigern des Wortes ausbilden zu lassen. Sie, und nicht wir, sind dazu fähig. Warum bringt viele von uns allein schon der Gedanke ans Weitergeben des Evangeliums ins Schwitzen? Warum schämen wir uns fast, irgendetwas über Jesus zu sagen? Warum kostet uns das jedes Mal solche Überwindung? Ist es Unwille oder eine Frage von Unvermögen, scheuen wir Unannehmlichkeiten oder fühlen wir uns unbehaglich beim Reden über Jesus? Wissen wir nicht so recht, wie wir das Evangelium auslegen müssen? Fürchten wir uns vor der Reaktion des anderen?

Es gibt Menschen, die frank und frei über Gott sprechen, und wiederum andere, denen allein schon der Gedanke daran feuchte Hände verursacht und die Kehle zuschnürt. Es gibt Menschen, die dafür beten, eine Gelegenheit zum Zeugnis zu bekommen, wie eine ältere Frau aus meiner Gemeinde. Wenn sie in einen Bus oder Zug steigt, betet sie immer, sie möge jemandem begegnen, mit dem sie über den Herrn sprechen kann. Es gibt andere, die darum beten, dass nie jemand etwas fragen möge.

Der Herr kommt auch ohne uns aus, da können wir sicher sein. Doch er möchte nicht ohne uns! Er wird uns nie überfordern, denn er weiß, wie es um uns bestellt ist. Aber er fordert uns heraus, etwas ganz Besonderes zu tun: der Welt die beste Nachricht mitzuteilen, die es gibt! Das ist nichts, wofür wir uns schämen müssen, es ist die Botschaft, auf die die Menschen warten, auch wenn sich nicht jeder dessen bewusst ist. Jesus Christus ist nicht einer von vielen Propheten oder Gurus, er ist der einzige Weg zu Gott! Das heißt, dass jeder Mensch ihn braucht, will er nicht an seinen eigenen Sünden zugrunde gehen. Dürfen wir anderen diese Nachricht vorenthalten?

Wir können viel von Jesus lernen, sowohl von seinem Umgang mit Menschen wie von der Art, wie er mit ihnen spricht. Jesus war ein liebenswürdiger und barmherziger Mensch, der seinem Nächsten ganz nahe war. Seine liebevolle Haltung hat Menschen entwaffnet. Aber auch von seiner Art und vom Inhalt seiner Gespräche können wir lernen. Jesus wusste immer wieder einen Anknüpfungspunkt zu finden im Leben eines Menschen mit all seinen Sorgen. Dadurch fühlten sich die Menschen nicht nur persönlich angesprochen, sondern öffneten sich nicht selten wie eine Muschel. Jesus verstand sich darauf, Menschen auch mit seinen Gleichnissen und Beispielen aus dem Alltag zu faszinieren. Seiner Art zu erzählen konnte man nicht widerstehen. Und es ging immer ums Evangelium.

Lass dein Leben sprechen!

Das Zeugnis von Jesus bedarf nicht immer (vieler) Worte, es ist oft das Leben, das Bände spricht! Es ist eine Form des Zeugnisses, die ganz zeitgemäß ist. Wo die große Geschichte, die universelle Wahrheit den meisten Menschen nichts mehr sagt, sind kleine Geschichten wichtig geworden. Mit anderen Worten: Es sind persönliche Lebenserfahrungen, die sprechen müssen. Mehr als je zuvor sind Menschen auf der Suche nach authentischen Erfahrungen. Wir sollten die Kraft und die Botschaft, die von einem Leben ausgehen, in dem Gott das Sagen hat, nicht unterschätzen. Auf Christen wird geschaut, auch wenn wir denken, dass dem nicht so ist! Die Menschen, die uns beobachten, sind nicht selten ganz in unserer Nähe. Es können unsere Nachbarn sein oder ein Kollege. Es kann ein Kranker sein, den wir pflegen, ein Kunde, den wir am Schalter bedienen, oder einer, mit dem wir geschäftlich zu tun haben. Es können die Eltern der Freunde Ihrer Kinder sein. In all diesen Situationen gilt, was Petrus so treffend sagt: *Haltet in eurem Herzen Christus, den Herrn, heilig! Seid stets bereit, jedem Rede und Antwort zu stehen, der nach der Hoffnung fragt, die euch erfüllt* (1. Petrus 3,15).

Bei meiner eigenen Bekehrung hat das Zeugnis einer gleichaltrigen behinderten jungen Frau (wir waren beide 19) eine wichtige Rolle gespielt. Wir teilten während einer Konferenz ein Zimmer, und sie war jemand, der mich neugierig machte. Ich wusste es nicht genau zu orten, aber ich vermutete, dass hinter ihrem Alltagsleben eine größere Wirklichkeit stand, die sie inspirierte. Ich wusste, dass sie gläubig war, was mir nicht viel sagte. Ich beobachtete sie aber genau und achtete auf ihr Leben und Verhalten. Sie beeindruckte mich mit ihrer freudigen Lebenseinstellung und mit der Art, wie sie ihre Behinderung annahm. Sie war nicht jemand, der das Evangelium mit lauter Stimme verkündete, aber ihr Leben war so aussagestark, dass bei mir Fragen aufkamen, denen sie ihrerseits nicht auswich. Sie hat leider nie erfahren, dass ihr Leben mich berührt hat, und schon gar nicht, dass Gott sie gebraucht hat, um mich zu sich zu ziehen.

Bei derselben Konferenz war ein Referent, der mit Begeisterung von der Heiligen Schrift redete und uns die Menschen aus der Bibel ganz nahebrachte. Seine Beschreibungen von ihrer Begegnung mit Jesus waren faszinierend, seine Erklärungen des Evangeliums so einleuchtend, dass ich richtig gepackt war. Dieser Mann, dem ich viel zu verdanken habe, war einer, der das Alltägliche mit dem Ewigen zu verbinden wusste, der Jesus und seine Botschaft in einer zeitgemäßen und brillanten Weise darbieten konnte, ohne irgendwelche Abstriche am Evangelium zu machen. Es war mehr als »Es war einmal ...«, es war: »Das ist die Geschichte und mehr als das, es ist die Wahrheit, die Konsequenzen für dein Leben hat.« Eine Wahrheit, aus der dieser Mann selbst auch lebte, das war überzeugend klar. Obwohl ich noch nicht glaubte, war seine vorgelebte wie auch seine in Worte gefasste Geschichte überraschend anziehend für mich.

Bei meiner Bekehrung bediente sich der Herr zweier Menschen, die beide auf ihre Weise Zeugen waren. Die eine war stiller, der andere ausgesprochen extrovertiert. Aber beide waren bereit, von ihrer Hoffnung zu erzählen. Beide wollten nicht über das schweigen, was wesentlich ist. Sie hatten ihre göttliche Sendung nicht nur verstanden, sie hatte in ihrem Herzen einen Platz gefunden. Oder vielleicht ist es besser zu sagen: Der Herr selbst hatte in ihrem Herzen Platz genommen und dort ein Lied entstehen lassen, das für die anderen in ihrer Umgebung hörbar war.

Zum Schluss

Unsere Berufung ist vielseitig, aber auch ganz persönlich. Gott hat seine eigenen Gedanken für jeden von uns. Er hat uns spezielle Begabungen und Talente gegeben, die er für sein Reich nutzbar machen möchte. Meist geht es um Aufgaben, die wir »mitten im Leben« bzw. in unserem Alltag verrichten. Wir tun das, was zu uns passt oder worin wir »gut« sind, und folgen in diesem Handeln unserer Berufung. Eine Mutter, die für ihre Kinder sorgt, oder ein Mann oder eine Frau, die als Arzt bzw. Ärztin tätig sind, tun ihre Arbeit zur Ehre Gottes, wenn sie diese mit dem Herzen tun, in dem Wissen: »Das hat mir Gott gegeben und darin will ich treu sein.« Es gibt eine Menge Beispiele von Menschen in der Heiligen Schrift, die auf diese Weise eigentlich ganz »normal« ihren Weg mit Gott gegangen sind und darin Segen erfahren haben.

Die Kraft der Urgemeinde lag in ihrer innigen Verbindung mit Christus und in der Treue zu seinem großen Auftrag. In allem, was die ersten Christen taten, waren sie von seiner Liebe getrieben. Sie verrichteten ihre Arbeit und hatten genug zu schaffen mit den gewöhnlichen Alltagsdingen, die auch uns vertraut sind. Doch dabei gingen sie nicht einfach an den Wochentagen ganz im römischen Alltagsleben auf und reservierten für die Hausgemeinde einen kleinen Platz am Wochenende. Glaube und Gemeinde waren für sie nicht eine kleine Schublade in einem größeren Ganzen, sondern gehörten zu ihrem Leben. Da gab es keine Stückelung, der Glaube war ihr Leben! Die ersten Christen waren, ebenso wie ihr Meister, Menschen, die sich ihrer einzigartigen Identität und Sendung bewusst waren. Das Bewusstsein ihrer Berufung hatte starke Auswirkungen in ihrem persönlichen Leben, im Leben der Gemeinde Christi und in der Welt.

Es kommt vor, dass der Herr für jemanden eine ganz besondere Aufgabe vorgesehen hat. In dem Fall macht er das in einem bestimmten Moment überdeutlich durch eine Sehnsucht oder Überzeugung, die ins Herz dringt (und nicht verschwindet), durch eine Bestätigung aus seinem Wort oder durch andere Menschen, durch die Situation usw. Das erfuhr Paulus nach seiner Bekehrung. Er war davon überzeugt, dass der Herr bereits vor seiner Geburt einen Plan mit ihm hatte. Paulus schreibt: Der Herr hat *mich schon im Mutterleib auserwählt und durch seine Gnade berufen* (Galater 1,15). Gottes Plan mit diesem Kind bestand darin, dass es als erwachsener Mann sein besonderer Gesandter für die Heiden werden sollte (siehe Vers 16). Lange Zeit sah es danach aus, dass sich dies nicht verwirklichen würde, denn Paulus war mit ganz anderen Dingen beschäftigt. Schließlich wurde er vom Herrn selbst gleichsam am Kragen gepackt und auf den rechten Weg gebracht.

Auch für Mose gilt, dass Gott einen speziellen Plan mit ihm hatte. In einer schweren Zeit, in der alle neugeborenen jüdischen Jungen sogleich getötet werden mussten, überlebte der Säugling Mose durch das mutige Verhalten seiner Mutter und Schwester. Er genoss eine hervorragende Ausbildung am ägyptischen Hof und später noch eine besondere jahrelange Nachschulung als Schafhirte in der Wüste. Dort wurde er für die spezifische Aufgabe gerufen, worauf er in all den Jahren vorbereitet worden war: Führer (oder Retter) des Gottesvolkes zu werden.

13. Jesus, ein besonderer Mensch
   (Thema: Lebensstil)

In den beiden vorigen Kapiteln haben wir uns mit zwei Dingen beschäftigt, die Jesus als Mann Gottes auszeichneten. Erstens: Seine Identität und Geborgenheit gründeten in Gott, und zweitens: Er war ein Mann, der sich seines göttlichen Auftrags bewusst war. In diesem Kapitel werfen wir einen Blick auf das Leben von Jesus von Nazareth. In welchen Dingen fiel er auf? Worin unterschied er sich von den Menschen seiner Umgebung?

Jesus, unleugbar ... Gott!

Es gibt keine Fotos von Jesus und auch keine detaillierte Beschreibung, wie er aussah. Das einzige Wort in der Heiligen Schrift über sein Äußeres ist nicht gerade ein Kompliment: *Er hatte keine schöne und edle Gestalt, sodass wir ihn anschauen mochten. Er sah nicht so aus, dass wir Gefallen fanden an ihm* (Jesaja 53,2). Jesus von Nazareth ist nicht als auffallend schöne Erscheinung in die Geschichte eingegangen. Er war kein Macho-Typ, stur und von sich eingenommen. Eher unauffällig ging er seine Wege und reiste zu Fuß, abgesehen von dem einen Mal, von dem wir wissen, als er bei seinem Einzug in Jerusalem auf einem Esel ritt.

Dennoch war er ein ausgesprochen auffallender Mensch, der in den Jahren, als er auf Erden lebte, einen tiefen, unverkennbaren Eindruck hinterließ. Natürlich hatte das mit seiner Botschaft und mit den Wundern zu tun. Die Nachrichten darüber setzten Tausende von Menschen in Bewegung. Was sie sahen, ging jedoch viel tiefer als seine Worte und Taten: Sie wurden von ihm als Person ergriffen.

Jesus überragte seine Zeitgenossen durch drei Dinge: *sein Wesen, seinen Lebensstil* und *die Qualität seines Lebens*. Es war Gottes Herz, das in ihm schlug, und Gottes Wesen, das durch ihn sichtbar wurde. Johannes sagt: *Wir haben seine Herrlichkeit gesehen* (Johannes 1,14), und: *Niemand hat Gott je gesehen. Der Einzige, der Gott ist und am Herzen des Vaters ruht, er hat Kunde gebracht* (oder: *ihn uns verkündigt*) (Johannes 1,18). Paulus sagt: *Er (Jesus) ist das Ebenbild des unsichtbaren Gottes* (Kolosser 1,15). Im Folgenden betrachten wir einige Dinge, durch die sich Jesus auszeichnete.

Er war königlich

Manchmal fällt in einem Wassergraben oder Weiher eine Mandarinente auf. Sie gehört da eigentlich gar nicht hin. Ihr Federkleid ist auffällig, sie hat ein besonders farbenprächtiges Aussehen, das sie von den anderen Vögeln unterscheidet. Auch wenn sie mit den anderen dort zusammen schwimmt, auch wenn sie die Nahrung frisst, die ihr zugeworfen wird, und ein Vogel unter vielen anderen ist, kann man sich doch nicht des Gedankens erwehren, dass sie eher auf einem wunderschönen See in der freien, unberührten Natur beheimatet sein müsste als auf einem trüben Wassergraben oder Tümpel. Durch ihre beschränkte Umgebung sind ihr sozusagen die Flügel gestutzt, sie müsste eigentlich frei fliegen, sie ist zu erhaben für den Lebensraum, in dem sie sich augenblicklich befindet.

So ist es Jesus ergangen, oder besser ausgedrückt: Dafür hat er sich entschieden. Er tauschte sein königliches Dasein bei Gott gegen ein Leben auf der Erde. Jesus wurde ein Mensch unter Menschen, lebte mit ihnen, trug ihre Kleidung und aß ihre Speisen. Aber obwohl er sich »entäußerte« und wie ein Sklave wurde (siehe Philipper 2,5-7), *blieb dennoch seine königliche Würde in seiner Einstellung und in seinem Verhalten sichtbar*. Auch in einer »beschränkten Umgebung« führte er doch ein erfülltes Leben! Er blieb im »Weiher« der Welt, aber ihn lähmte das nicht, im Gegenteil! Der Mensch Jesus fiel durch seine (innere) Schönheit auf, durch seinen »kräftigen Flügelschlag« und seinen freien Flug in einer gebrochenen Welt. Er konnte seine Herkunft nicht verleugnen, Jesus war von Kopf bis Fuß ein Königssohn, der seinem Vater in jeder Hinsicht alle Ehre machte.

Er war demütig

Es erscheint wie ein Gegensatz, ist es aber nicht: Die wahre königliche Haltung äußert sich in der Einfachheit und Demut des Herzens (siehe Matthäus 11,29). Das sehen wir bei dem Menschen Jesus. Er, der Sohn Gottes, kam nicht, um zu herrschen, sondern um zu dienen. Statt sich spektakulär in Szene zu setzen, verhielt er sich bescheiden. Statt sich selbst zu erhöhen, kniete er nieder, um seinen Jüngern die Füße zu waschen. Statt seine eigene Vorrangstellung zu unterstreichen, ließ er anderen den Vortritt und entschied sich dafür, sein Leben für diese anderen einzusetzen. Statt menschliche Ehrungen zu erwarten und ein ansehnliches Amt oder eine entsprechende Position für sich zu fordern, wählte er als Diener den letzten Platz. Er nahm sozusagen keine Bahnfahrkarte erster Klasse, sondern reiste wie jeder gewöhnliche Mensch seiner Zeit zweiter oder sogar dritter Klasse: zu Fuß! Dennoch war Jesus kein unterwürfiger Mensch, der alles mit sich machen ließ, im Gegenteil! Seine Einfachheit und Demut machten ihn zu einer starken Persönlichkeit, die Autorität besaß. Demut wirkt weit mehr als Aufdringlichsein, sie ist wirksamer als eigenes Wichtigtun.

Was Jesus uns vorlebt, steht in krassem Gegensatz zu unserem heutigen Denken. In unserer Zeit achten wir weit mehr auf uns selbst als auf andere. Unsere Bereitschaft zum Dienen hat enge Grenzen, ja, wir erwarten sogar eine Gegenleistung. Das Wort »Opfer« will man in unserer Zeit nicht hören; wer schlau ist, lässt sich von anderen nicht aufhalten. Und dennoch: *Seid untereinander so gesinnt, wie es dem Leben in Christus Jesus entspricht ...* (Philipper 2,5). Auch wenn Sie das Gefühl haben sollten, mit Demut viel zu verlieren, weil die Welt nun einmal Menschen, die ihre Ellbogen gebrauchen, mehr Raum gibt, bleibt Ihre Berufung eindeutig: Folgen Sie Jesus in Ihrem Denken, in Ihrer Einstellung und in Ihrem Verhalten! *Dazu seid ihr berufen worden; denn auch*

Christus hat für euch gelitten und euch ein Beispiel gegeben, damit ihr seinen Spuren folgt (1. Petrus 2,21).

Er war barmherzig

Bevor Jesus auf die Erde kam, hatten die Propheten vier Jahrhunderte lang geschwiegen. Die großen Gottesmänner, die im Namen des Herrn zum Volk gesprochen hatten, schienen ausgestorben zu sein. Nach und nach waren die Pharisäer als neue religiöse Führer des Volkes ins Rampenlicht gerückt. Durch ihre starre Betonung des Gesetzes war der Glaube an Gott entartet und man hatte vor allem Angst vor ihm. Seine Gebote, gemeint als Rahmen und Richtlinie für das Leben, wurden als untragbar schweres Joch empfunden, das die Menschen knechtete. Die Religion existierte zwar noch, aber Gott selbst existierte für viele Menschen nur noch am Rande. Was wussten sie – außer Gesetzen, Regeln und strengem Gericht – noch von ihm als Person?

Da sendet Gott seinen Sohn auf die Erde, um sich selbst durch ihn zu offenbaren. Der Mensch Jesus, der sich als Sohn Gottes vorstellt, entspricht in keiner Weise dem Bild, das man sich von Gott gemacht hat. Die Menschen kennen ihn als strengen, urteilenden Gott. So wurde er ihnen präsentiert; zürnend und weit weg. Jetzt kommt er plötzlich ganz nahe und ist völlig anders, als sie es sich vorgestellt hatten. Mit der Ankunft Jesu werden viele Gottesbilder und selbst gezimmerte Heiligtümer zerstört. Das ist verwirrend, ja, für manche geradezu bedrohlich.

Gleichzeitig muss man anerkennen, dass dieser Mensch unglaublich anziehend ist. Für den, der es sehen will, öffnet sich eine neue Welt; Gottes Gnade wird in und durch einen unvorstellbar barmherzigen Menschen sichtbar. Jesus ist von Gott gekommen, um Leben zu bringen und Menschen vom Joch der Sünde und Sklaverei zu befreien.

Jesus lebte, was er lehrte. Ebenso wie der Samariter in seinem Gleichnis (u.a. Lukas 10,25-37) konnte auch er nicht an Menschen und ihrer Not vorbeigehen. Er ließ sich buchstäblich an seinem Gewand ziehen und aufhalten, er nahm sich die Zeit, Menschen zuzuhören. Manchmal begleitete er jemanden, weil es zu Hause ein Problem gab, oder nahm bewusst einen Umweg auf sich, um jemanden zu treffen, der ihn brauchte. In all diesen Dingen achtete er den anderen weit mehr als sich selbst. Es ist nicht so, dass er nie an sich selbst gedacht hat oder kein Auge hatte für seine eigene notwendige Ruhe (und die seiner Jünger), es ist auch nicht so, dass er nie das Bedürfnis hatte, sich zurückzuziehen (und das auch tat!), aber prinzipiell gingen die anderen bei ihm vor.

Die samaritische Frau beim Brunnen in Sychar war so jemand, für den sich Jesus gerne Zeit nahm. Statt die bevorzugte Route von Judäa nach Galiläa zu wählen, entschloss er sich für diesen Weg. Beim alten Jakobsbrunnen angekommen, schickte er seine Jünger fort zum Einkaufen, womit er mögliche neugierige Zuhörer ausschloss. Dann wartete er. Die Frau kam nichts ahnend zu dem Brunnen, sie erwartete dort niemanden, stand aber mit einem Male Auge in Auge dem Sohn Gottes und seiner Barmherzigkeit gegenüber. Sie wird sehr erstaunt gewesen sein über seine unbefangene Annäherung, denn sie war eine Frau, eine Samariterin, und zudem eine, die nicht gerade einen ausgesprochen guten Ruf hatte. Die Pharisäer wären dieser Frau sicher in einer anderen Weise entgegengetreten (soweit sie sie überhaupt der Mühe eines Gesprächs für wert geachtet hätten). Sie hätten sie vielleicht herablassend behandelt, sie öffentlich und rigoros mit ihrer Sünde konfrontiert. Jesus aber suchte zunächst einen ganz einfachen alltäglichen Anknüpfungspunkt und bat sie an diesem Brunnen um ein Glas Wasser. Danach kam er ganz natürlich und ruhig zum Kern der Sache: »Ich bin das lebendige Wasser. Du versuchst deinen Durst nach Erfüllung mit wechselnden Beziehungen zu stillen, aber das gelingt nicht; dein Durst steckt in deiner Seele. Du brauchst mich als Ausweg aus deinem destruktiven Lebenswandel.« Das ist Barmherzigkeit!

Es kam wegen ihres sündigen Lebenswandels zu keiner Verurteilung. Jesus sah, dass sie an der Leere in ihrem Herzen litt, die sie auf falsche Weise zu füllen suchte. Er bot ihr an, diesen brennenden inneren Durst für immer zu löschen. Das Gespräch war so offen, dass die Frau selbst entdeckte, was in ihrem Leben verkehrt war, und später ihren Mitbewohnern im Dorf unbefangen sagte: »Hier ist jemand, der alles von mir weiß.« Bis zu dem Zeitpunkt war sie anderen Menschen aus dem Weg gegangen, weil sie sich vor deren Urteil fürchtete. Jetzt wagte sie, ans Licht zu treten, sie war frei. Ich bin überzeugt, dass die Begegnung mit Jesus nicht nur ihr Leben, sondern auch ihren Lebensstil einschneidend veränderte (siehe Johannes 4,1-42).

Barmherzigkeit ist eine Grundhaltung, die in Verhalten übersetzt wird: Wer barmherzig ist, kommt dem anderen mit einem weiten und vergebenden Herzen entgegen und sucht den anderen auf, indem er sich konkret um ihn kümmert. So ist unser Gott: *Jahwe ist ein barmherziger und gnädiger Gott, langmütig, reich an Huld und Treue* (2. Mose 34,6). Jesus ist nicht anders. Es gibt wiederholt Momente, wo einem der Gedanke kommt: »Lieber Herr Jesus, du hättest das größte Recht, diesen Menschen gründlich zurechtzuweisen oder es ihm in einer Situation der Ungerechtigkeit mit gleicher Münze heimzuzahlen!« Und immer wieder … tut er das gerade nicht. Er ist Menschen mit Herz und Seele zugetan und darauf aus, ihnen Gutes zu tun. Immer wieder lässt er sich aufhalten von denjenigen, die ihn brauchen, manchmal macht er wegen eines Nächsten einen Umweg. Nie geht er achtlos auf der anderen Straßenseite an ihm vorüber!

Wie steht es um unsere Barmherzigkeit anderen gegenüber? Wie sieht es aus mit meiner Liebe zum Nächsten, mit meiner Versöhnungsbereitschaft und Geduld, mit meinem Erbarmen (was man auch im Sinne von Sanftmut und Wohlwollen deuten kann) und mit meiner Treue? Wenn ich Lukas 6,27-38 lese, das »Gesetz der Liebe«, dann ist da noch viel zu verbessern. Wenn ich 1. Korinther 13,4-7 ansehe und das Wort »Liebe« durch meinen Namen ersetze, treibt es mir die Schamröte ins Gesicht.

Es mag uns trösten und uns Mut machen, dass Gott selbst durch seinen Geist in uns seine Liebe und Barmherzigkeit entfalten will. Wir müssen uns darum bemühen, aber dürfen mit Gottes Kraft rechnen. Paulus sagt, dass Gott aufgrund der Macht, die in uns wirkt, unendlich viel mehr tun kann, als wir erbitten oder uns ausdenken können. Gleich danach ermahnt er uns, *ein Leben zu führen, das des Rufes würdig ist, der an euch erging. Seid demütig, friedfertig und geduldig, ertragt einander in Liebe* ... (Epheser 3,20-4,2).

Er war untadelig

Jesus war unbestechlich, ein Mann mit untadeligem Verhalten. Es war nicht so, dass er keine Versuchungen kannte; nichts Menschliches war ihm fremd. Der Verfasser des Hebräerbriefs sagt sogar, dass er in *allem wie wir* in Versuchung geführt worden ist (siehe 4,15). Mit einem riesigen Unterschied: Jesus hat sich nie dazu verleiten lassen, auch nur einen Millimeter von dem abzuweichen, was Gottes Weg war. Er ging nicht auf etwas ein, was Gott verdrießen und ihn von seinem himmlischen Vater entfremden konnte.

Jesus war fest entschlossen, immer Gottes Willen zu tun, wie viel ihn das auch persönlich kosten mochte. Er gab nicht nach, als der Teufel ihn kurz vor Beginn seines öffentlichen Wirkens in einer verwundbaren Situation (einsam und hungrig) dazu zu bringen versuchte, Dinge zu tun, die nicht im Einklang mit dem Wort Gottes waren.

Drei Jahre später hatte sich daran nichts geändert. Jesus hielt an seiner Entscheidung fest, Gott Gehorsam zu leisten, auch als ihm das Wasser bis zum Hals stand und er die Schritte seines Verräters nahen hörte. Statt einen anderen, bequemeren Weg zu gehen, rang er sich im Gebet zu der Entscheidung durch, Gott bis an sein Lebensende bedingungslos zu folgen. Danach stand er auf, um seinem Tod entgegenzugehen. *Sein Leben war das eines Menschen; er erniedrigte sich und war gehorsam bis zum Tod, bis zum Tod am Kreuz*, sagt Paulus in Philipper 2,7-8. Anschließend spornt Paulus die Philipper dazu an, dass sie an dem Gehorsam festhalten, den sie bisher gezeigt haben.

Nicht nur Gott hatte nichts an Jesus auszusetzen – die Menschen in seiner Umgebung hatten das auch nicht. Matthäus berichtet, dass die Hohepriester und der ganze Hohe Rat ein negatives Zeugnis gegen Jesus suchten, um ihn hinrichten zu können, aber sie erreichten – trotz falscher Zeugen! – nichts (siehe Kapitel 26,59-60). Pilatus kam nach einem langen Verhör zu dem Schluss, dass es für eine Anklage gegen Jesus keinen Grund gab (*Ich finde keinen Grund, ihn zu verurteilen* – Johannes 18,38). Das ist schon sehr eindrucksvoll, wenn so etwas von jemandem gesagt werden kann! Und wenn Sie meinen, das gilt nur für Jesus und könnte nie auf Menschen zutreffen, dann lesen Sie bitte Daniel 6,5!

Wer Christus in seinem Herzen als Herrn heiligt, wird das in seinem Lebensstil sichtbar werden lassen; ein heiliges Herz bringt ein heiliges und untadeliges Verhalten hervor. Man wird das auch spüren, denn die Konsequenzen eines aufrichtigen Lebenswandels sind nicht selten lästig und unangenehm; persönliche Wahrhaftigkeit wird einem nicht immer mit Dank vergolten. Das kann es bisweilen noch schwieriger machen, untadelig zu *bleiben*, als es ohnehin schon ist. In der Welt ist es normal, dass man tut, was einem das Herz und das Gefühl eingeben. Für Gott aber ist es normal, dass wir tun, was er uns eingibt, und dass wir uns an sein Wort halten. Er will uns dabei helfen, indem er sowohl das Wollen als auch das Wirken in uns wirkt (siehe Philipper 2,13). Er ist es, der das gute Werk, das er in uns angefangen hat, fortsetzen oder vollenden wird (siehe Philipper 1,6). Er tut das aber nicht ohne unser Mitwirken, unser Einsatz ist gefragt! So ist unsere Heiligung einerseits eine Frucht, die in uns reift (siehe Römer 6,22), anderseits sollen wir selbst danach jagen oder streben (siehe Hebräer 12,14).

Er war authentisch

»Ich kenne nur wenige berühmte Menschen, die, wenn man sie besser kennenlernt, nicht irgendwie enttäuschen«, sagte einmal jemand zu mir. »Meistens erkennt man früher oder später, dass sie dem schönen Bild, das man sich von ihnen gemacht hat, nicht entsprechen; sie haben ihre negativen Seiten verborgen.« Eigentlich sollte uns das nicht wundern, denn dasselbe gilt für uns. Wir zeigen uns lieber von der sogenannten Schokoladenseite, als wie wir in Wirklichkeit sind, weil wir geliebt, akzeptiert und geschätzt werden wollen. Wir geben uns alle Mühe, nur die schönen Seiten zu zeigen und die weniger angenehmen Charakterzüge oder unser negatives Verhalten zu verbergen. Manchmal zeigen wir ein chamäleonartiges Benehmen und passen uns fortwährend an, nur um dazuzugehören und akzeptiert zu werden; manchmal gebrauchen wir auch Masken, um unser wahres Gesicht zu verhüllen. Wir haben uns richtig darauf spezialisiert, uns anders zu geben, als wir in Wirklichkeit sind; das kann zu einer solchen Gewohnheit werden, dass wir uns dessen bisweilen gar nicht mehr bewusst sind.

Jesus war heilig, nicht scheinheilig. Seine Außenseite stimmte völlig mit seiner Innenseite überein, seine Lehre war sein Leben. Es gab bei ihm keine Doppeldeutigkeiten oder schönen Schein, zwischen seinen Worten und seinem Verhalten konnte man keine Widersprüche entdecken. Er gab nicht vor, jemand zu sein, der er nicht war. Seine Wahrhaftigkeit war der Grund, weshalb er transparent sein konnte wie ein offenes Buch. Er konnte es sich erlauben, sein Leben bloßzulegen vor den zwölf Männern, die buchstäblich 24 Stunden am Tag mit ihm unterwegs waren. Er hatte nichts zu verbergen, keine Sünden, keine geheimen Pläne. Ob er nun von einer riesigen Menschenmenge umringt war oder sich im intimen Kreis seiner nächsten Freunde befand – er blieb er selbst.

Jesus war ein authentischer, echter Mensch mit eigener Individualität. Sie machte ihn jedoch nicht zu einem Individualisten, der nur seine eigenen Wege geht und sich nicht um andere kümmert, sondern gab ihm eine ganz eigene Prägung, durch die er sich von anderen unterschied. Er war ein origineller und einzigartiger Mensch, der seine Selbstachtung aus seiner einzigartigen Beziehung zu Gott bezog. Darin liegt eine wichtige Wahrheit: Wir dürfen sein, wer wir sind, und unsere Einzigartigkeit und Eigenheit hochhalten, aber immer in der Beziehung zu unserem Schöpfer.

Er lebte als Mensch seiner Zeit

In manchen Momenten versuche ich mir auszumalen, wie Jesus in unserer Zeit und Kultur leben würde. Würde er zum Beispiel öffentliche Verkehrsmittel benutzen, mit dem Rad fahren oder Inliner oder gar ein Skateboard benutzen? Würde er einen Rucksack tragen oder eine Gucci-Aktentasche? Bequeme Sneaker oder auf Hochglanz polierte Schuhe mit feinem Lochmuster? Freizeitkleidung oder einen adretten Anzug? Ich weiß es nicht, aber all diese Dinge sind im Prinzip möglich, weil Jesus ein Mensch seiner Zeit war, der wie die Menschen seiner Zeit lebte. Er kannte die Umgangsformen, die sozialen, kulturellen, wirtschaftlichen und religiösen Strukturen und Probleme; er war informiert über aktuelle Ereignisse, über gesellschaftliche und politische Entwicklungen. Er wusste, was vor sich ging, und ging darauf ein. In Diskussionen war er scharfsinnig und auch immer persönlich. Sehr auffällig ist, dass er in Gesprächen auf eine ganz natürliche Weise eine Verbindung zu Gott und seiner Frohen Botschaft herzustellen wusste. Dabei war er nie aufdringlich, sondern immer einladend und sachlich. Er lockte Menschen aus der Reserve und weckte Fragen durch die aktuellen ansprechenden Beispiele oder Vergleiche, die er gebrauchte.

Würde Jesus heute in Mitteleuropa leben, so würde er auf dem Laufenden sein über das, was nicht nur unter uns, sondern weltweit politisch oder gesellschaftlich dran ist. Er würde mit gleicher Selbstverständlichkeit ein Gespräch mit einem Drogensüchtigen in der Innenstadt anknüpfen wie mit einem jungen, agilen Karrieremenschen; er würde sich Zeit nehmen für einen Asylbewerber wie auch für einen Politiker; er würde mit gleichem Interesse die Geschichte eines Arbeitslosen und die eines führenden Industriellen anhören. Er wüsste, wo die Orte sind, wo Jugendliche sich gerne treffen, ebenso würde er die Internetcafés oder Sportanlagen kennen. Er wäre informiert über den Zwiespalt junger Doppelverdiener, die Karriere, Ehe und Familie zu kombinieren versuchen, und würde sich auskennen mit Individualismus, Pluralismus, Materialismus, Hedonismus und allen anderen »Ismen« unserer Kultur. Kurz: Er wäre ein Mensch seiner Zeit. Und weit darüber hinaus; denn Jesus war in vielem äußerst progressiv.

Das kam nicht immer gut an, und sicher nicht bei den religiösen Führern, die sehr genau wussten, was erlaubt war und was nicht. Die auf das Gesetz fixierten Pharisäer waren immer wieder entsetzt über das Verhalten Jesu und vor allem über seinen freien, unbefangenen Umgang mit Menschen verschiedenster Art. Sie konnten ihn absolut nicht einordnen; er war ebenso überraschend, wie sie vorhersehbar waren. Jedes Mal machte er es doch gerade anders, als sie erwarteten. Er störte die Sabbatruhe, indem er Menschen heilte, und er erlaubte sogar seinen Jüngern, an dem Tag Ähren zu pflücken und zu essen. Das war doch unmöglich! Als die Schriftgelehrten Jesus darauf ansprachen, bemerkte er ganz ruhig, die Jünger hätten eben Hunger gehabt. Als er auch noch ein alttestamentliches Beispiel einer vergleichbaren Situation aufführte, fiel ihnen nichts mehr ein (siehe Lukas 6,1-5)! Immer wieder hatte er eine Antwort parat, der sie nichts entgegensetzen konnten.

Auch sein Umgang mit Frauen war ihnen ein Dorn im Auge. Er saß am Rand eines Brunnens und redete unbefangen mit einer samaritischen Frau, der man wegen ihrer ständig wechselnden Beziehungen eher aus dem Weg ging. Er ließ sich von einer Prostituierten berühren und salben. Er ließ Unreinheit an sich heran durch eine Frau, die an Blutfluss litt! Er berührte auch selbst Leprakranke, ja sogar Verstorbene! Dieser Mann konnte kein Mann Gottes sein! Doch er war es. Ganz gelassen und unbefangen durchbrach Jesus eine ganze Reihe von kulturellen, sozialen und religiösen Schranken. Er zeigte überdeutlich, dass der Glaube mehr ist als Formen und Regeln, und wies die Menschen auf einen lebendigen Gott hin, der sie aus ganzem Herzen liebt.

Ein Christ ist ein Fremder, ohne weltfremd zu sein. Nirgendwo in der Heiligen Schrift wird uns gesagt, dass wir in unserem Anderssein gerufen sind, zwischen uns selbst und dem Rest der Welt eine Mauer zu errichten, durch unsere negative Haltung aufzufallen, durch Argwohn und Ablehnung von (fast) allem, was »die Welt« denkt oder tut, unzugänglich und für normale Menschen unverständlich zu sein. Es ist absolut nicht Gottes Absicht, dass Christen eine eigene Subkultur schaffen und sich von der »Welt außerhalb ihrer eigenen Welt« abschotten. Wenn wir den Eindruck erwecken, dass wir uns in gar keinem Punkt mehr mit den Menschen in unserer Umgebung identifizieren können, entsprechen wir nicht unserer Berufung! Wenn wir uns andererseits der Welt um uns anpassen, um für die Welt attraktiv zu sein, dann liegen wir ebenfalls daneben, denn damit ist niemandem gedient.

Wir tun dem Herrn keinen Gefallen mit einer auf Gesetze fixierten, starren und weltfremden Einstellung einerseits oder mit einem gesetzlosen und ganz weltlich orientierten Verhalten andererseits. Was Jesus uns vorlebt, ist ein normales Leben, das gleichzeitig doch auch etwas Besonderes (oder ganz anderes) ist. Er war einfach Mensch unter den Menschen, aber als Mann Gottes doch ein besonderer Mensch. Er war faszinierend und unergründlich, ein »Mysterium«, das Menschen zu denken gab und in ihnen Fragen aufkommen ließ. Jesus war kein seltsamer Kauz, der anderen ein Schmunzeln entlockte, kein weltfremder Mensch, der sie abstieß. Er war ein überraschender Mensch, der positiv auffiel.

Er war unbefangen im Umgang mit anderen

In Matthäus 9 begegnen wir dem Zöllner Matthäus (bei Markus und Lukas wird er Levi genannt), der an seinem Zollhaus im Grenzort Kapernaum von Jesus angesprochen wird, sofort aufsteht und ihm folgt. Die Tatsache, dass Jesus diesen Mann anspricht und auch an einem Mahl teilnimmt, zu dem viele Zöllner und Sünder gekommen sind, ist den Pharisäern ein Dorn im Auge. Zöllner waren nicht nur verhasst, weil sie Menschen finanziell ausbeuteten; sie waren auch religiös und politisch gebrandmarkt, weil sie als Kollaborateure der heidnischen römischen Regierung angesehen wurden. Ein frommer Jude konnte sich nach Auffassung der Pharisäer wirklich nicht mit solchen Leuten an einen Tisch setzen.

Als die Geistlichen ihre Missbilligung gegenüber den Jüngern Jesu äußern (*Wie kann euer Meister zusammen mit Zöllnern und Sündern essen?* – Vers 11), erwidert er ihnen, ein Arzt müsse bereit sein, sich die Hände schmutzig zu machen. Anders gesagt:

Man kann keine Sünder retten, wenn man ihre Gesellschaft meidet und in sicherem Abstand in einem heiligen Bunker sitzen bleibt. Man muss eben zu den Orten gehen, wo sie sich aufhalten, oder sie zu sich einladen. Dass Letzteres in der Praxis geschah, geht aus Lukas 15 hervor: *Alle Zöllner und Sünder kamen zu ihm, um ihn zu hören.* Auch an der Stelle ist eine Ablehnung der Pharisäer und Schriftgelehrten zu hören: *Er gibt sich mit Sündern ab und isst sogar mit ihnen* (Verse 1-2). Jesus antwortet darauf mit dem Gleichnis vom verlorenen Schaf, dem der Hirte nachgeht, und von der Frau, die ihren verlorenen Groschen sucht. Wer Sünder erreichen will, muss aktiv nach ihnen suchen. *Ich bin gekommen*, so sagt Jesus, *um die Sünder zur Umkehr zu rufen, nicht die Gerechten* (Lukas 5,32). Genau dies, das Heil der Verlorenen, war der Grund, weshalb er ein Freund der Prostituierten und Zöllner war; darum suchte er sie in ihren Häusern auf, aß und trank mit ihnen. Ihm lagen diese Menschen übrigens ganz aufrichtig am Herzen, für ihn waren sie kein »Evangelisationsobjekt«.

Die religiösen Führer verfolgten Jesus mit ihrer Kritik. Was er tat, war unmöglich und durfte nicht sein. Ihr eigenes Gesetzbuch mit all ihren eigenen Vorschriften war schon ganz schmuddelig vom vielen Nachschlagen. Einmal aß Jesus im Hause eines Sünders, ein anderes Mal saß er unbefangen da und unterhielt sich mit einer Prostituierten, dann wieder … Das war doch alles sehr verwerflich.

Die Kaltherzigkeit dieser religiösen Menschen steht in scharfem Kontrast zur Wärme Jesu. Ihr Urteil steht seiner Liebe gegenüber, ihre Engherzigkeit seiner Herzlichkeit, ihre sture Gesetzlichkeit seiner liebevollen Unbefangenheit. Während sie sich in ihren Häusern Gedanken über sein ablehnungswürdiges Verhalten machten, war Jesus unter den Menschen. Er kam in ihre Häuser und saß mit ihnen bei Tisch. Immer wieder lud er sie dazu ein, ins Reich Gottes einzutreten und Anteil daran zu haben.

Jesus lebte in der Welt, aber er war nicht von der Welt. Gott hat ihn abgesondert, aber nicht in dem Sinn, dass er den Kontakt mit der Welt aufgekündigt hätte. Er nahm teil am Leben, ohne sich am

Falschen zu beteiligen. Ich finde es beeindruckend, wie er wirklich von ganzem Herzen unter und bei den Menschen war, in ihren Häusern aß und trank, mit ihnen feierte und trauerte, lachte und weinte, ohne sich aber dabei zu verlieren. In allen Situationen blieb er er selbst und unberührt von dem, was unrein war.

Er war großzügig
In Johannes 10,10 sagt Jesus, er sei gekommen, um uns Leben zu geben, und zwar in Fülle. Diese Fülle verweist nicht auf finanziellen Wohlstand, auch wenn das manchmal gesagt (und erhofft!) wird und auch wenn manche Christen finanziell und materiell reich gesegnet sind. Die »Fülle« eines Lebens mit Jesus weist auf all das, was wir durch ihn und in ihm empfangen: Gnade und Barmherzigkeit, Vergebung und Frieden, Freude, Hoffnung und Kraft. Und alles in Fülle!

Wir dürfen entdecken, dass wir mehr empfangen als das äußerst Notwendige; wir brauchen nicht zu knausern, sondern dürfen austeilen. Wir dürfen Gottes Liebe und seinen Segen ausbreiten, die Gaben und Talente, die er uns schenkt, nutzen – nicht nur für uns selbst, sondern auch für andere.

Die Jünger bekamen mehr als einmal Anschauungsunterricht, was Gottes Fülle bedeutet. Als über 5 000 Menschen essen mussten und ein kleiner Junge seine zwei Fische und fünf Gerstenbrote abgab, wurden seine Gaben so vervielfacht, dass mehr als genug da war für die Menschenmenge (siehe Johannes 6,1-15). Der kleine Junge gab übrigens auch in Fülle, denn er gab alles, was er hatte! Als Petrus und einige seiner Gefährten eine ganze Nacht gefischt hatten, ohne auch nur einen Fisch zu fangen, und sie auf die Anweisung Jesu erneut die Netze auswarfen, war ihr Fang so übergroß, dass ihre Schiffe fast untergingen (siehe Lukas 5,1-11).

Die Gäste einer Hochzeit in Kana bekamen ebenfalls solchen Anschauungsunterricht. Sie waren Zeugen des ersten Wunders Jesu, das einen enormen Eindruck machte. Als der Wein ausging, beschloss er, die großen leeren Krüge (mit einem Fassungsvermögen von 450 Litern!) mit Wein bester Qualität zu füllen. Ich denke, dass mancher Christ nicht so handeln würde wie er, denn es war mittlerweile bereits eine Menge Wein ausgeschenkt und getrunken worden. Vielleicht hätte es nähergelegen zu sagen: »Das war aber jetzt genug! Es gibt nur noch reines Brunnenwasser, sonst schlagt ihr über die Stränge!« Überraschenderweise reagierte Jesus anders. Er ließ die Fässer zwar mit Wasser füllen, aber als der Bräutigam einen Schluck kostete, verschluckte sich der arme Mann fast vor Begeisterung über die Qualität des Wunderweins Jesu. Diese Freude aus tiefstem Herzen gönnte ihm Jesus, er gönnte ihm sein Hochzeitsfest, er wünschte ihm das Beste! Aber wohlgemerkt: Jesus sagt keineswegs, dass Trunkenheit und Essgelage in Ordnung seien. Er zeigt jedoch, dass man genießen darf (siehe Johannes 2,1-11).

Was Jesus uns beibringen möchte, ist zu vertrauen. Nicht nur ein bisschen, sondern in großem Maßstab, weil der, auf den wir unser Vertrauen setzen, selbst großzügig ist. Er will, dass wir ein erfülltes Leben führen, nicht engherzig und ängstlich, sondern mit einem unbefangenen und unbeschränkten Vertrauen in ihn – und mit Freude.

Er war einladend

Freunde von mir haben ein offenes Haus. Es kommt bei ihnen kaum vor, dass nicht ein Gast am Tisch mitisst oder zum Übernachten bleibt. Die Selbstverständlichkeit, mit der das geschieht, ist beeindruckend. Es ist klar, dass es nicht um gelegentliche Ereignisse geht, es ist ein Lebensstil, eine Art zu leben, die Früchte trägt.

Andere herzlich willkommen heißen – diese Haltung hat Jesus uns vorgelebt. Sein Willkommen galt jedem Menschen. Jesus zog zwar mit einer kleinen Gruppe von Menschen umher, die er selbst ausgewählt hatte, aber das war keineswegs ein geschlossener Kreis. Es war nicht so, dass er vorzugsweise »unter seinen eigenen Leuten« war und sich von anderen abkapselte; Cliquenbildung oder christlicher Gemeindeklüngel waren ihm fremd. Zwar gab es Zeiten, in denen sich Jesus und seine Jünger bewusst zurückzogen für eine Zeit der Ruhe, der Besinnung oder für Unterricht, aber die Gemeinschaft war im Grunde offen, Jesus und die Seinen waren zugänglich. Sie gingen auf Besuch und wurden besucht, jeder durfte kommen und eine Weile bleiben oder ein Stück mitreisen. Letzteres geschah auch wirklich; es gab immer wieder welche, die sich bei ihnen aufhielten, für ein paar Stunden oder für längere Zeit.

Bei der oben schon erwähnten Brotvermehrung waren die Jünger Jesu (wie wahrscheinlich auch Jesus selbst) am Ende ihrer Kräfte. Sie hatten vorgehabt, sich an einen einsamen Ort zurückzuziehen, um sich auszuruhen. Als sie dort aber ankamen, war dieser einsame Ort voller Menschen, die Jesus hören wollten. Innerlich bewegt über sie, fing er an, sie zu lehren. Als es langsam spät wurde und die Menschen hungrig waren, wollten die Jünger sie wegschicken. Sie meinten, diese hungrigen Leute sollten sich selbst versorgen. Jesus aber blieb bei ihnen und lud sie ein zu einem Wundermahl. Erst als sie satt geworden waren, zog er weiter (siehe Markus 6,32-45).

Jesus und seine Jünger zogen Menschenmengen an, wie Honig einen Bienenschwarm anzieht. Dasselbe geschah übrigens später bei der ersten Christengemeinde, über die gesagt wird, dass der Herr täglich ihrem Kreis weitere hinzufügte, die gerettet werden sollten (siehe Apostelgeschichte 2,47). Immer wieder (oder eigentlich andauernd) wurden neue Menschen herzlich aufgenommen.

Er hatte Autorität

»Wer ist dieser Mann?« Mehr als einmal wird so getuschelt, wenn Menschen Jesus sehen und hören. Als er in seinem Heimatort Nazareth in der Synagoge lehrt, macht es schnell die Runde: *Woher hat er das alles? Was ist das für eine Weisheit, die ihm gegeben ist?* (Markus 6,2). In Kapernaum passiert dasselbe: *Die Menschen waren sehr betroffen von seiner Lehre; denn er lehrte sie wie einer, der (göttliche) Vollmacht hat, nicht wie die Schriftgelehrten* (Markus 1,22). Auch Lukas kommentiert das gleiche Ereignis mit den Worten: *Er redete mit (göttlicher) Vollmacht* (Lukas 4,32). Wenn Jesus zu den Menschenmengen spricht, reagieren diese ebenso: *Die Menge war sehr betroffen von seiner Lehre; denn er lehrte sie wie einer, der (göttliche) Vollmacht hat, und nicht wie ihre Schriftgelehrten* (Matthäus 7,29).

Worin lag der Unterschied zwischen Jesus und den Geistlichen seiner Zeit? Sie alle verfügten über ein großes Wissen und kannten Gottes Wort von A bis Z. Aber wo die Schriftgelehrten sich auf ihr Wissen beriefen, da hatte ihnen Jesus eine persönliche Kenntnis Gottes voraus. Er war kein Vertreter einer Religion, er war ein Mensch, der aus einer persönlichen Beziehung mit Gott lebte. Er sprach über Dinge, die er nicht nur vom Kopf her wusste, sondern von innen heraus kannte. Er sprach nicht über Gott, er sprach von Gott. Er sprach nicht in seinem eigenen Namen, sondern im Namen Gottes des Vaters. Das gab ihm eine außerordentliche Autorität und seinen Worten (Aussage-)Kraft. Jedes Wort, das Jesus sprach, entsprang der Verbundenheit und Einheit im Denken zwischen seinem Vater und ihm. Er sagte es selbst: *Meine Lehre stammt nicht von mir, sondern von dem, der mich gesandt hat* (Johannes 7,16).

Es gibt geistliche Leiter, die Menschen abstoßen, weil ihre Lehre hochtrabend und schwer zu verstehen ist. Es gibt führende Personen in der Kirche, für die das Urteil schwerer wiegt als die Gnade, für die Wissen wichtiger ist als Erkenntnis. Diese Menschen haben sich weit von den anderen entfernt. Es gibt aber auch geistliche Leiter, die Menschen anziehen und einen unauslöschlichen Eindruck bei ihnen hinterlassen. Die Ersten sind vor allem Wichtigtuer; die Ehrfurcht, die sie erregen, liegt nahe bei der Angst. Die Letzten sind gewöhnliche Menschen, die mit außergewöhnlicher Autorität sprechen. Sie sind Gott und den Menschen nahe.

Autorität kann man nicht kaufen, sie wird verliehen und ist in diesem Sinne eine Überraschung. Jesus besaß sie, weil er, Gottes Sohn, all das, was hier aufgelistet ist, verkörperte: Er war demütig, barmherzig, untadelig, authentisch, unbefangen, im Umgang großzügig usw. Der König, der zum Knecht wurde, um den Menschen zu dienen – das nötigte Respekt ab. Demut will dienen. Hochmut sucht Autorität, da geht es um Wichtigtuerei. Das eine spricht, das andere brüllt; das eine lädt ein, das andere stößt ab.

Er erregte Widerstand
Wenn man all diese Dinge nebeneinanderstellt, sieht man einen sehr liebenswürdigen, anziehenden und auch beeindruckenden Menschen. Es ist deshalb auch nicht verwunderlich, dass Jesus Menschen faszinierte und für sich gewann; er zeigte Gottes Vaterherz und lud ein. Wer eine Antenne dafür hatte, folgte ihm unbefangen. Wer innerlich verhärtet war und Gottes Wahrheit nicht sehen wollte, verabscheute ihn. Einerseits gab es eine große Offenheit ihm gegenüber, andererseits scharfe Ablehnung. Es gab Menschen, die alles aufgaben, um ihm zu folgen, aber es gab auch welche, denen alles daran gelegen war, ihn aus dem Weg zu räumen. Für die einen war er anziehend, für die anderen abstoßend.

Das Unangenehme, das Menschen erfuhren, lag nicht in der Person Jesu, sondern in seiner Botschaft. Unbequem war, dass das eine nicht vom anderen zu lösen war. Jesus war Gottes Botschaft, daran gab es gar nichts zu deuteln. Er verkörperte Gottes Gnade, aber zugleich Gottes Urteil über Menschen, die in ihren Sünden verharrten. Sein Aufruf zur Bekehrung bzw. zur Erkenntnis und zum Verzicht auf eigene Gerechtigkeit und Hochmut machte ihn unbeliebt, ja sogar verhasst. Es gab Menschen, die sich bedroht fühlten und ihn zum Schweigen bringen wollten.

Wenn Jesus tatsächlich geschwiegen hätte, wäre sein Leben ein Stück bequemer gewesen. Wenn er im Blick auf die Sünden ringsum ein Auge zugedrückt hätte, hätte niemand sich von ihm belästigt gefühlt. Wenn er weniger radikal gewesen wäre, ja dann … Dann hätte er niemanden aufgeregt und ein ruhiges, unbekümmertes Leben führen können.

Aber das konnte er nicht! Weil Jesus gekommen war, um mit der Finsternis abzurechnen, musste er im Blick auf »falsche Dinge« ausgesprochen deutlich sein. Er war ein liebenswürdiger und gütiger Mensch, aber nicht bereit zu irgendwelchen Kompromissen.

Das Schöne in unserer Zeit ist: Man kann ruhig äußern, dass man gläubig ist. Religiöse Themen sind ein gefragter Gesprächsgegenstand, man ist interessiert und äußerst tolerant. Letzteres ist sowohl positiv als auch negativ. Das Positive liegt darin, dass es uns Gelegenheit gibt, über Dinge des Glaubens zu sprechen. Es ist negativ, wenn wir als Christen in dieser Toleranz mitgehen und die Einzigartigkeit der Botschaft Jesu abschwächen oder trüben, um nicht lästig oder arrogant zu wirken.

Solange wir an der Oberfläche bleiben und in allgemeinen Begriffen über den Glauben reden, bleiben uns allzu heftige Diskussionen erspart. Es ist jedoch nicht ehrlich, so zu handeln. Tatsache ist, dass unser Gott allmächtig und Jesus die einzige Antwort ist für eine Welt, die hoffnungslos verloren ist. Tatsache ist, dass es so etwas wie Sünde gibt und dass der Mensch dafür keine Lösung hat. Mit anderen Worten: Gottes Botschaft ist und bleibt schwarzweiß. Deshalb ist sie längst nicht immer angenehm zu hören.

Es ist gravierend, wenn Christen beliebt sind, weil sie Gottes Evangelium nicht mehr so eindeutig verkündigen oder ihren Lebensstil dem der Menschen in ihrer Umgebung angepasst haben. Wer deutlich vom Evangelium spricht, wird früher oder später erfahren, dass diese Botschaft ihm nicht überall mit Dank abgenommen wird. Jesus ist für Ungläubige ein Stein des Anstoßes geworden, ein Felsen, an dem man zu Fall kommt (siehe 1. Petrus 2,7). Dennoch muss über ihn gesprochen werden, und zwar nicht als einen von vielen guten Propheten aus der Geschichte, auch nicht als einen der besseren unter ihnen. Er ist weit mehr als das: Jesus ist der Sohn Gottes und der Einzige, durch den ein Mensch mit Gott versöhnt werden kann (siehe Johannes 14,6). Wenn wir diesen Anspruch etwas relativieren, um einer Konfrontation aus dem Wege zu gehen, dann versagen wir dem anderen die Wahrheit. Wenn wir die Wahrheit jedoch aussprechen, ist es unvermeidlich, dass einige uns für rechthaberisch oder arrogant halten werden. Sie fragen sich irritiert, wie wir zu behaupten wagen, dass Jesus der einzige

Weg zu Gott sei. Manchmal ist eine Konfrontation unvermeidlich. Einstehen für das Gute geht nicht selten Hand in Hand mit persönlichem Leid. Auch das hat Jesus uns vorgelebt, auch darauf weist Paulus hin. Wenn uns niemand einen Stein in den Weg legt, sollten wir uns schon einmal fragen, ob wir klar genug Gottes Botschaft ausdrücken. Wenn wir es wagen, deutlich zu sein, zeigen wir: Uns ist mehr daran gelegen, Gott zu dienen als den Menschen. Jesaja sagt: *Den Herrn der Heere sollt ihr heilighalten; vor ihm sollt ihr euch fürchten, vor ihm sollt ihr erschrecken* (Jesaja 8,13-14).

Die Kunst besteht darin, als Person und im Verhalten keinen Anstoß zu geben, sondern den anderen durch Aufrichtigkeit zu gewinnen. Wer sich Respekt erwirbt, der gewinnt meist auch das Recht zu sprechen: *... haltet in eurem Herzen Christus, den Herrn, heilig! Seid stets bereit, jedem Rede und Antwort zu stehen, der nach der Hoffnung fragt, die euch erfüllt; aber antwortet bescheiden und ehrfürchtig, denn ihr habt ein reines Gewissen. Dann werden die, die euch beschimpfen, weil ihr in Christus ein rechtschaffenes Leben führt, sich wegen ihrer Verleumdungen schämen müssen* (1. Petrus 3,15-16).

14. Weltstar oder Stern Gottes

Zur Berufung des Christen gehört es, ein Vorbild zu sein; damit haben wir uns in der ersten Hälfte dieses Buches schon etwas beschäftigt. Christen stehen vor der Herausforderung, in der Welt so zu leben (oder: sich so auszuzeichnen), dass andere dadurch überrascht, inspiriert und angespornt werden. Paulus nennt Christen Himmelslichter, die in der Welt leuchten. Es sind Vorbilder gefragt, an denen man sich orientieren kann. Dabei geht es nicht so sehr um Menschen, die Großes geleistet haben, sondern in erster Linie um Menschen, die sich durch ihren Charakter und ihren Lebensstil auszeichnen. Menschen mit der Gesinnung Christi und mit einem lauteren und gottesfürchtigen Lebenswandel (siehe Philipper 2,5 und 1. Petrus 3,2). Solche Menschen sind sehr wohltuend in einer orientierungslosen Welt. Sie leisten ebenso einen ganz wichtigen Beitrag für die Gemeinde Gottes, denn auch diese braucht starke Vorbilder, die zur Treue und Radikalität in der Liebe zu Jesus ermutigen.

Sei ein Vorbild

Paulus' erstem Brief an die Gemeinde in Thessalonich ist zu entnehmen, dass diese Gemeinde in ihrer Umgebung eine Vorbildfunktion erfüllte. Thessalonich war eine Stadt in Mazedonien. Die junge Gemeinde dort bestand aus einer kleinen Gruppe von Gläubigen, die trotz erheblicher Bedrängnis standhielten. Sie hatten sich bekehrt, und die Folgen dieser radikalen Bekehrung waren sichtbar. Sie dienten dem Herrn und hatten ihren Götzen abgeschworen. Sie waren noch jung in ihrem Glauben, aber ihre Haltung und ihr Leben sprachen eine deutliche Sprache. Gläubige in Mazedonien wie in Achaia betrachteten sie mit Hochachtung und nahmen sich ein Beispiel an ihnen: Ihr wurdet *ein Vorbild für alle*

Gläubigen in Mazedonien und in Achaia, sagt Paulus in 1. Thessalonicher 1,7-10, *überall ist euer Glaube an Gott bekannt geworden ... und wie ihr euch von den Götzen zu Gott bekehrt habt, um dem lebendigen und wahren Gott zu dienen und seinen Sohn vom Himmel her zu erwarten.*

Die Gemeinde von Thessalonich selbst hatte Paulus als Vorbild. Er war ihr geistlicher Vater, der ihnen nicht nur das Evangelium verkündet, sondern ihnen auch einen christlichen Lebenswandel vorgelebt hatte. In 1. Thessalonicher 2,5-10 heißt es: *Nie haben wir* (das heißt: Paulus und seine Mitarbeiter) *mit unseren Worten zu schmeicheln versucht, das wisst ihr, und nie haben wir aus versteckter Habgier gehandelt, dafür ist Gott Zeuge. Wir haben auch keine Ehre bei den Menschen gesucht, weder bei euch noch bei anderen. ... Im Gegenteil: Wir sind euch freundlich begegnet: Wie eine Mutter für ihre Kinder sorgt. ... Ihr seid Zeugen, und auch Gott ist Zeuge, wie gottgefällig, gerecht und untadelig wir uns euch, den Gläubigen, gegenüber verhalten haben.*

Paulus verkündete Gottes Wort, aber er tat mehr. Er bekräftigte Gottes Wahrheit durch sein eigenes Leben. Er tat das in erster Linie aus Liebe zu Gott, aber auch aus Liebe zu seinen geistlichen »Kindern« und Mitchristen, denen er ganz bewusst ein Vorbild sein wollte. Seine väterliche Haltung wird auch an anderer Stelle sichtbar, beispielsweise in 1. Korinther 4,15, wo er schreibt: *... ihr habt nicht viele Väter. Denn in Christus Jesus bin ich durch das Evangelium euer Vater geworden. Darum ermahne ich euch: Haltet euch an mein Vorbild!*

Es ist kein Hochmut, der Paulus so reden lässt; er kennt durchaus seine eigenen Schwächen. Aber er will trotzdem so vor Gott leben, dass er für die Christen in seiner Umgebung zu einem Ansporn wird, den Herrn mehr zu lieben und ihm konsequenter zu folgen. Man beachte die Nuancierung: *Nehmt mich zum Vorbild,* **wie ich Christus zum Vorbild nehme** (1. Korinther 11,1; Hervorhebung durch die Autorin). Weil es um das Letztere geht, kann er auch auf andere verweisen: *Ahmt auch ihr mich nach, Brüder, und* **achtet auf jene, die nach dem Vorbild leben**, *das ihr an uns habt*

(Philipper 3,17; Hervorhebung durch die Autorin). »Jene, die nach dem Vorbild leben«, das sind Menschen, die ebenso wie Paulus ihr Leben mit Gott ernst nehmen. Nicht ihr Alter, ihre Ausbildung oder ihre Lebenserfahrungen sind ausschlaggebend für ihr Vorbildsein; es geht um ihre Liebe zu Jesus Christus. Als Paulus seinen Schüler, den jungen Timotheus, ermutigt, im Glauben standzuhalten und darauf zu achten, die Gemeinde zu leiten, fügt er hinzu: *Niemand soll dich wegen deiner Jugend gering schätzen. Sei den Gläubigen ein Vorbild in deinen Worten, in deinem Lebenswandel, in der Liebe, im Glauben, in der Lauterkeit* (siehe 1. Timotheus 4,11-15).

Geistliche Leitung

Aus seinen Briefen an Timotheus geht hervor, dass Paulus nicht nur ein Vorbild, sondern gelegentlich auch ein persönlicher *geistlicher Mentor* war. Wie Jesus seinerzeit zwölf Männer mitnahm und ihnen drei Jahre Anschauungsunterricht gab, nahm Paulus den jungen Timotheus in seine Obhut, um ihn zu unterweisen und zu einem Mann Gottes zu erziehen. Das macht seine beiden Briefe an Timotheus zu wichtigen Dokumenten und zu einer Anleitung für Menschen, die andere auf solche Weise begleiten wollen.

Auch ich habe Christen gefunden, die mich im Glauben begleitet haben. Einer von ihnen, David, hat seit meiner Bekehrung über viele Jahre Kontakt gehalten, um mich auf meinem Weg mit Gott zu bestärken und um mir dabei zu helfen, Gottes Plänen mit mir treu zu sein und die Gaben und Talente, die Gott mir geschenkt hat, zu entwickeln. Dieser Engländer, der altersmäßig mein Vater hätte sein können, wurde für mich zu einem geistlichen Vater. Jahrelang schrieb er mir mindestens zweimal im Monat einen Brief, auch war ich regelmäßig bei ihm und seiner Familie zu Besuch. Unser Kontakt war immer von viel Freude geprägt, vor allem aber waren es geistliche Eindrücke und Lektionen, die ich nie vergessen habe. David war für mich ein großes Vorbild. Er hat mich in der Liebe zum Herrn und zu seinem Wort inspiriert und den

Wunsch nach einem Leben, das damit im Einklang ist, in mir geweckt. David und seine Frau waren zu Hause keine anderen Menschen als in der Öffentlichkeit. Ich erinnere mich an ihre tiefe innere Verbundenheit mit Gott und das eindrucksvolle Vorbild ihrer Ehe, die von Liebe und gegenseitigem Respekt geprägt war. Auch an ihre Bescheidenheit erinnere ich mich und daran, wie sie aufrichtig und einfühlsam am Leben anderer Anteil nahmen. Diesen Menschen habe ich viel zu verdanken. Die Kraft, die von einem aufrechten Leben mit Gott ausgeht, ist enorm; das gilt auch für geistliche Begleitung.

»Gib acht, dass du nicht fällst ...«

Wer also zu stehen meint, der gebe acht, dass er nicht fällt, sagt Paulus zu den Korinthern (1. Korinther 10,12). Leider ist diese Warnung nicht aus der Luft gegriffen. Immer wieder lassen auch Christen sich dazu verführen, Dinge zu tun, die in Gottes Augen verwerflich sind. Nicht selten ist der Name der Gemeinde Christi durch Skandale in den Schmutz gezogen worden, weil über das Privatleben einiger prominenter Christen in der Gemeinde, in der Politik und in der Geschäftswelt Dinge veröffentlicht wurden, die beschämend sind.

Wie ist es möglich, dass so geachtete Menschen ein Doppelleben führten? Jener Prediger, der so viel Autorität ausstrahlte? Jener geliebte Jugendleiter? Jener Älteste, der als Inbegriff der Wahrhaftigkeit galt? Jener Geschäftsmann oder Politiker, der immer so viel redete von Gottes Werten und Normen? Wenn (geistliche) Leiter vom Sockel fallen, entsteht großer Schaden, nicht nur in der Gemeinde, sondern auch für ihr Zeugnis nach außen.

Es ist traurig, dass ein Journalist einer säkularen amerikanischen Zeitung feststellen musste, dass nur wenige bekannte Männer Gottes sich rechtschaffen verhalten. Der Journalist, der dies äußerte, wusste genau zu berichten, wie viele bekannte christliche Leiter sich auf sexuellem oder finanziellem Gebiet etwas hatten zuschulden kommen lassen. Er konnte ihre Vergehen ganz präzis nennen, was beweist, dass die Welt genau hinschaut, wie Christen leben. Gott sei Dank fand er auch jemanden, bei dem man keinen Grund zur Anklage finden konnte. War es Bedauern oder Bewunderung, als er feststellte, es sei niemandem gelungen, Billy Graham jemals beim Ehebruch oder Betrug zu ertappen? Es war vielleicht ein bisschen bedauerlich für ihn, dass seine Argumentation über die prinzipielle Korruptheit christlicher Führer nicht wasserdicht hinzukriegen war. Zwischen den Zeilen aber konnte man auch seine Bewunderung heraushören für Wahrhaftigkeit und Rechtschaffenheit in einer Welt, in der diese Eigenschaften ziemlich rar geworden sind.

Gott sei Dank bedeutet ein »heiliger Lebenswandel« nicht, dass jemand keine Fehler machen darf. Kein Mensch ist vollkommen, darin ist die Bibel sehr deutlich und offen. Auch große biblische Gestalten hatten ihre Momente der Schwäche. Paulus war sich seiner eigenen Schwachheit durchaus bewusst. Er äußerte sie offen und ehrlich: Obwohl er wusste, wie er handeln musste, tat er doch nicht immer wirklich das Gute. Das Wollen war vorhanden, aber es lief gelegentlich jämmerlich anders. Wir kennen das auch; wir sind nicht vollkommen, Christen sind keine Supermenschen. Wir können höchstens sagen, dass wir uns um das Gute bemühen.

Es beeindruckt, wenn Christen zugeben, dass Gottes Heilige gewöhnliche Menschen sind. Mit einem Unterschied: Sie haben einen Beistand, der ihnen Kraft gibt, das Gute zu tun. *Der Herr steht mir bei wie ein gewaltiger Held*, sagt Jeremia (20,11). Allein aus diesem Grunde wagt es Paulus, uns zu einem heiligen Lebenswandel anzuspornen; wir stehen nicht allein vor dieser Aufgabe. Es gibt jemanden, der uns im Streben nach einem heiligen Leben stärken will.

In diesen Dingen sind gesunder Realismus und ein Stück Selbstschutz wesentlich. So weiß man von Billy Graham, dass er sich selbst einige Regeln auferlegt hat, von denen er nie abweicht. Um sich nicht selbst einer Versuchung auszusetzen (oder Anlass zu schlechtem Gerede zu geben), hat er mit seiner Frau und ein paar guten Freunden einige Absprachen getroffen. Sie dürfen ihn dazu befragen und ihn daran erinnern. Graham reist beispielsweise nie allein mit einer anderen Frau als seiner eigenen, nicht einmal ein paar Stunden im Auto.[16] Das mag vielleicht übertrieben erscheinen, aber er hat sich zur Sicherheit für diese Disziplin entschieden.

Eine Warnung ist hier angebracht: Es ist gut, dass es Menschen gibt, die ein Beispiel geben und uns herausfordern. Christen wie Nichtchristen brauchen Vorbilder für ihre jeweiligen Aufgaben, und positive Beispiele werden nachgeahmt. Aber es ist nicht gut, andere auf einen Sockel zu heben und zu idealisieren. Wenn man zu sehr zu jemandem aufschaut und nur Gutes erwartet, werden Enttäuschungen nicht ausbleiben. Außerdem legt ein blind verehrendes Aufsehen zum anderen einen großen Druck auf diesen Menschen, dem Bild zu entsprechen, das man von ihm hat. Er läuft Gefahr, seine Schwächen verbergen und sich anders geben zu wollen, als er ist. Fassaden und schöner Schein (auch bei uns selbst) führen zu einem Doppelleben, das wir früher oder später bereuen, mit allen Folgen für uns und andere, die sich daraus ergeben.

Extravaganz oder Klasse

Wer sind solche Vorbilder in unserer Zeit? Wer sind zum Beispiel die Helden unserer Kinder? Wer sind die Menschen, denen man in dieser Welt den Status eines Stars zuerkennt?

Es scheint heute so zu sein (und vielleicht war das schon immer so), dass die Leute, die man als Stars betrachtet, fast ausnahmslos entweder Talente sind, die wegen ihrer Leistungen auf einem bestimmten Gebiet auffallen (wie Sportler, Film- oder Popstars), oder Berühmtheiten, die nichts geleistet haben müssen, sondern den Ruhm ihrem Reichtum verdanken oder der Tatsache, dass sie (oft dank ihres Geldes) zum internationalen »Jetset« gehören.

»Menschen verehren berühmte Personen, und unbedeutende Menschen werden wie eine Rakete hochgeschossen, damit wir sie bewundern und beneiden können«, sagt der Amerikaner Dick

Keyes.[17] Auffallend ist, dass die persönlichen Geschichten dieser Stars von der großen Masse gleichsam verschlungen werden, ohne dass es zu einer moralischen Bewertung dessen kommt, was diese Stars wirklich aus ihrem Leben gemacht haben. Dass das Privatleben nicht nur wenig königlich, sondern oft ziemlich chaotisch und unmoralisch ist, tut nichts oder kaum etwas zur Sache. Wenn Untreue, Trunkenheit, Steuerhinterziehung, Aggression oder Drogen bei so vielen »Helden« an der Tagesordnung stehen, dann denkt man nach und nach: »Ach, das gehört nun mal dazu.« Was man sieht, ist das Abenteuer, der Luxus, alles tun zu können, worauf man Lust hat, das schnelle, rauschende Leben, das den Alltagstrott durchbricht. Dieser Starkult gibt nicht nur ein dürftiges Vorbild, sondern ist für die Beteiligten selbst ungesund und schädlich.

Diese Entwicklungen hängen eng mit dem Verlust von Idealen zusammen. Ideale sind sinnlos geworden in einer Welt, wo unter dem Einfluss postmodernen Denkens der Glaube an den universellen Sinn des Lebens ausgedient hat. Übrig bleibt, dass jeder nach seiner eigenen Fasson glücklich oder selig wird. Wir müssen es selbst machen, und viele machen es, so sagt Keyes, indem sie »ein problemloses Leben führen, mit möglichst wenig Frustrationen und vielen Reizen, alles so bequem wie möglich (…), immer mehr Geld und keine Probleme«. Es geht uns gut in unserer westlichen Wohlstandswelt, aber eigentlich sind wir arm. Die immer größer werdende Vormachtstellung der Ökonomie hat einen schrittweisen Verlust in der Bewertung des Menschen zur Folge; ein Mensch wird nach dem beurteilt, was er erreicht hat oder besitzt. Die Tatsache, dass die finanziell Erfolgreichen die Helden vieler Zeitgenossen sind, spiegelt wider, dass persönlicher Reichtum als selig machendes Ziel betrachtet wird.

Hollywood oder Jerusalem?

Als Prinzessin Diana 1997 starb, rührte das Millionen Menschen in einer Art Massentrauer. Diana, die seit ihrer Verlobung mit

Prinz Charles von Journalisten verfolgt wurde und deren Leben bis in die Details öffentlich bekannt war, wurde nach ihrem Tod praktisch zu einer Heiligen gemacht.

Was war so außergewöhnlich an Diana? Sie war jung und ausgesprochen schön. Die ganze Welt schaute zu, als sie Prinz Charles heiratete und eine echte Prinzessin wurde. Sie war immens reich, ihre Kinder waren entzückend, sie selbst eine strahlende junge Mutter.

Aber das Märchen hatte eine Kehrseite. Diana war zutiefst unsicher und hatte mit Depressionen, Essstörungen und gelegentlichem Jähzorn zu kämpfen. Ihr Lebensstil kostete einen Haufen Geld. Und … die Ehe war nicht glücklich und wurde schließlich geschieden. Die ehemals unschuldige, reine Prinzessin, die von Popstar Elton John nach ihrem Tod zu *England's Rose* erhoben wurde, hatte, ebenso wie ihr Prinzgemahl, Ehebruch begangen.

Diana vertrat sowohl die harte Realität des Alltagslebens mit seinen Problemen und seinen Auseinandersetzungen als auch die Märchenwelt des Lebens einer Prinzessin. Beides hatte Anziehungskraft, und so wurde Diana zur Heldin für Millionen von Menschen.

Diana, über die in der Woche ihres Sterbens und ihrer Beerdigung fast ausschließlich schöne Worte gesagt wurden, war in mancher Hinsicht erwachsen, aber im Innersten sehr unreif. Zu ihren eigenen Helden gehörte der vorhin genannte Sänger Elton John. Aber auch Mutter Teresa soll einen besonderen Platz in ihrem Herzen gehabt haben. Es war dieselbe Mutter Teresa, die fast unbemerkt aus dem Leben schied, weil ihr Tod gerade in die Zeit des Diana-Fiebers fiel.

In ein und derselben Woche des Jahres 1997 starben zwei Stars, deren Welten meilenweit auseinanderlagen. Die eine lebte in der Welt des Glamours und Reichtums; die andere war in die Elendsviertel von Kalkutta gezogen, wo sie ihr Leben den Ärmsten der Armen widmete. Die eine hatte vollgestopfte Kleiderschränke, während die andere sich mit einem einfachen weißen Habit begnügte. Die eine hatte Ehebruch begangen, die andere hatte sich für ein Leben im Zölibat entschieden. Die eine stand wegen ihres turbulenten Lebens regelmäßig auf den Titelseiten der Weltpresse, die andere war vor allem wegen ihres einfachen Lebens bekannt. Die eine war reich, die andere arm. Sie waren beide Stars, aber verkörperten zwei Welten. Keyes nennt das eine Hollywood-Heldentum und das andere Jerusalem-Heldentum; das eine ist ausschweifend, das andere außergewöhnlich. Das eine zeichnet sich aus durch Extravaganz, das andere durch Klasse. Das eine sucht das Rampenlicht und fällt auf, das andere ist bescheiden und hat eine besondere Ausstrahlung.

Die »Stärke« des Hollywood-Starkults liegt in der übermäßigen, fast magnetischen Anziehungskraft eines Lebens, das weit aus dem Mittelmäßigen herausragt und der drohenden Routine entkommen konnte. Mit den Kameras, die jede Bewegung des internationalen Jetsets gnadenlos registrieren, folgt eine breite Öffentlichkeit diesen Menschen auf Schritt und Tritt. Die Stärke der »Jerusalem-Stars« liegt darin, dass sie einfach und lauter sind. Das wird zumeist nicht von Kameras eingefangen und ist auch schwer ins Bild zu bringen. Es ist nicht von Glamour umgeben. Der Schmuck dieser Menschen ist unvergänglich und liegt vor allem in ihrem Inneren. Er verlangt nicht nach Aufmerksamkeit, sondern schenkt Aufmerksamkeit. Es ist das sanfte und ruhige Wesen, das Wert hat in den Augen Gottes – und das in dieser Welt auffällt.

Lichter Gottes

Auch wenn uns mit dem heutigen Zynismus vorgehalten wird, Ideale seien sinnlos und wir könnten eigentlich vergessen, dass wir noch jemals jemandem begegnen werden, dessen Beispiel wir folgen möchten, bleibt doch das Bedürfnis nach Vorbildern oder beispielhaft gelebtem Leben bestehen. »Wir wollen weiterhin glauben können, dass es noch immer große Menschlichkeit gibt«, sagt Keyes, und »hoffen, in den anderen etwas Heroisches zu finden, um dadurch inspiriert zu werden. In dieser Zeit, in der sich Normen und Werte verflüchtigen, werden auch mit erneutem

Ernst gute Fragen gestellt.« Ja, und deshalb ist es noch immer und aufs Neue von großer Bedeutung, dass in dieser Welt Sterne, Lichter Gottes aufgehen! Menschen, die auffallen, weil sie die Eigenschaften seines Königreiches verkörpern.

Was verleiht diesen Sternen Gottes ihren Glanz? Anhand einiger Beispiele möchte ich einige Merkmale solcher »Himmelslichter« auflisten.

Eine Lebenseinstellung, aus der Hoffnung spricht
Hoffnung – das ist das, was mir als 19-Jährige bei meiner Zimmerkollegin auf jener christlichen Studentenkonferenz in Österreich auffiel, wo ich zum Glauben kam. Gott gebrauchte Melody für meine Bekehrung. Ich wunderte mich über die Lebensfreude dieser jungen Frau, die körperlich behindert war. Ich wunderte mich über ihre Zukunftspläne: Ihr Verlobter war Theologiestudent; sie wollten später als Pastoren-Ehepaar in einer Gemeinde tätig sein. Ich zeigte es nicht, aber ich war von ihrer Lebenseinstellung und ihren Zielen zutiefst beeindruckt. Und – das wusste sie nicht – ich beobachtete sie.

Hoffnung zeigt auch Joni Eareckson. Seit mehr als vierzig Jahren ist sie durch einen Badeunfall gelähmt. Ihre Geschichte ist bekannt, denn diese Frau, die so viel verloren hat, ist selbst in ihrem Rollstuhl »auf den Beinen« geblieben. Sie ist keine Superfrau, sie hat ihre Hochs und weiß von tiefen Tälern; aber trotz allem hat sie ihre Hoffnung nicht verloren. Joni führt ein erfülltes Leben und ist vielen zum Vorbild und Segen geworden.

Dasselbe gilt für viele andere – manche davon in unserer direkten Umgebung –, die trotz schwerer Umstände ihre Hoffnung nicht verloren haben. Es gilt für die alleinstehende Frau in meiner Gemeinde, die trotz Altersbeschwerden immer ein ermutigendes Wort für andere hat; für die Eltern, die mit (zu) wenig Geld auskommen müssen und trotzdem viel aus ihrem Leben machen; oder die alleinstehende Mutter, die mutig anfasst und ihren Kindern Geborgenheit und Freude schenkt. Die Hoffnung dieser

Menschen ist nicht abhängig von ihren Umständen, sie ist in Gott gegründet.

Von dieser Hoffnung schreibt Paulus in Römer 15,13: *Der Gott der Hoffnung erfülle euch mit aller Freude und mit allem Frieden im Glauben, damit ihr reich gesegnet werdet an Hoffnung in der Kraft des Heiligen Geistes.*

Ein Charakter, der die Gesinnung Christi widerspiegelt
Vielleicht ist das nirgendwo so auffallend wie dort, wo man Hass und Verbitterung erwartet und stattdessen Vergebung und Frieden sieht. Ich denke an jene Frau, die ich in Nordirland traf. Bei einem Bombenattentat der IRA war ihr Mann einer der Schwerstverletzten. Er fiel ins Koma, woraus er nie mehr erwachte. Dreizehn lange Jahre lebte er noch und seine Frau saß täglich stundenlang an seinem Bett, las ihm vor, redete über die Kinder und Enkelkinder, sagte ihm, was sie beschäftigte, und betete mit ihm. In der Zeit bat sie auch für die Täter. Zuerst wohl dafür, dass Gott seine Gerechtigkeit zeigen möge. Später aber verwandelten sich ihre Gebete in Fürbitte für diese Männer und dann auch für die Gefängnisseelsorger, die mit solchen Menschen zu tun haben.

Diese Frau hatte bewusst keine Bitterkeit, Wut und Rachegefühle bei sich zugelassen. Sie schaffte es mit Gottes Hilfe, zu vergeben, statt zu hassen. Aus ihr wurde eine milde Person, die auch ohne Worte viel zu sagen hatte.

Als ihr Mann starb und die Zeitungen anlässlich seines Todes wieder das damalige Attentat schilderten, widmeten fast alle Journalisten mehrere Zeilen dieser Frau. Mehr als den Fakten über den schrecklichen Vorfall oder die andauernde Unruhe in Nordirland galt ihre Aufmerksamkeit ihrer Einstellung, ihrer Liebe und Treue zu ihrem Mann, ihrer Güte und dem Fehlen von Hass. Ich vermute, dass sie selbst sich nicht der starken Botschaft bewusst war, die sie weitergab. Die Haltung dieser Frau, die keine Verbitterung zuließ und eine großartige Einstellung gegen jene Menschen hatte, die ihr und ihrer Familie so unbeschreibliches Leid zugefügt hatten, war zutiefst beeindruckend.

Paulus schreibt in Römer 12,19 und 21: *Rächt euch nicht selber, liebe Brüder. ... Lass dich nicht vom Bösen besiegen, sondern besiege das Böse durch das Gute!* Und in Matthäus 5,44 lesen wir: *Liebt eure Feinde und betet für die, die euch verfolgen, damit ihr Kinder eures Vaters im Himmel werdet.*

Ein lauteres Leben

Ein lauteres Leben zeigt sich in den verschiedensten Bereichen und ist nicht immer leicht aufrechtzuerhalten, vor allem, wie wir oben schon feststellten, auf sexuellem Gebiet. Wir leben eben in einer Welt, wo Sex frei erhältlich ist und Lockerheit auf diesem Gebiet für viele wichtiger bzw. verlockender ist als Treue in der Ehe. Ein reines Leben auf sexuellem Gebiet, wie die Bibel es beschreibt, ist längst nicht mehr selbstverständlich, selbst unter Christen nicht. Aber Gott sei Dank gibt es noch Männer und Frauen, die vorleben, dass es auch anders möglich ist, wie schwierig es auch sein mag!

Ich denke an das junge Mädchen, das mich besuchte und erzählte, dass sie als Einzige in ihrer christlichen (!) Studentengruppe noch Jungfrau ist. Sie kommt sich langsam fast komisch oder altmodisch vor, weil sie mit dem Geschlechtsverkehr warten will, bis sie verheiratet ist. Oder an den Mann, der in einer Zeit großer Einsamkeit in seiner Ehe (seine Frau war schwer depressiv) von einer Kollegin gedrängt wurde, er solle mit ihr ausgehen. Die Kollegin war eine reizende junge Frau, mit der er sich gerne unterhielt. Er hätte sich leicht in sie verlieben und Ehebruch begehen können. Das wäre nicht nur einfach gewesen, sondern auch nicht ungewöhnlich in der Welt, wo er arbeitete. Aber er ließ es nicht so weit kommen! Statt den so naheliegenden Schritt zu tun, suchte er einen älteren Bruder in seiner Gemeinde auf und erzählte ihm offen von seiner Situation. Sie verabredeten, dass er ihn in den Augenblicken anrufen würde, wenn er sich der Versuchung nicht gewachsen fühlte.

Dazu Römer 12,1-2: *Angesichts des Erbarmens Gottes ermahne ich euch, meine Brüder, euch selbst* (Luther: *eure Leiber*) *als lebendiges und heiliges Opfer darzubringen, das Gott gefällt ... Gleicht euch nicht dieser Welt an ...* Und 1. Korinther 6,15: *Wisst ihr nicht, dass eure Leiber Glieder Christi sind? Sollte ich nun die Glieder Christi nehmen und Hurenglieder daraus machen? Das sei ferne!*

Persönliche Wahrhaftigkeit

Wie leicht ist es, im alltäglichen Leben immer wieder kleine Kompromisse zu schließen! Wir haben alle unsere persönlichen Scheuklappen, die uns helfen, Schlechtes zu übersehen. Warum sollten wir uns Kopfschmerzen machen wegen Sachen, die in den Augen unserer Umgebung völlig normal und akzeptiert sind? Warum sollten wir nicht auch lügen, wenn es uns hilft; warum nicht schwarzarbeiten, damit wir unsere finanziellen Ziele etwas schneller erreichen? Warum in öffentlichen Verkehrsmitteln nicht schwarzfahren und damit einiges sparen? Warum sollten wir unser Haus nicht doch ausbauen, obwohl uns die Behörden keine Genehmigung gegeben haben? Das merkt doch niemand! Und warum sollten wir nicht ein bisschen mit Zahlen in unserer Steuererklärung jonglieren?

Als Paul van Buitenen, ein EU-Beamter in Brüssel, von finanziellen Unregelmäßigkeiten in der Europäischen Kommission erfuhr, ging er der Sache nach und brachte 1999 einiges ans Licht. Die Folgen waren beachtlich. Er bekam nicht nur keine Antwort auf seine Anfragen, sondern wurde von Brüssel nach Luxemburg versetzt.[18] Seine Ehrlichkeit bewirkte aber doch etwas: Die EU-Kommission musste zurücktreten. Van Buitenen war übrigens kein engagierter Christ, als er Protest gegen das erhob, was in der Europäischen Kommission vor sich ging; er wurde es erst später. Er ist ein Beispiel dafür, dass es Nichtgläubige gibt, die so leben, dass sich Christen davon eine gewaltige Scheibe abschneiden könnten!

Paulus bestärkt uns in Römer 16,19: *Euer Gehorsam ist allen bekannt; daher freue ich mich über euch und wünsche nur, dass ihr verständig bleibt, offen für das Gute, unzugänglich für das*

Böse. Und in Epheser 5,8-11: *Lebt als Kinder des Lichts! Das Licht bringt lauter Güte, Gerechtigkeit und Wahrheit hervor. Prüft, was dem Herrn gefällt, und habt nichts gemein mit den Werken der Finsternis ..., sondern deckt sie auf.*

Eine starke Moral

Im April 1990 machte König Baudouin (er war von 1951 bis zu seinem Tod 1993 König der Belgier) einen mutigen Schritt, der weltweit Schlagzeilen machte. Er trat zeitweise vom Thron zurück, weil er als Christ nicht bereit war, ein Gesetz zu unterschreiben, das Abtreibung erlaubte. Leider hielt seine beeindruckende Tat dieses Gesetz nicht auf. Dennoch setzte der König mit seinem Thronverzicht (mit dem er ein großes persönliches Risiko einging) ein Zeichen, das nicht so schnell vergessen sein wird. Als er öffentlich bekundete, was ihm persönlich der Schutz des Lebens wert war, entsprach er seiner Berufung: einzustehen für Gottes Wahrheit und Gerechtigkeit und in dieser Weise ein Licht Gottes zu sein.

Dazu Apostelgeschichte 5,29: *Man muss Gott mehr gehorchen als den Menschen.*

Wie wird man ein Stern Gottes?

Was macht einen Menschen zu einem Licht Gottes? Die Antwort lautet: **Er** macht uns dazu.

Die biblischen »Sternchen« oder Helden (denken wir an Hebräer 11) hatten eines gemeinsam: Sie hatten ihr Vertrauen auf den Herrn gesetzt. Sie zählten nicht auf eigene Schlauheit oder Kraft, sie bauten nicht auf vergängliche Dinge wie äußere Schönheit, Beredsamkeit, Geld oder Besitz, Status oder Popularität. Aus sich heraus waren sie keine Helden – ihr Geheimnis lag in der Tatsache, dass ihnen ein starker Held zur Seite stand!

Sie waren Menschen, die – wie es im Prediger so treffend beschrieben ist – die Ewigkeit in ihrem Herzen hatten (siehe Prediger 3,11). Sie hatten Einblick bekommen in eine andere Wirklichkeit; sie sahen über den menschlichen Horizont hinaus, oder in neutestamentlichen Worten ausgedrückt: Sie suchten die Dinge des Himmels (siehe Kolosser 3,1-2 und Philipper 3,20). Diese Menschen wurden durch ihren Glauben aus dem Hier und Jetzt herausgehoben, weil sie mit einer Perspektive des Himmels auf Erden lebten. Sie setzten auf die Allmacht Gottes, sie wussten und bekannten, dass ihr irdisches Leben nicht mehr (und nicht weniger) war als eine Vorbereitung auf die letztendliche Erfüllung. Ihre Sichtweise fiel auf, ihre Lebenseinstellung ebenso. Ihr Leben war anziehend. Unterschätzen Sie nicht die Kraft, die von einem gläubigen Leben ausgeht, im Vertrauen auf den lebendigen Gott!

Wenn Jesus in unserem Leben das Sagen bekommt, wird sich unser Leben ändern. Wenn sein Heiliger Geist in uns wirken kann, werden wir selbst zu anderen Menschen. In Johannes 15 verspricht uns Jesus Frucht, die unlösbar mit dem Bleiben in ihm verbunden ist: *Bleibt in mir, dann bleibe ich in euch. Wie die Rebe aus sich keine Frucht bringen kann, sondern nur, wenn sie am Weinstock bleibt, so könnt auch ihr keine Frucht bringen, wenn ihr nicht in mir bleibt. Ich bin der Weinstock, ihr seid die Reben. Wer in mir bleibt und in wem ich bleibe, der bringt reiche Frucht; denn getrennt von mir könnt ihr nichts vollbringen. (…) Mein Vater wird dadurch verherrlicht, dass ihr reiche Frucht bringt und meine Jünger werdet* (Verse 4-5 und 8). Eine dieser Früchte besteht darin, dass wir uns schrittweise nach dem Bild Jesu verändern und so etwas von der Herrlichkeit Gottes widerspiegeln (siehe Römer 8,29 und 2. Korinther 3,18).

Ein Licht Gottes strahlt nicht aus sich selbst heraus. Wir brauchen uns nicht selbst zu beweisen und uns auf unser eigenes Können zu verlassen; von uns ist lediglich gefordert, dass wir auf unseren Schöpfer zählen. Wir brauchen nicht vollkommen zu sein, der Vollkommene lebt in uns. Wir sind nur wie ein Spiegel, der sein Abbild reflektieren darf. Wir brauchen uns nicht zu profilieren oder größer zu erscheinen, als wir sind; wir dürfen den Weg mit dem Herrn gehen und uns ausstrecken nach seinem Werk in unserem Leben und durch unser Leben.

15. Ihr seid das Licht der Welt

Am Ende dieses Buches verweilen wir erneut bei Abraham, dem wir in den ersten Kapiteln begegneten. Schon weiter oben habe ich die Frage gestellt, was Abraham sehen würde, wenn er heute aus dem Himmel auf unsere Erde blicken könnte. Als er vor Jahrhunderten in dieser Welt lebte, zeigte Gott ihm eines Abends einen funkelnden Sternenhimmel und sagte: »Schau mal nach oben! So wird deine Nachkommenschaft sein!« Mit etwas Fantasie stelle ich mir diesen alten Freund Gottes heute erneut vor, aber jetzt »oben«, und höre Gottes Worte: »Abraham, schau mal nach unten! Siehst du, wie meine Lichter auf der finsteren Erde leuchten? Sie sind deine geistliche Nachkommenschaft, Menschen aus allen Völkern, die durch den Glauben an meinen Sohn zu meinem Volk hinzugekommen sind!«

Die Welt, in der wir leben

Im 21. Jahrhundert weist unsere Erdkugel dunkle und helle Flecken auf. In manchen Gebieten der Welt wächst die Gemeinde Christi wie nie zuvor. Millionen Menschen kommen hinzu und bezeugen eindrucksvoll, dass Gott unter ihnen wirkt. In anderen Gebieten, darunter Teilen Europas, scheint es dunkler zu werden. Trotz der Tatsache, dass auch unter uns sehr positive Dinge geschehen, gibt es begründete Sorgen um das geistliche Klima Europas. Dort, wo sich einst das Evangelium wie ein Lauffeuer verbreitete, ist die Entchristlichung heute offensichtlich. In den Niederlanden ist das christliche Erbe innerhalb einiger Jahre fast ganz verschwunden. Unser Land ist in vieler Hinsicht mit der fruchtbaren Jordangegend zu vergleichen, auf die Lot seinen Blick richtete: Der Wohlstand ist groß, die Regale in den Geschäften sind üppig gefüllt, es fehlt uns an nichts. Und wie damals in

Sodom und Gomorra gibt es unter uns immer mehr Menschen, die völlig mit ihrem eigenen Leben beschäftigt sind und für die der Gott der Bibel keine Bedeutung mehr hat.

Dekadenz

Die biblische Geschichte zeigt, dass eine Gesellschaft ohne Gottesbewusstsein Gefahr läuft, dekadent zu werden. Dekadenz ist ein Sammelbegriff für zunehmenden Verfall, moralisches Absinken und Rückschritt. Diese negative Entwicklung erleben wir sowohl in der Öffentlichkeit wie im privaten Bereich. Ich sagte oben, dass in den Niederlanden das christliche Erbe großenteils verschwunden ist; zwei Legislaturperioden sozialliberaler Regierung haben in der Hinsicht gründlich das Ihre dazu beigetragen. Auf ihr Konto geht die Aufhebung des Bordellverbots, der Erlass eines Gesetzes, in dem Euthanasie gebilligt wird, sowie die Zulassung standesamtlicher Heirat für gleichgeschlechtliche Paare. Es war sogar ein Vorschlag im Gespräch, die Bestimmung, dass Eheleute zu gegenseitiger Treue verpflichtet sind, aus dem Bürgerlichen Gesetzbuch zu streichen, weil Treue in der Praxis nicht zu verwirklichen sei und die Interpretation des Begriffs Ehe eine persönliche Angelegenheit sei, in die sich der Staat nicht einzumischen habe.

Ich erinnere mich an die Antwort des früheren Amsterdamer Bürgermeisters Patijn in einer Fernsehrunde auf die Frage, was er als Höhepunkt seiner Karriere betrachte. Er sagte, ohne zu zögern: »Die Gay Games« (Sportfestspiele von Homosexuellen). Ich erinnere mich auch an die Worte von Job Cohen (seit 2001 Bürgermeister von Amsterdam) bei der Heirat der ersten vier Homopaare Anfang 2001: »Wir sind ein Vorbild für die Welt.« Dieselben Worte waren ein paar Monate später von einer niederländischen Gynäkologin zu hören, die sich mit dem Abtreibungsschiff »Women on Waves« in Richtung Irland aufmachte. Ein Höhepunkt? Ein Vorbild? Oder Tiefpunkt?

Dekadenz deutet auch auf eine übertriebene Sucht nach Genuss, die sich im gegenwärtigen Hedonismus bemerkbar macht.

In unserer Wohlstandsgesellschaft ist Genuss für viele heute zu einer Lebenseinstellung geworden. Die Botschaft, dass wir uns selbst nichts versagen dürfen, hat zu einem extremen Konsumrausch und dem zwanghaften Verlangen nach immer mehr geführt. Was früher als Luxus galt, gehört für viele längst zu den normalen Lebensbedürfnissen. Die Tourismusbranche, die selbstverständlich die Nachfrage nach immer kostspieligeren Urlaubsreisen begrüßt, äußerte kürzlich: »Genießen und Komfort, darum geht's.« Aber wenn es schon darum geht – diese Dinge sind relativ. Weil es keine Sättigung gibt, kennt die Hetze nach Geld und Genuss kein Ende.

Interessant in diesem Zusammenhang sind die Worte in Prediger 2,25: *Wer kann fröhlich essen und genießen, ohne ihn* (d.h. Gott)?, und 5,9: *Wer das Geld liebt, bekommt vom Geld nie genug; wer den Luxus liebt, hat nie genug Einnahmen.* Das sind aussagekräftige Worte aus dem Munde Salomos, der zweifellos wusste, was Reichtum und Genuss bedeuten, aber von Gott die Weisheit und Einsicht bekam, diese Dinge auf ihren tatsächlichen Wert hin zu beurteilen. Es ist tragisch, dass derselbe Salomo später doch der Habsucht und der Begierde verfiel.

Viele Götter und Herren

Manche Länder Westeuropas haben sich zu pluralistischen Gesellschaften entwickelt. Zu unserer Bevölkerung gehören Menschen mit ganz unterschiedlichem kulturellen und religiösen Hintergrund. Für die Stellung des christlichen Glaubens hat das weitreichende Folgen. Der Islam, aber auch der Hinduismus und der Buddhismus – Religionen aus dem Fernen Osten – haben unter Ausnutzung der in unserer Verfassung garantierten Möglichkeiten ihre Moscheen und Zentren errichtet. Diese Religionen wirken missionarisch. Ihr Gedankengut hat auch in so mancher christlichen Gemeinde und Schule Eingang gefunden.

Durch religiöse Toleranz, Akzeptanz vieler Abstufungen von Recht und Wahrheit, unterschiedlichste Lebensstile und auseinanderdriftende Verhaltensnormen haben wir uns dem Punkt genähert, die der Apostel in 1. Korinther 8,5 beschreibt: dass es *viele Götter und Herren* gibt. In dieser Situation müssen Christen an der Einzigartigkeit Christi festhalten. Es gibt für Christen nur einen Gott, nämlich den Vater, und einen Herrn, Jesus Christus (Vers 6). Und: *Es ist uns Menschen kein anderer Name unter dem Himmel gegeben, durch den wir gerettet werden sollen* (Apostelgeschichte 4,12).

Die Stärke anderer Religionen in Westeuropa ist nicht losgelöst zu sehen von der fatalen Schwäche von Christen, die weder den Standpunkt noch die Ethik der Bibel vertreten noch kundzutun wagen, dass hier die *Wahrheit* zu finden ist. Der holländische Pastor und Autor Pieter van Kampen sagt dazu: »Wenn wir auf die christliche Kirche in unserem Land schauen, sind die Schwäche und Kompromissbereitschaft vieler heutiger Kirchenführer und Kirchenmitglieder, wenn es um die Wahrheit Christi geht, ausgesprochen beunruhigend. Bei vielen Christen zeigt sich eine unvergleichliche Schwäche bei Themen wie der Autorität der Heiligen Schrift und der Zuverlässigkeit des apostolischen Zeugnisses über Menschwerdung, Leiden und Auferstehung Christi. Diese Schwäche hat maßgeblich zur gewachsenen Annahme und weitgehenden Integration anderer Glaubensüberzeugungen in unserer Gesellschaft beigetragen.«

Wenn Paulus heute einen Brief schriebe an »die Christen in Europa«, würde er uns zweifellos auf unsere persönliche Loyalität zu Christus ansprechen, im Leben und im Reden. Wenn wir uns nicht danach ausstrecken, Gott in unserem persönlichen Leben radikal gehorsam zu sein, und wenn wir es nicht wagen, klar und deutlich zu sprechen über den Weg, die Wahrheit und das Leben (siehe Johannes 14,6), dann bleiben wir unseren andersgläubigen Mitbürgern die wichtigste Nachricht aller Zeiten schuldig.

Modernes Heidentum

Nicht nur haben wir verschiedenen Religionen in unserer Gesellschaft einen Platz eingeräumt, es ist außerdem zu beobachten, dass sich verschiedene heidnische Bräuche durch das gegenwärtige Interesse für Spirituelles fröhlich und oft unbemerkt unter uns breitmachen. Die Esoterik (esoterisch bedeutet: nur für Eingeweihte einsichtig) erfreut sich eines breiten Interesses. Magie, Hexerei und auch Satanismus werden in unserer Gesellschaft praktiziert. Als kürzlich eine Frau bei einem Fernsehauftritt sagte, dass sie eine weiße Hexe sei, erregte das weder Aufsehen noch wurde sie gefragt, was das genau bedeute.

Einst wurde Europa vom Heidentum bekehrt. Ebenso wie Abraham, der in einer animistischen, heidnischen Kultur lebte, als Gott ihn rief, haben auch unsere Vorfahren vor der Entscheidung gestanden, gegen die Götter ihrer Kultur Stellung zu beziehen und heidnischen Praktiken radikal abzuschwören. Diese Entscheidung ist im postchristlichen Europa wieder neu aktuell. Es darf nicht geschehen, dass auf diesem Kontinent, wo einst das Licht Christi stark geleuchtet hat, das Heidentum erneut einen Platz findet.

»Kehrt um!«

Durch unkritisches Tolerieren eines ungebremsten Pluralismus und des »neuen Heidentums«, die Duldung einer ethischen Beliebigkeit oder weitgehende Dekadenz kann enormer Schaden für das soziale und religiöse Klima entstehen. Im letzten halben Jahrhundert sind wir in den Niederlanden ein komplett anderes Volk geworden, das in hohem Maße den Gott der Bibel nicht mehr fürchtet und unweigerlich andere ethische Entscheidungen trifft, sich andere Ziele setzt und sich im Handeln an einem völlig anderen Menschenbild orientiert. Beispiele aus der Heiligen Schrift selbst wie auch aus früheren Zivilisationen legen die Vermutung sehr nahe, dass eine Entwicklung wie diese nicht ungestraft geschieht. Wenn die Pfeiler unter einer Brücke wegbrechen, stürzt sie ein. Sobald ein Volk keine Orientierung mehr hat, wird seine Kraft untergraben. Und wenn Gottes Volk nicht mehr für die Wahrheit einsteht, im Sprechen und im Leben, wenn es nicht mehr »ganz anders« ist, weil es Christus kennengelernt hat, wird es zur Verantwortung gezogen.

In der Geschichte des Gottesvolkes sehen wir immer wieder Wellenbewegungen von Abfall und Umkehr. Wiederholt erheben sich Propheten, um die Menschen ernsthaft zu ermahnen und zur Umkehr aufzurufen. Wenn sie nicht demütig werden und nicht umkehren, werden sie Gottes Zorn erfahren. Es ist ernüchternd, dass sich diese ernste Warnung nicht an Außenstehende richtet, sondern an Gottes Kinder! Sie werden angesprochen auf Götzendienst, auf die Missachtung der Gebote, darauf, dass sie *nichtigen Göttern* nachlaufen und die Völker ihrer Umgebung nachahmen, auf Wahrsagerei und Zauberei (siehe 2. Könige 17,15-18). *So verehrten sie den Herrn und dienten daneben ihren Göttern nach den Bräuchen der Völker, aus denen man sie weggeführt hatte*, heißt es in 2. Könige 17,33. Und: *Bis zum heutigen Tag handeln sie nach ihren früheren Bräuchen. Sie fürchten den Herrn nicht.*

Josua, der Nachfolger von Mose, stellt das Volk Israel wiederholt vor die Wahl: *Entscheidet euch heute, wem ihr dienen wollt: den Göttern, denen eure Väter jenseits des Flusses dienten* (damit ist das Gebiet gemeint, wo Abraham ursprünglich wohnte), *oder den Göttern der Amoriter, in deren Land ihr wohnt* (Josua 24,15). Und: *Schafft also jetzt die fremden Götter ab, die noch bei euch sind, und neigt eure Herzen dem Herrn zu, dem Gott Israels!* (Vers 23).

Gott sucht ein Herz, das sich vor ihm beugt. Nach wie vor geht es darum, demütig vor Gott zu werden. Wir müssen ihm den Platz (zurück)geben, der ihm zukommt. Ebenso wie beim Volk Gottes in der damaligen Zeit muss auch unter Christen heute der Laxheit und Bereitschaft zu faulen Kompromissen abgeschworen und müssen die Götzen rigoros aus unserem persönlichen Leben entfernt werden. Ebenso wie in der damaligen Zeit ist das Flirten mit okkulten Dingen tabu.

Gottes Kinder: ruhig und gerüstet

Als wir uns in der ersten Hälfte dieses Buches mit Abraham und Sara beschäftigten, kam u.a. die vierfache Berufung eines Christen zur Sprache: Jesus sucht *Freunde* und *Nachfolger*, die als solche allmählich auch *Fremdlinge* und *Vorbilder* in dieser Welt werden. An dieser Stelle möchte ich etwas hinzufügen: *Christen sind auch zum Kampf berufen.*

Seit Adams und Evas Sündenfall tobt der Kampf zwischen Licht und Finsternis. In all den Jahrhunderten hat Gottes Widersacher noch nie Urlaub genommen; sein Bemühen, Menschen auf seine Seite zu ziehen, dauert unvermindert an. Wir wissen davon, weil Jesus sich dazu geäußert hat und weil die Heilige Schrift uns immer wieder vor Satans Versuchungen warnt und uns ermahnt, wachsam zu sein und von der Waffenrüstung Gottes Gebrauch zu machen. Dennoch wird dieser Streit zwischen Licht und Finsternis bisweilen unterschätzt.

Petrus warnt uns eindeutig vor dem Teufel, der *umhergeht wie ein brüllender Löwe und sucht, wen er verschlingen kann* (1. Petrus 5,8). Starke Aufrufe in der Bibel wie: *Seid nüchtern und wachsam!* (Vers 8), und: *Leistet ihm Widerstand!* (Vers 9), sollten die Gemeinde Christi aus dem Schlaf der allzu Ruhigen holen.

Ein starkes Beispiel dafür, welchen Gefahren wir ausgesetzt sind, wenn wir den Kampf vergessen, finden wir in 2. Samuel 11. Dort liegt König David entspannt auf seinem Bett. Er hat sein Heer in den Krieg geschickt, ist aber selbst, im Gegensatz zu den Königen der Völker ringsum, zu Hause geblieben. Seine falsche Sorglosigkeit (»Was kann mir schon passieren?«) führt zum Ehebruch, der großen Schaden anrichtet.

Auch wenn wir wissen, dass Jesus den Sieg errungen hat – solange die Anwesenheit des Feindes noch Realität bleibt, ist Wachsamkeit geboten. Es ist wie in einem Ort in den Niederlanden, wo aus einem Zirkus zwei Löwen entkommen waren. Es herrschte Alarmstufe 1, alle Einwohner wurden alarmiert und alle möglichen Mittel eingesetzt, um die Tiere aufzuspüren und einzufangen. Ich bin davon überzeugt, dass die Bewohner der betreffenden Umgebung noch nie so wachsam waren wie in den Stunden, als sie wussten, dass in ihrer Nachbarschaft Löwen frei herumliefen. Solche Wachsamkeit müsste Christen im Blick auf den Teufel auszeichnen! Darum: Lasst uns unseren Schlafrock eintauschen gegen die Rüstung Gottes, *damit ihr am Tag des Unheils standhalten (...) und den Kampf bestehen könnt* (siehe Epheser 6,10-14).

Wir dürfen entspannt leben und wissen, dass wir in Christus geborgen sind. Dennoch ist es, solange wir auf dieser Erde leben, notwendig, wachsam zu sein. Ein Kind Gottes kann sich nicht heraushalten, es muss sich in den Kampf begeben. Die Botschaft der Heiligen Schrift lautet, dass Christen als Licht mutig und tatkräftig leben und gegen die Finsternis aufstehen sollen – in der Kraft Gottes, nicht ängstlich, sondern ruhig, nicht ungeschützt, sondern gerüstet. Nehmen wir Gottes Volk als Beispiel: Gott befreite die Israeliten aus Ägypten und es wurde ihnen versprochen, dass er selbst für sie kämpfen würde. Dennoch zogen sie zum Kampf gerüstet aus dem Land (siehe 2. Mose 13,18 und 14,14). So sollte auch heute unsere Haltung sein. Für uns wurde die Waffenrüstung Gottes bereitgestellt, womit wir in den Kampf gehen können.

Zwei Waffen dieser Waffenrüstung möchte ich hier kurz erläutern: das Schild und das Schwert. Beeindruckend ist, dass Gott sich Abram als Schild offenbart hat (*Fürchte dich nicht, Abram, ich bin dein Schild*, 1. Mose 15,1). Das Schwert wird bei Paulus' Auflistung der Teile unserer Waffenrüstung als *Schwert des Geistes, das ist Gottes Wort* genannt (Epheser 6,17).

Das Schild und das Schwert

Ein »Schild« ist ein aussagestarkes Bild für Abschirmung und Schutz. Es ist eine Waffe, die sowohl bei der Verteidigung wie auch beim Angriff eine wichtige Rolle spielt. In der römischen Zeit verwendete man Schilde, die aus Leder und Haut gefertigt waren. Wir müssen uns dabei eine flache oder leicht gekrümmte Platte vorstellen. Indem man eine aneinandergereihte Front bildete, entstand eine Mauer, hinter der die Mannschaften Deckung finden konnten. Einige Kämpfer hielten ihren Schild über den Kopf, wodurch zugleich eine Art Dach entstand. Das Ganze bildete eine schützende Umhüllung, die der Feind nicht durchdringen konnte. Die Verwendung von Leder war übrigens wohlüberlegt: Bevor die Schilde verwendet wurden, legte man sie lange in Wasser, sodass die Feuerpfeile, die sie trafen, schnell erloschen. Darauf spielt Paulus in Epheser 6,16 an: *Vor allem greift zum Schild des Glaubens! Mit ihm könnt ihr alle feurigen Geschosse des Bösen auslöschen.* **Alle** Pfeile, und deren gibt es sehr viele, denn Satans Rüstung ist sehr facettenreich: Die Pfeile, die er auf seinem Bogen hat, beziehen sich auf fortdauernde persönliche Versuchungen zur Sünde, auf welchem Gebiet auch immer; Versuchungen zu Feigheit, Bitterkeit, Bosheit und Parteiung, die die Einheit der Gemeinde Christi untergraben oder brechen, sowie direkte okkulte Angriffe oder Nachstellungen des Teufels.

Jeder von uns kennt das Bild einer Gruppe aggressiver Demonstranten, die man auseinanderzubringen versucht. Meist kommen dabei Elite-Einheiten zum Einsatz, die dafür speziell ausgebildet wurden. Sie sind fähig und gewandt, aber – sie kommen nicht ohne Schild aus. Wenn sie mit Steinen oder anderen Gegenständen beworfen werden, brauchen sie nicht zurückzuweichen. Durch ihren Schild gesichert, *laufen sie vorwärts* und drängen die Demonstranten zurück. Das Gleiche gilt auch für den geistlichen Kampf: Wir können den Feind besiegen, wenn wir den Schild des Glaubens festhalten und auf Gottes Kraft vertrauen. Denken wir an Davids Worte in Psalm 18,30: *Mit dir erstürme ich Wälle, mit meinem Gott überspringe ich Mauern.* Denken wir auch an das Zeugnis über die Helden des Glaubens in Hebräer 11: *... sie haben aufgrund des Glaubens Königreiche besiegt, Gerechtigkeit geübt, Verheißungen erlangt, Löwen den Rachen gestopft, Feuersglut gelöscht; sie sind scharfen Schwertern entgangen; sie sind stark geworden, als sie schwach waren; sie sind im Krieg zu Helden ge-*

worden und haben feindliche Heere in die Flucht geschlagen (Verse 33-34).

Mit dieser Wahrheit kommen wir einen Schritt weiter. Es geht um weit mehr, als dass sich Christen in dieser Welt noch so eben über Wasser halten. Es geht um weit mehr als das Überleben; es geht um das Leben! Auge in Auge mit dem Feind brauchen wir uns nicht ängstlich zu verkriechen oder uns in den sicheren Schutz der Arme Gottes zurückzuziehen, nein, wir können mutig und stark vorwärtsgehen. Die Finsternis ist in unserer Welt auf dem Vormarsch, aber statt uns einschüchtern zu lassen, können wir uns ihr widersetzen und sie zurückdrängen. Es ist übrigens wichtig, vor Augen zu haben, dass die Rüstung an der Vorderseite Schutz bietet und keine Rückendeckung gewährt: Wir sind optimal geschützt, wenn wir dem Feind entgegentreten, aber nicht, wenn wir ängstlich davonlaufen. Es ist ebenfalls wichtig, vor Augen zu haben, dass wir nicht allein aufmarschieren, sondern als Heer, in festen Kampfverbänden; wir müssen darauf achten, dass unsere Einheit in Christus nicht untergraben wird. Denken wir an die Worte des Paulus: *Seid untereinander eines Sinnes. ... Haltet euch nicht selbst für weise!* (Römer 12,16). Die Einheit unter Christen ist wesentlich, man denke an Jesu Gebet in Johannes 17. Und die Bibel betont nicht umsonst die Kraft des einmütigen Gebets. Wenn einer nicht richtig mitzieht oder in die Irre geht oder wenn unter uns geistlich gesehen Lahme sind (vgl. Hebräer 12,13), dann sind wir weniger stark. Wir werden aber auch erfahren, dass wir *im* Kampf stark werden (Hebräer 12,34)!

Neben dem *Schild des Glaubens*, das heißt neben einem unerschütterlichen Vertrauen auf Gott, nenne ich als einen Bestandteil der Rüstung noch das *Schwert des Geistes*, das heißt, das Wort Gottes (siehe Epheser 6,17).

Als Jesus in der Wüste versucht wurde, war Gottes Wort seine stärkste Waffe. Dem Teufel ging es darum, den Glauben Jesu und sein Vertrauen auf Gott zu erschüttern und ihn auf seine Seite zu ziehen. Fest entschlossen verwies Jesus ihn an seinen Platz, indem er jedes Wort von ihm mit ebenso starken Worten parierte: *Es steht geschrieben.* In dem Moment, als Satan mit verführerischen Worten Jesus ins Wanken zu bringen versuchte, kam Gottes Wort in die Gedanken Jesu und er erkannte die Falschheit und Nichtigkeit der Worte seines Gegners.

Jesus *kannte* Gottes Wort. Er brauchte keine Konkordanz, um einen passenden Text zu finden, mit dem er Satan die Stirn bieten konnte. Er hatte Gottes Wort parat, weil es in seinem Herzen und Denken gespeichert war. Es war ein Teil von ihm und als solches gegen Versuchungen eine starke Waffe, die er immer bei sich trug. So wie es Psalm 119,11 beschreibt: *Ich berge dein Wort in meinem Herzen, damit ich gegen dich nicht sündige.*

Jesus zitierte nicht nur das Wort seines Vaters; er war von dessen Wahrheit und Kraft überzeugt. Er *sprach* das Wort Gottes mit Autorität und wusste, dass es stark genug ist, um selbst den Teufel und seine finsteren Mächte zurückzuweisen. Letzteres geschah: Als der Teufel »ausgeredet« hatte, ließ er von Jesus ab (siehe Lukas 4,13).

Ein Sieg war errungen; aber das bedeutete nicht, dass der Teufel in der Zukunft nie mehr von sich hören ließ! Lukas sagt, dass er für eine gewisse Zeit von Jesus abließ. Er zog sich zurück, um seine Wunden zu lecken und neue Listen zu erdenken. Jesus aber folgte ungebrochen seinem Weg. Gestärkt von Engeln, kehrte er in der Kraft des Geistes zurück nach Galiläa (siehe Matthäus 4,11; Lukas 4,14).

»Hört nicht auf zu beten ...«

Beim Lesen von Epheser 6,10-20 sollten wir besonders auf die ersten Worte achten: *Werdet stark durch die Kraft und Macht des Herrn!* (Vers 10). Eine Waffenrüstung, Schuhe, ein Helm und ein Schwert – wie wichtig sie auch sein mögen – können aus sich selbst heraus nichts tun; sie können nicht von sich aus in den Kampf ziehen, sondern müssen von einer kräftigen Person getragen und gelenkt werden. Aus uns selbst heraus sind wir das nicht, auch wenn wir manchmal wohl davon überzeugt sind – wir sind nur stark *im Herrn* und in der Stärke *seiner* Macht.

Getrennt von mir könnt ihr nichts vollbringen, sagt Jesus in Johannes 15,5. Ohne ihn sind wir ebenso hilflos wie Goliat mit seinem beeindruckenden Bizeps und seinen Schultern, die so breit waren wie eine Tür. Er war bis an die Zähne bewaffnet, aber wurde von einem Heranwachsenden mit einer Schleuder und ein paar Steinen besiegt. Der Unterschied zwischen beiden lag darin, dass der eine glaubte, er sei aus sich heraus stark, während der andere auf Gottes Kraft setzte.

Wenn wir nicht mit der Quelle des Lebens verbunden sind, dann sind wir kraft- und hilflos; selbst wenn wir uns mit Gottes Rüstung bekleidet haben, sind wir immer noch völlig von Gott abhängig. Das ist die Lektion von Epheser 6,18: *Hört nicht auf zu beten und zu flehen! Betet jederzeit im Geist!* Beten Sie jederzeit! Beten Sie bei jeder Gelegenheit! Seien Sie sich Ihrer totalen Abhängigkeit von Gott bewusst.

Das Gebet ist unsere stärkste Waffe im Kampf, aber auch eine Waffe, die wir nicht immer voll ausnutzen, wahrscheinlich weil wir ihre Kraft unterschätzen. Gebet ist harte Arbeit und etwas, in dem Christen wachsen müssen. Unser Beten ändert sich in dem Maße, wie wir geistlich reifer werden. Anfangs dreht sich unser Sprechen mit Gott vor allem um uns selbst, so wie ein Kind anfänglich stark ichorientiert ist. Aber in dem Maße, wie wir den Herrn mehr und mehr entdecken, wird sich der Inhalt wie auch die Richtung unseres Gebetes verändern. So wird Lobpreis einen immer größeren Platz in unserem Gebet einnehmen. Und in dem Maße, in dem wir den geistlichen Kampf entdecken, wird unser Gebet zunehmend auch bewusst darauf gerichtet sein, und wir erfahren allmählich, was »Kampf im Gebet« heißt. Unverändert aktuell bleibt die Bitte der Jünger: *Herr, lehre uns beten* (Lukas 11,1). Es ist Gottes Geist, der uns in diesen Dingen zu Hilfe kommt und der selbst für uns betet (siehe Römer 8,26).

Christen sind gerufen, mutig zu beten. Wo wir das tun, kann unterschiedlich sein. Die Herausforderung bleibt jedoch unverändert: *Hört nicht auf, zu beten und zu flehen! Betet jederzeit im Geiste; seid wachsam, harrt aus und bittet für alle Heiligen*

(Epheser 6,18). Ähnliche Worte finden wir in 1. Thessalonicher 5,17: *Betet ohne Unterlass!*

Seid wachsam und betet ... Wir können es uns nicht erlauben, auf diesem Gebiet einzuschlafen und nachlässig zu werden: Jederzeit zu beten ist wesentlich, damit unsere Beziehung zu Jesus lebendig bleibt und der Teufel in unserem Leben nicht Fuß fassen kann (siehe Epheser 4,27). *Das Ende aller Dinge ist nahe*, sagt Petrus. *Seid also besonnen und nüchtern, und betet!* (1. Petrus 4,7). In allen Jahrhunderten und Zeiten sind Christen gerufen zu einer wachsamen Haltung und einem starken persönlichen Gebetsleben, wie es uns Jesus selbst vorgelebt hat.

Lass dein Licht leuchten!

Das Licht, das Christen verbreiten, ist Gottes Licht. Unser Auftrag, das Licht der Welt zu sein, steht im Zusammenhang mit Johannes 8,12, wo Jesus sagt, dass er das Licht der Welt ist. Wir können sein Licht nicht größer oder kleiner machen, es ist vollkommen, wie er. Wenn Christen das Licht nicht klar leuchten lassen, liegt das nie am Licht selbst, denn daran ist nichts zu bemängeln. Es liegt an den Dingen, die das Licht trüben; meine Person, die sich breitmacht, und der Staub oder Dreck der Welt, der sich am Glas unseres Lebens festgesetzt hat. Es ist Gottes Wunsch, dieses Glas von aller Ungerechtigkeit zu reinigen, damit sein Lichtstrahl ungehindert kraftvoll strahlen kann.

In Matthäus 5,14-15 sagt Jesus, es sei eine Torheit, ein brennendes Licht unter ein Gefäß zu stellen, weil die Lampe auf diese Weise kein Licht verbreiten kann. Wenn ein Auto mit eingeschalteten Scheinwerfern in einer geschlossenen Garage bleibt, ist höchstens ein kleiner Lichtstrahl durch den Spalt des Tors sichtbar, mehr aber nicht. Wie schön und kräftig das Licht auch immer ist – es bleibt für die Umgebung unsichtbar.

Wenn wir unsere von Gott geschenkten Gaben nicht entfalten und nicht lernen, ein erfülltes Leben zu führen, und wenn wir unser Leben in Christus nicht mit Menschen in unserer Umgebung teilen, haben wir Gottes Licht unter den Scheffel gestellt. Wenn unsere Nachbarn nicht mehr von unserem Christsein wissen, als dass wir am Sonntagmorgen früher aufstehen als die übrige Straße und an dem Morgen einige Stunden nicht zu Hause sind, haben wir unseren Auftrag, Licht der Welt zu sein, nicht richtig verstanden. Wenn unsere Kollegen unser Christsein allein aus der Tatsache ableiten, dass wir vor dem Essen in der Kantine beten (oder mit einer hastigen und verschämten Geste über unsere Augen reiben), gilt das Gleiche. Außerdem enthalten wir dann diesen Menschen etwas Wesentliches vor: Gottes Botschaft der Liebe und Erlösung. Deshalb gehört Gottes Licht auf den Leuchter: damit **er** nicht verborgen bleibt.

Der europäische Kontinent mag einen Prozess der Entchristlichung durchleben und dunkler werden, aber das heißt nicht, dass er Gottes Licht entbehren muss. Gottes Kinder wohnen hier und da verstreut, sie sind wie Salzkörner über die Erde gesät, und Tag für Tag wird ihre Menge größer. Es gibt viele ermutigende Berichte, wie beispielsweise über die Frucht der Alpha-Kurse weltweit.[19] In britischen Gefängnissen sind dadurch viele Inhaftierte zum Glauben gekommen; der Ombudsmann für die britischen Justizvollzugsanstalten spricht von einer bemerkenswert positiven Veränderung in der Atmosphäre der Gefängnisse! Ein weiteres Beispiel ist Gottes Wirken in und durch Frauen, vor Ort, regional, national und europaweit. Es trägt Früchte in Kirche, Ehe, Familie und im Berufsleben. In den vergangenen Jahren haben spezielle Begegnungen stattgefunden zwischen christlichen Frauen aus verschiedenen Teilen Europas, einschließlich der ehemaligen Ostblockländer und Ländern, die unter Kriegsgewalt oder deren Folgen leiden. Ich war Zeugin des Wirkens Gottes bei der Versöhnung zwischen Frauen aus dem früheren Jugoslawien, aus ethnischen Bevölkerungsgruppen, die sich gegenseitig nach dem Leben getrachtet hatten, und habe gesehen, was Gemeinschaft in Christus bewirken kann. Ich bin davon überzeugt, dass das christliche Frauennetzwerk, das im Entstehen ist, große Wirkungsmöglichkeiten hat.

Fruchtbar ist auch die Arbeit unter Jugendlichen. Trotz aller Meldungen, dass junge Leute allein auf persönlichen Wohlstand und Erfolg aus seien, gibt es genug gute Ausnahmen. Ich bin ihnen auf Tagungen und in meiner Rolle als Mentorin begegnet. Viele suchen mit neuer Intensität danach, was das Evangelium von Jesus Christus für ihr alltägliches Leben bedeutet und wie sie es dort umsetzen können. Unter ihnen befinden sich zukünftige Leiter.

Das sind nur ein paar Beispiele. Es gibt zahllose persönliche Erfahrungen, wie Gottes erneuernde Kraft in den unterschiedlichsten Situationen wirkt. Es gibt unzählige Berichte von Menschen, deren Leben eine ganz andere Richtung genommen hat, weil sie Gott erfahren haben. Die Entchristlichung Europas beherrscht nicht alles, wenngleich diese Vorgänge sehr gravierend sind. Es gibt Kirchen, die ihre Türen wegen mangelnden Interesses schließen müssen, aber es gibt auch solche, die die »Pflöcke ihres Zeltes weiter stecken müssen«, weil die Zahl der Besucher so schnell ansteigt. Es geschieht viel Positives, mehr als wir mit bloßen Augen sehen können. Gottes Reich wächst weiter! Und Gottes Volk breitet sich aus als Erfüllung der alten Verheißung an Abraham vom Segen für die Nationen.

Die Worte, mit denen dieses Buch begann: »Folge mir nach«, sind heute noch genauso aktuell wie damals, als Abram sie hörte. Was für ihn galt, das gilt auch für uns: *Ich werde dich segnen. ... Ein Segen sollst du sein* (1. Mose 12,2).

In Gedanken sehe ich Jesus das Haus betreten, in dem sich die Jünger ängstlich zurückgezogen hatten. Noch vor Kurzem waren sie die Helden, weil sie zu dem Mann gehörten, der Wunder tat. Jetzt, nach dem Tod Jesu, ist von ihrem Mut nicht viel übrig geblieben. Hinter verschlossenen Türen warten sie gespannt auf das, was geschehen wird. Dann erscheint ihnen der auferstandene Herr. *Friede sei mit euch!* Mit diesen Worten beginnt er und dann: *Wie mich der Vater gesandt hat, so sende ich euch* (Johannes 20,21). Danach haucht er sie an mit den Worten: *Empfangt den Heiligen Geist.*

Die Jünger von damals sind nicht mehr bei uns. Aber sie haben Gottes Licht auch in Europa entzündet und die Fackel an die weitergegeben, die nach ihnen kamen. Bis auf den heutigen Tag ist Gottes Volk berufen, sein Licht unter den Menschen leuchten zu lassen und seine Taten zu verkünden (siehe 1. Petrus 2,9). Es ist wichtig, dass Gottes Kinder eine sendungsorientierte Gemeinschaft werden, in der missionarisches Wirken nicht nur ein Tagesordnungspunkt ist, sondern der Mittelpunkt unseres gemeinschaftlichen Lebens. Wir haben als Gemeinde den Auftrag, die Kultur unserer Zeit zu verändern! Lassen Sie uns nicht darauf konzentrieren, unsere persönlichen bequemen und luxuriösen Nester zu bauen, sondern darauf, am Reich Gottes auf dieser Erde mitzubauen. Ja, dass wir uns von Gott gebrauchen lassen *als lebendige Steine* (siehe 1. Petrus 2,5). Alles mit einem Ziel: ... *damit sie euren Vater im Himmel preisen* (Matthäus 5,16). Wir, die Kinder Gottes, wollen so leben, wie es der Herr möchte: mit ganzer Hingabe, kompromisslosem Gehorsam und immer bereit, die Hoffnung, die in uns ist, mit anderen zu teilen, *mitten in einer verdorbenen und verwirrten Generation, unter der ihr als Lichter in der Welt leuchtet* (Philipper 2,15).

Nachwort

Der amerikanische Prediger Chuck Swindoll erzählte einst diese Geschichte:

In einem großen Konzertsaal irgendwo in Amerika sollte der berühmte polnische Pianist Ignaz Jan Paderewski (1860-1941) auftreten. Der Saal war bis auf den letzten Platz besetzt mit Menschen, die sich in Erwartung des Dirigenten und Solisten ziemlich laut unterhielten.

Im Publikum befand sich eine Mutter mit ihrem etwa achtjährigen Sohn. Der Kleine hatte ganz kurze Zeit Klavierunterricht gehabt, aber keine Lust mehr darauf. Seine Mutter hatte ihn in dieses Konzert mitgenommen, in der Hoffnung, dass er durch das Hören und Sehen dieses großen Pianisten motiviert würde, seine Klavierstunden wieder aufzunehmen. Während sie sich mit ihrer Nachbarin unterhielt, verschwand ihr kleiner Sohn unbemerkt vom Stuhl neben ihr.

Groß war das Erstaunen des Publikums, als ein kleiner Junge auf dem Podium erschien, auf den Flügel zulief und auf dem Schemel Platz nahm. Arglos begann er mit zwei Fingern eine bekannte Melodie für Anfänger zu spielen. Der Pianist hörte hinter dem Podium von einem Mitarbeiter, was passierte. Er zögerte keinen Moment, ging nach vorne, stellte sich hinter den kleinen Jungen, beugte sich über ihn und fing an mitzuspielen. Im Saal wurde es mucksmäuschenstill, als die zögerlichen Töne des Jungen zu einem wunderschönen Klavierstück wurden. Nur der Junge hörte, was Paderewski ihm beim Spielen zuflüsterte: »Spiel weiter. Hör nicht auf. Hör mal, wie schön das klingt!«

Der große Pianist ist so wie unser himmlischer Vater. Während wir in aller Gebrechlichkeit unsere Noten spielen, umfängt er uns mit seinen Armen und flüstert: »Weitermachen!« Er umgibt uns mit seiner Liebe und segnet das Werk unserer Hände.

Anmerkungen

[1] Der im 19. Jahrhundert lebende jüdische Schriftgelehrte Rabbi Hirsch sagt über Abrams Berufung: »Durch das Wegziehen aus seinem Land gibt Abram seine Volkszugehörigkeit auf. Deshalb macht ihn Gott zum Ahnherrn eines neuen Volkes. Weil er seine Heimat bzw. sein Vaterland aufgibt, schenkt ihm Gott zum Ausgleich ein neues, himmlisches Bürgerrecht (›Ich werde dich segnen‹). Weil er seine Familie verlässt und dadurch ein Stück seiner Identität und Ehre preisgibt, wird Gott seinen Namen groß machen bzw. ihm einen neuen Namen mit großer Ehre, eine neue Identität geben (vgl. 1. Mose 17,1-8).«

[2] Gering achten oder hassen bedeutet in diesem Zusammenhang nicht, jemanden nicht ausstehen zu können. Das wäre dem entgegengesetzt, was Gott von uns will, nämlich dass wir den anderen lieben! Es geht darum, dass wir Jesus mehr lieben als alle anderen. Er hat Vorrang vor unseren Eltern, Kindern, anderen Familienangehörigen und Freunden, kurz: vor jedem, der uns lieb ist.

[3] Peter H. Davids, *IVP New Bible Commentary*, Verlag InterVarsity Press, Leicester/England.

[4] In diesem Zusammenhang ist es wichtig zu erwähnen, dass Gott selbst zu Abram gesagt hatte, er werde ihn zu einem großen Volk machen. Abram hatte das als eine Zusage des Herrn gedeutet, dass er und Sarai Kinder bekommen würden. Diese spezifische Verheißung bekommt er übrigens erst in 1. Mose 15,5, nachdem er seine tiefe Enttäuschung vor Gott ausgesprochen hat.

[5] J. I. Packer, *A Passion for Holiness (= Rediscovering Holiness)*, Servant Publication, Ann Arbor, Michigan, 1992.

[6] William MacDonald, *Be Holy. The Forgotten Command,* Kilmanock Ritchie, England, 1993.

[7] Gabriel ist einer der beiden Engel in der Heiligen Schrift, die namentlich genannt werden. Der andere ist Michael (siehe Judas 9). Sein Name bedeutet »Mann Gottes« oder »Gott hat sich stark gezeigt bzw. erwiesen«. Im Alten Testament begegnen wir Gabriel im Buch Daniel (8,16 und 9,21ff). Im Neuen Testament begegnen wir ihm in Lukas 1,19, als er Zacharias besucht, um die Geburt von Johannes dem Täufer anzukündigen, und in Lukas 1,26-38 besucht er Maria, um die Geburt Jesu anzukündigen.

[8] Josef wird der Zusammenhang zwischen dem, was Maria geschieht, und der Prophezeiung des Jesaja durch einen Engel im Traum erklärt (siehe Matthäus 1,19-23).

[9] Es ist nicht ganz klar, worin Ismaels ungehöriges Benehmen bestand. Vermutlich machte sich Ismael über Isaaks Status als Abrahams Erbe lustig. Er machte sich dadurch einer Form der Beleidigung gegen Abraham selbst schuldig, was ein sehr schlimmes Vergehen war, wie 1. Mose 12,3 zu entnehmen ist: *Ich will segnen, die dich segnen; wer dich verwünscht, den will ich verfluchen.*

[10] Gordon J. Wenham, *New Bible Commentary,* 21st Century Edition, Verlag InterVarsity Press, Leicester, England.

[11] Chris Wright, *Knowing Jesus through the Old Testament,* Harper Collins, England.

[12] Tom Sine, *Mustard Seed versus McWorld*, Verlag Bakers, Grand Rapids, USA.

[13] Jurjen Beumer, *Onrustig zoeken naar God. De spiritualiteit van Henri Nouwen*, Verlag Lanno NV, Tielt.

[14] Aus einem Interview mit Lindsay Brown, dem damaligen Generalsekretär der IFES, in: CV Koers, August 2001.

[15] Paulus war ohne Weiteres bereit, selbst die Ärmel aufzukrempeln und sich seinen Lebensunterhalt als Zeltmacher zu verdienen, siehe Apostelgeschichte 18,3 und 1. Thessalonicher 2,9.

[16] Mrs. Ruth Bell Graham ist 2007 verstorben.

[17] Bei meinen Überlegungen über Stars war mir Keyes' *True Heroism*, NavPress, Colorado Springs, USA, eine Hilfe.

[18] Die Erfahrungen von Paul van Buitenen sind in seinem Buch beschrieben: *Unbestechlich für Europa. Ein EU-Beamter kämpft gegen Misswirtschaft und Korruption,* Brunnen-Verlag, Basel 2000.

[19] Der Alpha-Kurs, der in einer Gemeinde in London entwickelt wurde, hat sich weltweit verbreitet. Bei diesem Kurs geht es um die Grundlagen des christlichen Glaubens. Sie werden in einer informellen Atmosphäre mit gemeinsamem Essen präsentiert und besprochen. Informationen siehe Homepage: *www.alpha.tcf.de.*

Lesen Sie auch von Noor van Haaften:

Noor van Haaften

In Freiheit leben

208 Seiten, Taschenbuch ·Best.-Nr. 220.743

Zur Freiheit hat uns Christus befreit!

Dieser Bibelvers steht als Motto über Noor van Haaftens Buch.

Die Autorin vergleicht darin das Leben als Christ mit einer Wanderung. Dabei kommen wir am Besten voran, wenn wir mit möglichst leichtem Gepäck unterwegs sind. Die beliebte Vortragsrednerin und Bibellehrerin ermutigt dazu, alles abzuwerfen, was nur unnötiger Ballast ist, der uns auf unserem Lebensweg behindert. Sorgfältige Bibelarbeit und treffende, eingängige Beispiele aus dem täglichen Leben sind die beiden Pfeiler, auf denen dieses Buch ruht.

Achtung: Dieses Buch dürfen Sie nicht lesen, wenn Ihr Lebensmotto »Ich will so bleiben, wie ich bin« heißt. Denn wer sich auf Noor van Haaftens Gedanken einlässt, kann sich auf ein Abenteuer gefasst machen – das Abenteuer, Schritt für Schritt zu dem Leben zu finden, das Gott für uns geplant hat.

SCM R.Brockhaus

Lesen Sie auch von

Noor van Haaften

Geschichten
für zwischendurch

80 Seiten, gebunden 12 x 18 cm
Bestell-Nr. 224.929

Neue Geschichten
für zwischendurch

80 Seiten, gebunden 13,5 x 20,5 cm
Bestell-Nr. 226.227

Diese kurzen Geschichten von Noor van Haaften laden dazu ein, sich immer wieder einige Minuten Auszeit vom Alltag zu gönnen. Wieder gelingt es Noor van Haaften mit augenzwinkerndem Humor, ihre Leserinnen und Leser zu fesseln, zu unterhalten und zum Nachdenken anzuregen.

Die Bücher eignen sich wunderbar als unaufdringliches Geschenk zu verschiedenen Anlässen und lässt sich gut zum gemeinsamen Lesen bei Bibelkreisen und Frühstückstreffen verwenden.

Jede Geschichte endet mit einem geistlichen Impuls und einem Bibelvers.

SCM R.Brockhaus

Noor van Haaften

Schöne Geschichten für zwischendurch

Hörbuch, Spieldauer ca. 70 Minuten
Best.-Nr. 312.018.199

Wer Noor van Haaften von ihren fundierten geistlichen Büchern und Vorträgen her kennt, wird sich besonders freuen, sie hier einmal »ganz privat« zu erleben, sich von ihr die Geschichten aus ihrem Alltag vorlesen zu lassen.

Dieses Hörbuch enthält eine Auswahl der schönsten Geschichten aus den beiden Bänden »Geschichten für zwischendurch« und »Neue Geschichten für zwischendurch« und wird von der Autorin selbst gelesen.